ミネルヴァ日本評伝選

東風寒しといえど、壮士の義は熱し

安重根

上垣外憲一著

ミネルヴァ書房

刊行の趣意

「学問は歴史に極まり候ことに候」とは、先哲荻生徂徠のことばである。

歴史のなかにこそ人間の智恵は宿されている。人間の愚かさもそこにはあらわだ。この歴史を探り、歴史に学んでこそ、人間はようやくみずからの正体を知り、いくらかは賢くなることができる。新しい勇気を得て未来に向かうことができる。徂徠はそう言いたかったのだろう。

「ミネルヴァ日本評伝選」は、私たちの直接の先人について、この人間知を学びなおそうという試みである。日本列島の過去に生きた人々の言行を、深く、くわしく探って、そこに現代への批判を聴きとろうとする試みである。日本人ばかりではない。列島の歴史にかかわった多くの異国の人々の声にも耳を傾けよう。

先人たちの書き残した文章をそのひだにまで立ち入って読み、彼らの旅した跡をたどりなおし、彼らのなしとげた事業を広い文脈のなかで注意深く観察しなおす――そのとき、はじめて先人たちはいまの私たちのかたわらによみがえってくる。彼らのなまの声で歴史の智恵を、また人間であることのよろこびと苦しみを、私たちに伝えてくれもするだろう。

この「評伝選」のつらなりのなかから、列島の歴史はおのずからその複雑さと奥ゆきの深さをもって浮かび上がってくるはずだ。これを読むとき、私たちのなかに新たな自信と勇気が湧いてきて、その矜持と勇気をもって「グローバリゼーション」の世紀に立ち向かってゆくことができる――そのような「ミネルヴァ日本評伝選」にしたいと、私たちは願っている。

平成十五年（二〇〇三）九月

上横手雅敬
芳賀　徹

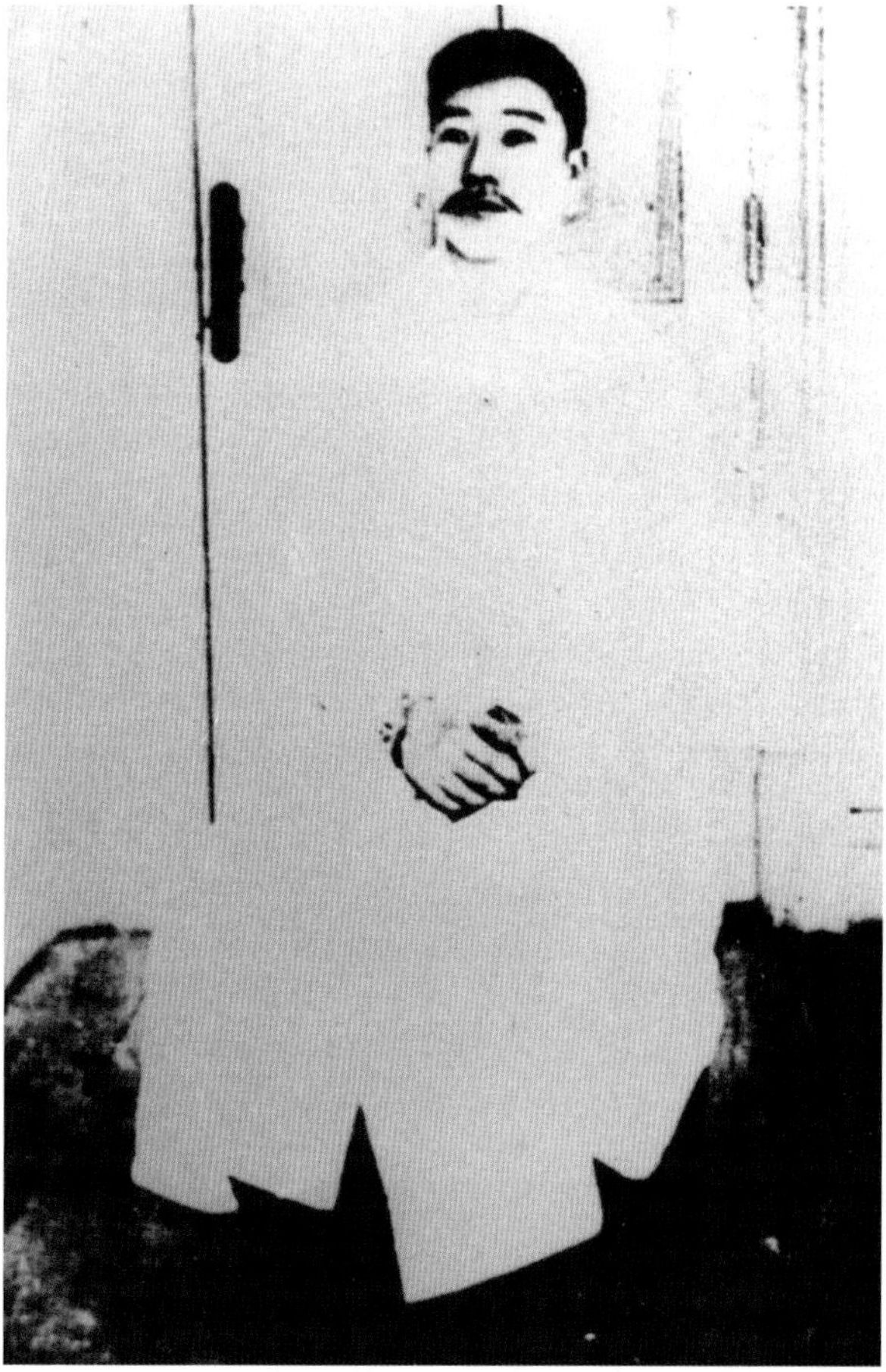

旅順にて，死刑執行直前の安重根

（出所）近現代 PL/ アフロ

安重根が伊藤博文に向けて発射した銃弾

（出所）衆議院憲政記念館

FN ブローニング M1900（英：FN Browning M1900）
安重根が伊藤博文暗殺に使用した同型の銃

（出所）Askild Antonsen

はしがき

安重根の伝記を私に書くようにという仕事の仕掛け人は、東京大学大学院時代の恩師、芳賀徹先生であろうと私は思っている。私に直接書きなさいと言われたことは、一度もなかった。

芳賀徹先生は、本書も含まれるミネルヴァ書房の日本評伝選の企画委員のおひとりであって、東京大学の比較文学大学院のお弟子さんを執筆者に多く指名された。つまり私もその一人である……と私は推測している。

安重根の発射した弾は、伊藤博文に命中していなかったという『室田義文翁譚』の話から構想したちくま新書『暗殺・伊藤博文』をお読みになって、これでいけということであろう。しかし、伊藤博文の側からハルピン暗殺を描くのは難しくないが、安重根の側から描くのは非常に難しい。韓国側の史料も参照しないといけないからである。

だから、ミネルヴァ書房から執筆の依頼を受けた時、断りはしなかったけれども、すぐに書き始めることは、なかなかできなかった。

伊藤博文は、あれほど過酷なこと（保護国条約、皇帝廃位、韓国軍解散）を韓国に押し付けたが、それでも、併合については穏健策を持していた。私は、一九一九年、三・一独立運動のとき、なお健在であったとすれば、韓国の独立が世界の趨勢であることを見抜き、少なくとも高度の自治を韓国に与えるよう元老として政府に要請しただろうと『暗殺・伊藤博文』で書いたが、その考えはいまでも変わっていない。

伊藤博文が、韓国に議会を設けることを構想していたなんて、極秘中の秘であるから、韓国の独立運動家が知る由もない。

統監としての韓国への過酷の処置をもって、伊藤博文を罰するという韓国義兵の大義名分は別におかしくない。義兵討伐で大きな死者を出したから、韓国における軍の統帥権を持っていた伊藤は、この件についても最高責任者であって、責任はまぬかれない。

安重根は、相当先進的な思想を持った独立運動家であって、単純な反日テロリストではない。だから、伊藤博文暗殺事件を安重根の側から描くと、安重根に相当の同情を持って書くことになる。そうなると、芳賀徹先生を、それから多くの韓国嫌いの日本人をがっかりさせることになるだろうというのが、執筆に躊躇した理由の一つである。

一方、いくら私が安重根に同情を持って書いたとしても、韓国の人が「義士」として崇敬するような、ほとんど聖人に近い安重根像にはどうしてもならない。私は、韓国の独立運動家としては、徐載弼、安昌浩、金九を高く評価するし、李承晩だって、安重根より上だと思う。

安重根は、三十前に死んでしまったので、かれの後半の生涯は、無限の可能性として残されてしまった。それは李承晩より優れたものであったろうか？　私はそうは思わない。

こんな安重根をあまり尊敬しない安重根伝を日本人が書いたとして、韓国の人たちは喜ぶだろうか。

私は韓国には友人は多いし、いくら真実を追求すると言っても、「安重根の真実」を書くことで韓国の友人を失うのは耐えられない。

ずっとだから私は執筆にとりかかるのを躊躇していた。でも、その私の執筆を待っておられた芳賀徹先生がお亡くなりになってしまった。

それに、私が韓国の友人を失ってしまう心配より先に、私が死んでしまう時期がだんだん近づいてきた。しかたがない、このまま書かずに終わるのも、せっかくミネルヴァ書房に私を推薦してくれた、芳賀先生にも申し訳ない。

私は、安重根を書くにあたって求めたのは、一に真実である。

私は、安重根の銃弾は、最初の一発が伊藤博文の背中に命中した、と本書では書いた。そういうことに興味のある人は、終章からまず読んでほしい。続いて、逃亡した真の暗殺者の発した二発のライフル銃弾が伊藤に致命傷に負わせたと推定した。

私の推定が正しければ、安重根は殺人未遂であり、どうしても死刑ではない。私は二〇〇〇年に出した『暗殺伊藤博文』から二十年以上、疑惑の銃弾について気にしていた。今回あらためていろいろ史料を調べなおして、それなりに過去の推論を修正した。これもあくまでも仮説である。後進の努力に期待する。

私が、今回見たくて探しきれなかった史料はロシアにある。安重根も関係のあった、ウラジオストックの韓国語新聞「大東共報」の社長、元憲兵隊大佐のミハイロフに関する資料は、残されている可能性がある。この仕事は将来の課題として、日本、韓国、ロシアの若手の研究者にゆだねたいと思う。

私は今七十六歳である。二十代で私は、韓国語、中国語、ドイツ語、フランス語を研究に使える程度に読めるようになっていた。あと一つ、外国語を増やしたい。ロシア語か、サンスクリット語かと思ったが、大学に就職して忙しくなり、語学の勉強は打ち止めになってしまった。日本の近代史研究者は、ロシア語は読めるようになってほしいと思う。私はそうなれなくて、七十歳越えて、いまさらながらに後悔している。

本書で描いた日本の情報将校、福島安正は、漢文はもとより中国語（北京官話）、ロシア語、フランス語、ドイツ語を習得していた。福島安正は、松本生まれの私の郷里の先輩だが、明治人の語学力が凄いのを実感させられた。

今の日本史、近代史研究者は、どういう勉強をしているのか。ロシア語の史料を探しに、気軽にウラジオストックに飛べるくらいになってほしいものだ。

私たち日本人は、ロシアのことを全然知らないで、日露戦争は良かった、良かったといまだに言っているが、それでいいのだろうか？　韓国語もできず、漢文も読めないで、安重根についてテロリストと決めつけていいのだろうか？

そういうわけで、史料的にも不十分な作品ではあるけれども、しかし、これまで出ていた日本語の安重根伝よりは、大分進化した評伝になっていると自負している。また韓国の人には、あまり満足できる安重根像ではないかもしれないけれども、安重根が暗殺に走らざるを得なかった原因は、日本参謀本部の謀略工作にあったということは、よく理解してほしいと思う。韓国に対して害をなした度合いは、伊藤博文よりも、日本参謀本部、次長を勤めた川上操六（日清戦争）、福島安正（日露戦争）の方が、大きいと私は考えている。伊藤を日本の悪のすべての根源と考えるのは間違っている。その部分は注意して読んでほしいと思う。

本書の叙述の根幹は、旅順監獄で安重根が書いた漢文の自伝「安応七歴史」によっている。市川正明『安重根と日韓関係史』原書房に載せられた、影印が自筆の原典で、国会図書館デジタルコレクション「七条清美文書、安重根伝」がその写し（手書き）である。しかし、実際の叙述、引用に関しては、統一日報社篇『図録・評伝 安重根』の日本語訳によった。原文の漢文は、明快で翻訳の問題はあまりないと考え、読者のためには日本語訳の引用が最善と考えた。漢文に自信のある方は原文で読むのも一興であろう。

ところで、本書の副題である「東風寒しといえど、壮士の義は熱し」について書いておきたい。この句は、安重根の自伝、「安応七歴史」にある漢詩の一行から取られている。その詩は、安重根がウラジオストックからハルピンに伊藤博文暗殺を決意して、出立する時に詩想が湧いてきたという。壮士の語から、秦の始皇帝を暗殺しようとした燕の刺客、荊軻が易水を渡るに際して歌ったという「風は蕭蕭として易水寒し　壮士一たび去つて復た還らず」（『史記』）を踏まえていることがわかる。司馬遷の原文は「風蕭蕭兮易水寒　壮士一去兮不復還」であり、安重根の詩のこの一行と、寒、壮士、兮（助辞）が、一致しており、秦王政（後の始皇帝）を暗殺しようとして果たさなかった荊軻に、自分の想いを重ねていたことがわかる。安重根がハルピンに赴くとき、生きて還らぬ覚悟であったことがわかる。

安重根の詩は、「東風漸寒兮　壮士義熱」であり、これを採った原文の読み下し（『図録・評伝　安重根』二四五ページ）は、「東風はしばらく寒く、壮士の義熱からん」である。

なお、韓国では、日本のことを「海東」と呼ぶことがあり、東風の東は、日本を暗にさしており、その風が寒いとは、本来春を告げる東風は暖かいものなのに、日本の韓国に対する仕打ちは、「寒」ではないか、という思いが込められている。安重根は、最新型のピストルを凶器として用いたが、その心情は、中国古典の「刺客」の代表、荆軻に自分を重ね合わせるものであった。

安重根——東風寒しといえど、壮士の義は熱し　目次

図版写真一覧

二十世紀初頭の朝鮮半島・満州・ロシア沿海州
ハバロフスク
ハルピン
長春
ウラジオストック
間島
白頭山
奉天（現・瀋陽）
遼東半島
平壌（ピョンヤン）
元山（ウォンサン）
旅順
大連
日本海
海州
清渓洞
仁川（インチョン）
漢城（ソウル）
黄海
釜山（プサン）
鎮海（チネ）

凡　例

・韓国の首都の名称は、原則ソウルとした。安重根の生涯のなかでは、漢城から京城と変更されているが、京城の名称は、現在韓国では、日本の押し付けとして忌避されていることもあり、現代の名称であるソウルとした。
・主だった韓国人名は、ハングル音をカタカナ表記に置き換え、初出にルビをふった。それにともない索引でもカタカナ表記をもとに50音順で並べ、カタカナを併記した。
・韓国の地名も、重要な地名は人名同様にルビを付した。一方でその他の地名は日本の慣例である音読みで索引に入れた。
・中国の人名、地名の索引掲載は、漢字の音読みを用いた。

第一章　安重根の幼年時代

1　清渓洞で学ぶ

誕　生

安重根は、一八七九年、韓国黄海道海州に生まれた。父は進士（科挙合格者の称号）、安泰勲《アン・テフン》であった。本貫（先祖の発祥の地）は、慶尚北道順興で、高麗朝の名賢であった安珦の二十六代の孫であり、海州《ヘジュ》に定着してから十余代、海州では名望のある両班《ヤンパン》の家として知られていた。祖父の安仁寿は、かつて慶尚南道の鎮海の県監を務め、裕福な両班として知られていた。

安重根の父の泰勲は、安仁寿《アン・インス》の三男であり、六人の兄弟の中でも特に優れ、科挙に合格していたので、安進士と呼ばれた。また早くから開化派の思想を受け入れ、日本に留学生として渡る予定であった。これが甲申政変（一八八四年）という開化派クーデターが失敗したことで、七十余名という大規模の学生派遣は、中止された。もしも甲申政変がなかったならば、父、安泰勲は、留学出身の優秀な人材として、政府官吏として出世を遂げていたはずだ。

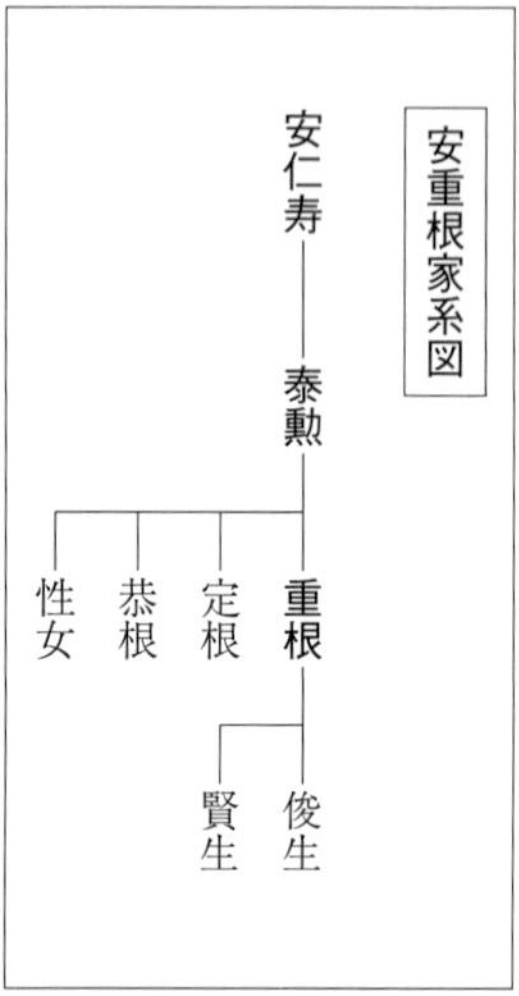

幼少時代

安重根が、伊藤博文暗殺のあと、旅順監獄で書いた、自分の履歴「安応七歴史」は、父、安泰勲が開化派の日本留学生として選抜されていたことを記す。応七という字《あざな》は、胸と腹に七つの黒子があったので、それにちなんで付けられたという。

一八八四年（甲申）ころ、京城（当時のソウルの呼称）に身を寄せていた時、朴泳孝が深く国勢の傾きつつあることを憂え、政府を革新し、国民を開明に導こうとし、優秀な資質の青年七〇人を選んで、外国（日本）に遊学させようとした。父もこれに選ばれた。ところが、政府の奸臣たちが、朴氏を反逆を企てると濡れ衣を着せて捕えようとした。朴泳孝は日本に逃れ、その他の同志も学生たちとともに、あるいは殺され、あるいは遠隔地に流刑に処された。（統一日報社編『図録・評伝　安重根』日本評論社、二〇一一年、二〇二頁）

父、安泰勲は、科挙の準備のため、ソウルの金宗漢《キム・ジョンハン》の家に寄宿していたと、金九《キム・グ》は、その自伝『白凡逸志《ペクボムイルジ》』に記している。安重根は、故郷海州で祖父、安仁寿のもとで育った。

ここで安重根は「事大党＝守旧派」の重臣たちを、奸臣と呼んでいる。父が正義の人であるならば、その開化派に属する安泰勲の同志を殺し、流刑に処した守旧派は、「奸臣」である。父、安泰勲は、守旧派＝事大党＝清国党の重臣たちをクーデターで殺したことは、正義の行動だったと安重根に語っていたと見てよいだろう。

安重根にとって、自身が五歳の時に起きた甲申政変は、父の属する開化派の義挙であったのだ。安泰勲は、甲申政変後、隠棲を決意する。政変後、逮捕されたりしなかったのは、具体的にクーデターに関与したことがなかったからであろう。

甲申政変の失敗で、期待される若手官僚候補生であった安泰勲の前途は、事件を機に暗転してしまう。

父・安泰勲の隠棲決断

安重根は、隠棲を決意した父、安泰勲に従って、平安北道の山里、信川郡、清渓洞に移り住む。この安重根が少年時代を過ごした清渓洞を、のちに代表的な独立運動家となる金九は、訪問し、安氏宅に滞在した時があった。金九の自叙伝『白凡逸志』は、この清渓洞のことを記す。『白凡逸志』は、安泰勲の父のことを安進士と呼んでいる。安泰勲は、留学候補生で、正式の官職につく前に官途を離れざるを得なくなったから、科挙合格者の称号、進士をもって一般には呼ばれていたようだ。

「安応七歴史」では、父が開化派であったことを記すが、金九は、ただ安重根の祖父仁寿が「世の中が騒がしくなってきたため」隠棲を決意して、清渓洞に移ったと書いている。

安泰勲の郷里は平安北道海州であり、そこで父の仁寿と相談して、清渓洞に移ることを決めたとしている。

官吏出仕を目指してソウル（漢城）に住んでいた安泰勲は、甲申政変で連座しそうになって、郷里の海州に戻り、そこで父の仁寿と相談して、かねてから隠棲のために準備していた清渓洞に、一族の本拠を移したのだ。

清渓洞

安泰勲に招かれて一時、清渓洞に住んだことのある、金九の描写する清渓洞の様子は、次のようなものだ。

清渓洞は、四面を険しく美しい峰々にとり囲まれており、洞内には点々と四、五十戸の人家があって、洞口（村の入り口）の前に一筋の渓流が流れており、その岩の上には、「清渓洞天」という安進士自筆の文字が刻まれていた。洞口をさえぎるように、一つ小さな峰があって、その上には砲台があり、路上には警備兵がいて、われわれを見ると「誰か」と尋ねた。（金九、梶村秀樹訳注『白凡逸志』平凡社東洋文庫、一九四七年、四七頁）

これは、一八九四年、東学党の乱も終息する時期のことであるが、東学軍といっても、中には様々な分派、事実上の独立部隊があり、略奪をこととする部隊もあり、内紛が絶えなかった。東学の乱は地方の治安を崩壊させ、安泰勲は「義旅長」と呼ばれ、自警団的な兵士の指揮官として、信望を得ていたのだった。安重根も、まだ十代の少年ながら、東学軍との戦いに身を投じている。政府軍も東学軍も略奪を行う。小さな自治体で、農民は自衛の兵に自らなる、農村であるが、同時に軍事組織でもあったのだ。これは、国家や地方の役所にも属さない、独立自尊の自治組織である。清渓洞は、他者を侵略しないが、もしも攻撃されれば、敢然として自衛のために戦うのだ。

安重根少年の「独立」への意識は、このような自治組織の戦いの中でつちかわれたものなのだ。この小なりと雖も、独立自尊の精神は、強い敵に出くわせば、すぐ逃げる、戦がなければ、徴発や略奪をこととする、官軍より、よほど尊敬すべきものではないのか。東学軍も、部隊によっては、略奪をこととする、かなり軍紀の乱れたものもあったことは、金九の回想からも、見て取れる。

東学接主、金九

金九は、この時十九歳であったが、東学の平等主義にひかれて、東学の徒となったという。自ら小部隊の首領（接主）となったが、他の略奪を行う無頼の接主との争いになり、敗れて窮地にあるところに安泰勲の使者があり、自分のところに来ないかと誘われて、清渓洞に赴いたと『白凡逸志』には記す。まだ十九歳の敗残の金九を安泰勲は鄭重に迎え入れて、清渓洞にかくまってくれた。

これ以前に、金九の東学部隊に対し、安泰勲から互いに「不可侵」の申し入れがあり、お互いに攻撃をしない協定が結ばれていた。墨子にいう、自らは侵略を行わないが、自領を侵されれば、自衛のためには武力闘争をいとわない、そのような共同体的な小国の在り方を清渓洞は体現していたのだ。

安重根の独立への強い意志は、この清渓洞で育まれたものだった。

祖父の膝下

さて、「安応七歴史」を読む限り、この清渓洞での静穏な生活は、一八九四年の東学党の乱の時まで続いたように見える。安重根少年は、最初は祖父の安仁寿から漢文の読み書きの手ほどきを受ける。朴殷植『安重根伝』は、父、安泰勲は、しばしばソウルに出ていたので、安重根は「祖父の膝下で育った」という。父安泰勲は、開化派の一員であったと言われるが、祖父の仁寿の学問は、完全に朝鮮の伝統的な儒学であったと思われる。

安重根は、ハルピン暗殺事件ののち、旅順監獄に収監されるが、多くの人から揮毫を求められ、今日も相当数の安重根の書が残されている。父、安泰勲は、漢詩の名手であったと、金九『白凡逸志』は言うが、父から漢詩の作り方を熱心に習った形跡はないようである。安重根の書跡に残された漢文は、多くが、祖父、仁寿から「読み書き」を習った時の短い句に由来すると私は考える。次の二篇は、祖父から習った文言ではないかと思わせるものがある（『図録・評伝　安重根』より引用）。

見利思義見危授命
人無遠慮　難成大業
　利を見れば義を思い、危うきを見て命を捧げる。
　人は遠くを慮《おも》わざれば、大業成し難し。

安重根は今日でも、「義士」の称号をつけて呼ばれるし、ハルピン暗殺事件は、安重根の義挙である。義の精神は祖父、安仁寿の薫陶の中から育まれたものである。

博学於文約之以礼
山不高而秀　地不広而平坦　水不深澄清　林不大而茂盛
　文章を博く学び、礼を以てこれを引き締めよ（「礼」をもって引き締めよという礼の強調に朝鮮伝統儒学の精神を見る）。

> 山は高くはないが秀麗。地は広くないが平坦。水は深くないが澄んで清く、林は大きくないが茂り、盛んである。

この文言は、祖父安仁寿が隠棲の地に選び、安重根が少年時代を過ごした地、清渓洞の自然環境（風水）を言い当てている。祖父安仁寿が、可愛い孫にこの清渓洞を何故選んだのか、話して聞かせながら、この語句を書するように教えている姿が目に浮かぶ。この平穏、清涼な小天地でのびのびと育った自然児、安重根の幼年時代を思わせる句である。

さて、金九『白凡逸志』には、科挙に合格して進士になる前の安泰勲についての叙述がある。それには、漢城で、金宗漢というものの門客となって、長いこと都にとどまっていたという。

> 安進士は、科挙を受けるためにソウルの金宗漢の門客となって長らく都にとどまっていたが、進士となると官職につく志を捨てて家に帰り、兄弟六人して酒に詩に歳月を過ごし、志のある友と交わるのを楽しみとしていた（金九『白凡逸志』平凡社東洋文庫、四九頁）。

金九

ここでは、何故官職につかず、家に帰ったか、説明がないが、開化派の留学生に選ばれていたが、甲申政変が起こって、官職への道が閉ざされたという安重根の記述を信ずるべきだろう。また、

金宗漢

金九が挙げている、金宗漢という名前は重要である。安泰勲は、長いこと金宗漢の門客となって、ソウルで過ごして科挙の準備をしていた。家に居候していたわけで、安泰勲と、金宗漢は、同じ家に住んで、兄弟同然の付き合いをしていたということだ。

開化派、親日派、金宗漢

この金宗漢は、開化派の一員だった。朝鮮の将来のためには、近代文明の導入が必要であり、そのためには、日本からこれを入れるのが早道である、つまり開化派＝親日の代表的な若手政治家であったのである。それどころではなく、彼は甲申政変後も生き残って、日清戦争時、日本に協力している。大鳥圭介日本公使に協力して、朝鮮の内政改革のための調査委員に就任し、協弁という次官クラスの役職に就く。また、韓国では乙未事変という閔妃暗殺事件に際しては、この事件の日本側の首謀者の代表、岡本柳之介の推薦で、秘書院卿という職に就き、協弁に復帰している。大韓帝国末期の代表的な独立運動、独立協会の結成にも参加している。

この独立協会を組織したのは、開化派の日本に派遣した留学生、徐載弼《ソ・ジェーピル》である。彼は甲申政変失敗後、日本に亡命、さらにアメリカに渡って、医科大学で学んで医者となるが、一八九八年、韓国に戻って、ハングル新聞である『独立新聞』を発行、朝鮮社会の啓蒙に努めるとともに、独立協会を結成して、国権回復、独立意識の称揚を行った。旧韓末にあって、最も意義ある独立運動を行った人物である（上垣外憲一『日本留学と革命運動』東京大学出版会、参照）。

金宗漢は、今日親日派として、韓国では断罪されているが、独立協会の結成に力のあったことを見れば、「親日派＝悪人」の図式に完全に当てはまらない側面も持っている。徐載弼を支援したのも、金宗漢が、韓国の近代化を目指す開化運動の志を心に抱き続けていた結果であろう。十四年前の同志の連帯は、続いていたのである（金宗漢の経歴については、『韓国民族文化大百科事典』（オンライン版）二〇二四年三月七日閲覧）。

清溪洞に隠棲したかに見えた安泰勲だが、恐らく日清戦争に至るまでの時期、開化派が雌伏の時期にも、都で健在であった旧友、金宗漢との通信は絶えていなかった模様である。

2　十代の安重根

十二歳の少年

さて、東学軍同士の戦いに敗れて、安泰勲の清溪洞に来た時の話として、十二歳の安重根少年の様子が、『白凡逸志』に記されている。安重根満十二歳だとすると、一八九一年、明治二十四年のことになるが、金九の『白凡逸志』の叙述では、その前に「倭兵」が京軍（朝鮮の官軍）と一緒に海州を攻めたとあるので日清戦争の年、一八九四年、安重根、満十六歳の年であろう。金九はこう記す。

そのころ、安進士の長男の重根は十三歳で、ちょんまげを結っていたが、頭を紫の布できちっとしばり、トムバン銃という短銃をかついで毎日狩猟に日を過ごしており、見るからに英気勃々としていた。清溪洞の兵士のなかでも射撃術は抜群で、獣でも、鳥でも狙った獲物は逃がしたことがないというので有名だった。かれはいつも、末の叔父にあたる泰建といっしょに猟に出かけていた。かれらが獲って来る獐《ノロ》や大鹿は、兵士たちに食べさせたり、また進士たち六兄弟の酒宴の肴となったりした。(『白凡逸志』五十頁)

安重根は長男だが、「次男の定根と三男の恭根は、まだ赤い周衣(トゥルマギ)を着て髪を編んで垂らした坊ちゃんで、書を学んでいた。進士は、この二人については、「さっぱり文が読めない」と言ってこぼされることもあったが、重根に対しては、何の干渉もしておられないようだった」。まず漢文の手習いをしたあとは、科挙の答案が書けるような、本格的な漢学、漢文の学習をするのが順路であるが、父、安泰勲は、元服して、髷を結っている安重根が、毎日鉄砲を担いで、狩猟に精出している(科挙の学問をしない)ことに、何も干渉していなかったという。

悪徳官吏の跳梁

安重根は、科挙の試験勉強には、全く熱心でなかったようだが、ただの勉強嫌いとは、言えないものがある。それは、朝鮮王朝最末期のこのころ、科挙の試験は紊乱をきわめていたからだ。試験の結果は金で左右されていた。そうした腐敗した科挙の受験に、少年安重根は興味がなかったようだ。

開化政策には、いろいろと資金が必要だが、その資金財源を得るために、国王高宗《コジョン》は、売官を行い、さらに科挙の合格資格、官吏への道を、金で売っていた(『梅泉野録』)。自身も科挙を受けた経験のある金九は、科挙は学問より、試験官なじみの妓生に付け届けをする方が、合格の近道だったと、『白凡逸志』に記している。

売官、つまり巨額の賄賂を諸方に配って官職を得た者は、当然、その賄賂を取り戻そうとして、税金の横領、また富豪からの搾取などを頻発するのである。

朝廷の公式記録、『朝鮮王朝実録』には、このような悪徳官吏は、あまり出ないが、民間の学者、黄玹《ファン・ヒョン》（一八五五―一九一〇）の書いた『梅泉野録』には、売官、や科挙資格が金で売られる話が、いろいろ出てくる。こちらが真相を衝いているだろう。

その中でも目立つのは、閔炯植《ミン・ヒョンシク》である。親の閔泳緯も「ならず者」と言われたが、閔炯植の悪逆ぶりは、空前絶後のことだった。『梅泉野録』は、次のように記す。

閔炯植は、年齢がやっと三十歳であったが、狂ったように驕り昂ぶり、乱暴で愚かであった。劔を左右に置いておき、ともすると人を斬り殺した。（中略）およそ、沿海の浜辺で、船が通れるところであれば、まず大富豪から五、六万両攫い、その次は三、四万、またその次から一、二万を攫った。

一万両以下は、入手したものとしないで、罪人の家とみなし壊した。

こうして、軍営に積まれた金は億で計られた。

兵卒、下人たちで、この仕事を受け持った者たちは、みな成金になった。

（黄玹、朴尚得訳『梅泉野録』国書刊行会、一九九〇年、一五八頁）

彼は軍事権をもつ、統制使に任命されたことで、その軍卒を使って、大富豪から財を奪ったのである。彼は最初、東南部の慶尚道の統制使に任命されるが、米作が盛んで、豊かな「両湖」全羅道も管轄するようになった。はては、全羅道の北の忠清道まで、「犯すことになった。」そもそも、このような無法者が官吏になれるはずはなく、また昇進、勢力拡大できるはずがないのだ。それが、免職にもならず、南の全羅道、慶尚道から、忠清南道まで略奪の範囲を広げることができたのは、富豪たちから奪った金品を、同族、閔氏の高官、ひいては閔妃《ミンビ》に献上したからに違いない。そもそも、ならず者のような、若年の閔炯植が、慶尚道という一大要地の統制使になれたのが、親族のつてによって、閔氏の高官、あるいは王妃の閔妃に賄賂を盛大に送ったからに違いない。

　地方官吏となって、悪逆を尽くしたなら、当然、免官、処罰されるべきだが、彼はさらに豊かな全羅道の統制使も合わせ得るのだから、これは、閔氏一族のコネと、賄賂によって摘発を免れていたと見るべきである。このような、官界の紊乱、腐敗に対して、国王、王妃は相当な責任があると言わねばならない。

　悪逆を極めたこの閔炯植、このような悪徳官吏の略奪に対抗するには、庶民は、東学のような宗教のもとに団結して自衛するか、富豪であれば、私兵を雇って自衛するしかない。

　安泰勲の清渓洞は、数十人の兵士によって守られていたと金九は記すが、王朝末期の腐敗官吏から財産を守るにはそれしかなかったのだ。清渓洞は、武装した、自衛する桃源郷だった。

第二章　安重根と甲申政変、そして伊藤博文の影

一八八四年十二月、甲申政変は、安重根の父の運命を大きく変えた。その甲申政変について、この章では記す。甲申政変は、以後の日本と朝鮮の関係に大きな影響のある大事件であった。また、伊藤博文が、この事件から、朝鮮との国交に主役として登場してくる点も見逃せない。

1　朝鮮王朝最末期の外交政策

甲申政変を理解するには、それまでの朝鮮王朝最末期の、朝鮮の外交について記さねばならない。朝鮮王朝は、清朝に朝貢を行っていたが、それ以外は、日本と対馬を通じて外交と貿易を行い、また、将軍の代替わりごとの「通信使」を江戸まで派遣することで、日本とは公式の外交関係をもっていた。しかし、清朝への朝貢は年二回、それに対して日本への通信使は、徳川将軍が、代替わりをした時にのみ派遣され、江戸時代に十二回、日本に派遣されただけだった。清朝との関係の方が、はるかに重

かった。

大院君の攘夷政策

朝鮮王朝は、朱子学を国の教えとして、キリスト教国との交際を一切禁じていた。西洋諸国から見ると、朝鮮は極端に外国との交際を忌む、「隠者の国」であった。日本以上の鎖国の国だったのである。

隠者の国、朝鮮が西洋諸国との交際（外交）を始めるのは、最後の国王、高宗《コジョン》（一八五二―一九一九年）の治世に入ってからである。国王の父で、摂政として国政を担っていた大院君《テウォングン》は、攘夷政策を貫徹した統治者であった。

朝鮮朝最後の国王、高宗の即位（一八六三年）は、その父であった大院君（李昰応）の画策によって行われた。以後、十年間、大院君は国王の父として実権を掌握、一万人以上が犠牲になったといわれるカトリック教徒の弾圧（丙寅教獄、一八六六年）、そうしてそれへの報復として来航したフランス艦隊の撃退に成功し、攘夷政策の成功として、大院君の威勢は大いに上がった。

丙寅教獄では、フランス人の神父が殺され、フランス艦隊の問罪の来航となったのだ。これは朝鮮のキリスト教は、本来禁止されていたのだが、朝鮮の宗主国、清国の首都には、燕行使という外交使節（朝貢の形式をとる）が、ソウルから派遣されており、その朝鮮の使節団の中で、北京の天主堂を訪問して天主教＝カトリックに触れるものの中から、信者が出たのである。高宗の前の国王哲宗の時代は、政府の統治が緩みに緩んだ時代であり、禁教令も地方によっては有名無実となっていたので、次第にカトリック教徒が増えていったのだった。フランス人の神父が朝鮮領内で布教したのは、北京司教区の中でも、フランスのカトリックが、朝鮮を担当領域にしていたことによるのである。で、大院君の大弾圧でフランス人神父が殉教し、フランス東洋艦隊の来航となったのである。このことは、安重根が後にカトリック教徒となる伏線であり、フランスは、以後も列強の中で、特に朝鮮に関心を持つ国となる。

以後、ジェネラル・シャーマン号というアメリカ船が、大同江を遡って通商を強要するが、水深が下がって動けなくなり、朝鮮側の焼き討ちにあって乗員が全滅するという事件が起こる。これに報復のために江華島に来航したアメリカ艦隊（辛未洋擾、一八七一年）に朝鮮軍は苦戦するが、大院君は屈せず、結局アメリカ艦隊は、去る。

二度の洋夷の撃退に成功したことで、大院君の威信はあがる。

大院君は、哲宗時代の弊政を立て直そうと、売官の禁止、官吏の綱紀粛正など、改革を徹底しようとするが、書院の廃止でつまずく。書院は、地方に多く設けられた儒教の教育機関であるが、例えば、そこに財産を持たせるという形で、脱税の手段ともなりうる。

大院君

これに大院君は目をつけて、書院を廃止して、その財産を没収するということを行ったが、教育を何よりも尊いものと考える儒学者たちから猛反発を受けた。結局大院君は、この書院問題で失脚することになる。

そうして、高宗が成人したことで、親政を始めるという形で、大院君から高宗への政権交代が行われる（一八七三年）。その中で、外交政策がそれまでの攘夷から、開国へという方向が出てくるのである。

朝鮮国王の開国方針

朝鮮国王高宗の親政の開始は、清国以外の国々と国交を結ぶ、韓国の門戸開放を意味していた。それは、清国の外交官で、東京の駐日公使館の書記官として日本に滞在していた黄遵憲（一八四八―一九〇五年）が、関わっている。黄遵憲は江華島条約締結後、日本に派遣された朝鮮使節と東京の清国公使館で面会し、開国した朝鮮がこれから採るべき外交方策を記した書『朝鮮策略』を朝鮮使節に与えた（黄遵憲、趙一文譯註『朝鮮策略』建國放送事業團、一九八二年）。黄遵憲は、後に大部の日本研究書『日本国志』を出版するなど、当時清国で第一の知日派であった。また、サンフランシスコ領事、ロンドン領事なども、後に歴任し、当時の清国でも、最も世界情勢に通じた人物の一人だった。

黄遵憲は、東京に住んで、維新日本の政治、社会、文化を観察し、明治維新の日本の発展ぶりを高く評価していた。彼は東アジアで最も危険なのはロシアと考えており、このロシアに対して、清国、日本、朝鮮が連合して、その侵略に備えるべきだとしていた。黄遵憲は、日本を、漢字を用いる同種同文の国ととらえており、民族的にも文化的にも近い清国と日本が友好関係を保って、ロシアに備えることが、アジア平和の道と考えていた。さらに、黄遵憲は、東アジア三国の同盟に加えて、アメリカは東亜に対する領土的な野心が少なく、西洋諸国では、最も友好を結ぶべき国として、朝鮮はまずアメリカと条約を結んで友好関係を模索すべきとした。

朝鮮国王高宗は、東京に派遣された使節団の持ち帰った、この黄遵憲の『朝鮮策略』をよしとして、もともとの対日外交を進め、またアメリカにも使節を派遣して、アメリカとの国交を開始する。

壬午軍乱

ところが、西洋化を急速に進める日本やアメリカに対して国交を開くことは、夷狄と結ぶことであるとして、保守的な儒者から反対の声が全国で沸き起こり、このことが、朝鮮社会を揺るがすことになる（衛正斥邪運動と呼ばれる。正は朱子学、邪はキリスト教を指す）。日本の幕末の尊攘運動と似ているようだが、朝鮮の場合、まずそれは宮廷内の権力争いとして顕在化する。

それまで絶対権力を握っていた国王の父、大院君、高宗親政にともなって、不遇をかこっていた大院君の巻き返し策がそれであった。壬午軍乱の名前で呼ばれるのは、日本人軍事教官、堀本大尉の訓練する新式軍に比べ、給与、待遇が悪いことに不満を募らせた、旧式軍の「反日蜂起」がきっかけとなったからだが、大院君が陰にいると考えられている。

それは一方ではソウルの日本公使館への「暴徒」の襲撃、一方では王妃の閔氏の殺害指令であった。朝鮮の「勢道政治」により、王妃の一族閔氏が政権を牛耳っていたが、この時は、王妃も、閔氏の若手の筆頭、閔泳翊《ミン・ヨンイク》も、開化政策を支持していた。そこで、開化政策、日、米との和親外交に対する反発を利用して大院君は「宮廷クーデター」を企てたのである。

黄遵憲

この旧式軍の暴動により、堀本大尉は殺害された。また日本公使館が焼き討ちされ、花房義質公使、公使館員も仁川から日本へ退避せざるをえなくなる。

この壬午軍乱は、清国の介入によって、当座の決着がついた。これには、清国の北洋水師（北洋艦隊）の存在が大きくものを言った。日本政府は、辛くも帰国した花房公使に、軍艦四隻・輸送船三隻・陸軍一個大隊をつけて、ソウルに帰任させようとした。これに対して、清朝政府は、北洋艦隊を仁川に急派、フランス留学の経験があり、西洋の法律、国際法に詳しい馬建忠を使節とし、呉長慶率いる三千の淮軍を送りこんだ。

李鴻章は、琉球処分、台湾出兵などを通じて、清国への挑戦をいとわない、勃興する日本の軍事力を警戒し、天津を根拠地とする北洋艦隊の建設に乗り出していた。北洋艦隊を利用して、三千の陸軍を送り込んだ清国は、壬午軍乱解決の主導権を握る（岡本隆司『李鴻章　東アジアの近代』岩波新書、一四三頁）。

馬建忠は、壬午軍乱の経緯を調べ、責任は大院君にありとして、大院君を逮捕して、天津まで護送し、北洋陸軍の根拠地、保定（河北省）に抑留する。さらに、朝鮮政府に対して、斡旋を行い、日本に対する賠償金の支払い、謝罪使の派遣などを条件とする済物浦条約を結ばせる。

清国の外交上、一大勝利ともいえる結果に終わったが、それは馬建忠の国際法知識もさることながら、軍事力の優勢がなければ、こんなにあっさりと決着がついたはずはない。呉長慶率いる清国軍三千は、大院君に従って蜂起した朝鮮の旧式軍を簡単に鎮圧して、大院君の逮捕に貢献したのである。

日本側は堀本礼三公使館付き武官（新式軍の教官を兼ねる）を殺されているので、これが事件後、権力を掌握した大院君の指令に基づくとすれば、日本は朝鮮に対し宣戦を布告できることになる。

日本は、井上馨を全権大使とし、一個大隊（八百人程度）を仁川に派遣した。まず兵力を上陸させて、ソウルに迫るとの威圧を行って、外交交渉に入る構えであった。

しかし、軍隊を率いて花房公使が仁川に戻ったことは、開戦もあり得るという清国の不安を高めた。

清国はまず馬建忠を軍艦で急派、さらに三千の陸軍を派遣した。

清国兵を朝鮮に急いで派遣した理由について、馬建忠は次のように述べた。

　一つには、乱党が、時日の立つうちに蔓延すれば、たちまち撲滅しがたくなることを恐れてのことです。一つには、日本の花房義質・井上馨らが、そのうちに艦隊をひきいて漢江に集めるだろうからです。（岡本隆司『属邦と自主のあいだ』名古屋大学出版会、八三頁）

清国は、朝鮮における宗主権の喪失を恐れたのである。

清国は、藩属国であった南の安南（ベトナム）に対して、フランスの侵略を不満としてこの年、一八八二年に出兵して、清仏戦争の前哨戦が、ベトナムで始まっている。軍事的に劣勢な清国は、フランス軍に敗北、翌一八八三年には、第一次フエ条約で、安南をフランスの保護国とすることを承認する。つまり宗主権をフランスに譲ったというか奪われたのである。

朝鮮でも同じような事態になることを恐れて、清国（馬建忠、および直隷総督の張樹声）は軍事力の発動を急いだのだった。旧式軍を味方につけた大院君は、戚族の閔氏の高官を殺害、王妃の閔氏は、乱中に行方不明となり、死んだと思われて、葬儀まで行われた（忠州に避難しており、乱の解決後、ソウルに帰還する）。朝鮮の政権は、大院君のものとなり、彼の執政は一カ月近く続く。

花房公使は、仁川に軍をおいて、ソウルに赴き、国王と交渉を開始するが、政府は大院君に牛耳られているので、一向に埒があかない。花房は一旦交渉を打ち切って、仁川に戻る。大院君支持の朝鮮軍と戦闘するためには増援が必要である。

そこに思いのほか早く、清国軍が到着し、馬建忠は、日本公使館の近藤真鋤から、大院君が事変の首謀者であるとの情報を得て、大院君の排除に踏み切る。清国軍は、大院君派の朝鮮軍を簡単に制圧、大院君は、清国軍艦に招かれて赴いたところを逮捕され、そのまま天津まで護送される。

清国は、事変をうまく処理することによって、朝鮮に対する影響力を強めることに成功する。その具体的な表れが、事変直後に締結された「中朝商民水陸貿易章程」である。

中朝商民水陸貿易章程

この貿易章程によって、中国商人は朝鮮に続々と進出し、従来、朝鮮との貿易で優勢な地位を占めていた日本商人を圧倒していった。さらにこの章程には、朝鮮は清国の「属邦」であるという文言が挿入され、このあと日本と清国の摩擦の種となった。

日本政府の立場は、江華島条約を結ぶにあたって、朝鮮は独立の国であるとしていたから、朝鮮を属邦とする「中朝商民水陸章程」は、日本の朝鮮に対する立場を侵害するわけである。以後、朝鮮は独立国であるという主張が、日本側からは強く行われるのである。

壬午軍乱は、結局清国勢力の朝鮮における優勢をもたらした。しかし、清国の圧迫が増せば、朝鮮政府としては、日本に助けを求める必要がでてくるわけだ。

壬午軍乱に際して朝鮮に派遣された清国軍は、そのまま居座って、ソウル中心部に駐屯、この軍事力を背景に朝鮮朝廷に圧倒的な影響力を行使することになる。この実戦部隊の指揮官である袁世凱は、軍人というには政治力の豊かな人物で、比べていうなら、中国の桂太郎である。桂は総理大臣になって日露戦争を主導し、袁世凱は「北洋軍閥」を李鴻章から受け継いで、辛亥革命後、大総統となる。

清仏戦争と甲申政変

ところでこの強い清、弱い日本という基本構図が、大きく揺らぐ事件が、中国南方で起こっていた。清仏戦争である。かねてから安南（ベトナム）の宗主権をめぐって、清国と争っていたフランスは、劉福英の指揮する黒旗軍に苦しめられ、陸戦ではなかなか決定的な勝利を収められなかった。

これに対して、フランスは優勢な海軍によって、決着を着けようと、一万に上る兵員を擁するクールベ提督率いる遠征艦隊を派遣、一八八四年八月五日、台湾、基隆の攻撃をもって、清仏戦争が開始された。艦隊の決戦は、台湾の対岸、福建省の馬江で八月二十三日に起こった。（馬江は、福州船政局の所在地で南洋海軍の根拠地）、福建の海戦では、清国の南洋水師（海軍）は、清国海軍の最精鋭と言われていたが、主力艦の大半を撃破され、全滅した。しかし、陸戦では安南方面では清国の黒旗軍が頑強に戦い、フランスが企図した広西省への侵入は阻止された。また、台湾も淡水から台北への進撃は阻止され、台湾の全土占領は阻止された。陸軍では、清国軍はかなりの戦闘力を示したのだった。

時のフランス首相フェリーは、戦況のはかばかしくないのを怒り、大遠征軍を送って、北京を攻略、「城下の盟」を結ばせようと図った。しかし、戦費が莫大に達していたこともあり、イギリスなど列国が和平提案に動き、また一度は戦費を可決した議会もフェリーの遠征への反対にまわり、フェリーは下野を余儀なくされる。清仏戦争は天津条約で、フランスのベトナムに対する宗主権を認める形で決着する。天津条約で、占領中だった澎湖諸島と台湾の海岸部は、清国に返還することになる。

清仏戦争で、清国軍が意外に陸戦で頑強に抵抗したことは、日本でも早く伝えられた。一八八四年九月二十九日に出版された『清仏戦争記』は、福建の海戦に勝利したと言っても、北京まで進軍するには、数カ月もかかる。さらに、今回の福建での敗戦は、中国人の間にフランスだけではない、外国人一般に対する憎悪の念を増加させるだろうという懸念も示している。

清国にありては、鶏籠《ちーろん》（基隆）福州の砲撃の如きただに仏国にとりては利益をみざるのみならず、清国は大国なればこの度の攻撃は一回二回乃至五六七回受けたるもたまたま清国の憤怒《いかり》を重ねしむるのみにて、恐らくは支那人をして各開港場における他外国人を悪むの性質を激発せしむるべし

（加藤寿『清仏戦記』岡島支店、一八八四年、三十五頁、句読点は筆者）

『清仏戦記』の著者は、北京を攻略するには数カ月を要し、フランス国内でも、「混雑」、意見の不一致もきたしかねないとする。これは、先に書いたように、首相フェリーの大遠征軍増派の方針に対して、植民地戦争に反対するクレマンソーらの反対を招いて、フェリーの退陣にまで発展する。また、フランス以外の外国人に対する憎悪を中国人の中に醸成するだろうという予測も、当たっていて、この九月には、福建の海戦で損傷したフランス軍艦の修理を香港の中国人労働者が拒否して、大ストライキを行うという事態になった。

甲申政変は、清仏戦争と連動して、日本がけしかけた反清クーデターという性格が強いが、イギリスは、この動きに対して、真っ向から反対した。フランスの仲間と見られて、イギリスまでも中国人の敵意の被害者になるのは、我慢できないというわけで、フランスの大攻勢に、イギリスは否定的だった。もっとイギリスにとって問題なのは、ロシアが、この朝鮮での騒動に乗じて、朝鮮に進出の動

きを見せたことである。

イギリスの日本軍部牽制

ソウルで一八八四年十二月に起こった甲申政変は、清仏戦争に連動して、日本が、朝鮮の開化派を支援して、起こさせたクーデターである。この日本が朝鮮の開化派＝反清派、を支援して、クーデターを起こすことに対して、イギリスは、全く反対であった。それは、フランスの誘いにのって日本が、清仏戦争に参戦する結果をもたらしそうだったからである。

甲申政変後、日本は大艦隊と一個連隊を仁川に派遣して、威圧の構えを見せるが、こうした日本が清国との軍事衝突に進もうとする動きに対して、長らく日本に駐在して、前年に北京駐在英国公使になっていたパークスは、駐朝鮮公使アストンに対して、日本の兵力朝鮮派遣に対して、真っ向から反対する書簡を送っている。十二月四日に決行されたクーデターが清国軍の介入で、一日天下に終わってから、一カ月後、一八八五年一月十八日付のパークスのアストン宛書簡は、次のように、日本の朝鮮への軍事行動を厳しく非難している。

> プランケット（パークスの後任の駐日公使）は、数回私に電報を寄越し、（日本の）内閣は憂慮しながら平和維持の方針を唱えているが、行動派の連中は戦闘開始を叫んでいると伝えてきた。しかし、何のためか、何の理由に基づく戦いなのか？　また、プランケットは、昨日、日本は三十日以内に五万人の兵士を上陸させる用意があると伝えてきた。私はそれに答えて、そのような種類のことをする能力が日本にあるのか、日本は急いで清国と戦争しないよう警告を受けた方がよい、さらにフランスは清国を急いで軍事国家に仕立て上げようとしていると言った。（サー・ヒュー・コータッツィ、

日英文化交流研究会訳『歴代の駐日英国大使』文真堂、二〇〇七年、一〇七頁)

甲申政変と伊藤博文

ここで一番問題にしなければいけないのは、甲申政変に対する伊藤博文の関わり方である。というのは、伊藤博文の朝鮮への関わりは、この甲申政変からだからである。

井上馨は、江華島条約を朝鮮政府と結んだ時の副使であり、その時からの関わりがある。壬午軍乱の処理につき、井上馨は外務卿であり、花房公使に直接指示を出していた。また事件の処理には、全権大使として、ソウルに至り、朝鮮政府との間に済物浦条約を結んでいる。

清仏戦争時にも、外務卿であり、甲申政変についてソウル駐在の竹添公使に指令を出すのは、井上馨外務卿である。しかし、伊藤博文は前年の太政大臣岩倉具視の死を受けて、身分は宮内卿であるが、事実上の政府の最高権力者であった。したがって、外交方針の最終判断は、伊藤博文と明治天皇が、話し合って最終決定していたと見てよい。一八八三年九月の清仏戦争に対する厳正中立宣言も、明治天皇、伊藤博文二人の合意した結果の日本政府の意思表示であると考えてよい。

大山巌陸軍卿は、この清仏の争いに中立という政府方針に全く同意であったと見られる。日本の陸軍大臣は、戦争に関わる話についていえば、天皇、伊藤博文に次ぐ、井上馨外務卿と並ぶ、序列三位にあたる日本政府の重要人物である。

2　清仏戦争と甲申政変

フランスより日本陸軍への誘い

清仏戦争勃発の前年、一八八三年夏、大山巌を団長とする日本陸軍の欧州視察団が、フランスに滞在した時、フランス側は大歓迎をした。日本を誘って清仏戦争の援軍をしてほしいとの思惑からだ（日本陸軍は、フランス陸軍士官が教官となって、訓練を受けていた）。日本陸軍視察団団長大山巌（陸軍大臣）は、フランス陸相からの招待を受けずに、代わりに副団長の三浦梧楼中将が、フランス陸軍大臣との会談に赴いた。大山巌は三年間スイス、ジュネーブ（フランス語圏）に留学の経験があり、フランス語には堪能、フランス陸軍大臣の招待は、本来なら光栄で、当然自身赴くべきところだが、フランス語で話せる大山と、密談で、日本参戦の話を持ち掛けようとするのがわかっているので、大山はいかなかったのだ。フランスの誘いを謝絶するとの意味である。

代わりに陸軍大臣の招宴を受けた三浦梧楼中将は、陸軍士官学校校長であり、教官のフランス人士官の雇用主でもあり、フランス陸軍と日本陸軍のこれまでの交際を、熟知する人物だ。

三浦梧楼も、フランス陸相との密談で、かりに日仏が清国に勝ったとして、その復讐に清国軍が欧州、フランスまで軍を送るのは五十年かかってもできるかで、近くてより弱い日本に対して復讐戦をしかけるであろう。日本だけが清国の恨みを受けるのは、割に合わないと答えている（政教社編『観樹将軍回顧録』政教社、一九二五年）。日本陸軍の首脳は、清仏戦争に際しては、きわめて冷静であった。

一八八三年、五―六月の段階では、日本の陸軍首脳の大山巌らに、同盟の話を持ち掛けたフランス政府であるが、日本政府は、伊藤博文を中心として、厳正中立の立場を変えようとしなかった。しかし、フランス政府、首相のフェリーは、日本の参戦が、莫大な戦費を考えると、どうしても必要と考えていたようだ。勇猛果敢な日本兵を、いわば傭兵として雇ったほうが、自国民に戦死者を多数だすより、人的被害はなく、金銭的にも安くつくからだ。一方、日本陸軍の首脳は、どうせ日本は人件費が安いからという傭兵扱いに不快感がある。そうして、清国兵を殺すのは日本兵であるから、戦争による清国の恨みを日本に向けることができるのだから、フランスにとっては一石二鳥の名案だが、日本にとっては全然そうではない。

そういうことで、日本政府は一向に動こうとはしない。フランス政府、特に首相のフェリーは、かなり焦った。在日、在清国のフランス公使から、様々な形の日本参戦の誘いを行った。

金玉均と福澤、後藤、板垣

このようなフランスからの働きかけに対して、日本政府が動こうとしない中、フランス公使館に、自由党党首の板垣退助は朝鮮でのクーデターの計画を持って行った。板垣は、もともと、岩倉使節団時の留守居政府の首脳の一人で、「征韓論」を盛り上げた人物である。

自由党総理板垣退助が朝鮮のことに関わる前の段階については、『金玉均伝』が次のように記している。

壬午軍乱後の使節として東京に来た金玉均は、慶應義塾と戸山陸軍学校に開化派の若手を留学させ、さらに日本の各界の人士と付き合った。金玉均は、まず福澤の慶應義塾に開化派の若手を留学させ、福澤に故国朝鮮が、清国に牛耳られて、開化の動きが遅々としてすすまない、むしろ後退している状

況を物語る。（古筠記念会編『金玉均伝』上巻、慶応出版社、一九四四年）

福澤は、朝鮮の開化を助けることを決意、自分の弟子の井上角五郎をソウルに送り、十日ごとに出版の新聞、「漢城旬報」を出版させる。福澤は、ハングルの活字も用意して、井上に韓国に持っていかせる。漢城旬報は、開化を鼓吹する論陣を張るが、清国兵の横暴などを記事にしたため、清国側からの抗議を受け、井上角五郎は、日本に戻らざるを得なくなる。その井上は、開化の象徴である新聞事業を行う中、清国の妨害によって、ソウルを追われた。この福澤の弟子、井上角五郎は、甲申政変の日本民間人（壮士）の代表格で、甲申政変に加わった。

このように清国の存在が、朝鮮の「開化」を邪魔していると福澤は、思い知らされて、朝鮮での清国の権勢を、朝鮮の開化を妨げるものとして、清国を敵視するようになる。

朝鮮の清国からの独立を標榜する朴泳孝、金玉均ら、朝鮮の開化派、改進派を、日本の進歩派が助けようというのは、ある意味で自然な流れであった。

金玉均

金玉均に肩入れする福澤は、後藤象二郎に金玉均を紹介する。金玉均を気にいった後藤象二郎は、金玉均が母国で改革運動を行うにあたって、一番必要としているのが、資金だということを聞いて、自由党総理板垣退助にその話をする。

朝鮮政府が進める開化政策、近代化の事業は何事にも資金が必要だが、貨幣の改鋳、関税の収入ぐらいしか、財源はなかった。朝鮮の政府は、資金源がないため、売官を行っていた。

　このような官紀の紊乱の中で、国王高宗の信任を得る唯一の手段が、外国からの借款であった。金玉均は、二回目の訪日で、十七万円の借款に成功し、これによって国王の信任を得る。さらに、金玉均は、井上馨外務卿に会い、三百万円の借款は可能かと尋ねると、国王の信任状があれば、大丈夫だとのこと。金玉均は朝鮮に戻って、国王の信任状、委任状を取り付けて日本に戻る。

　ところが、井上馨の返事は一向にはかばかしくない。清国から見れば、日本から巨額の借款をすることは、金融的に日本に朝鮮が取り込まれることを意味する。清国が日本からの借款に不快の念を持つのは当然だ。

　花房に代わって、朝鮮公使となっていた竹添進一郎が、金玉均は勢力の全くない人物で、その信任状なるものが本物かどうか疑わしいとか、様々な悪口を井上外務卿に言ってきたと、『金玉均伝』は記す。竹添進一郎は、漢文の中国紀行、『桟雲峡雨日記』で文名を挙げ、天津領事に任命されて外交官となった人物である。その経歴からして、李鴻章などとも親しく、日清協調路線を遂行するべく、中国外交に携わってきたのだ。

　その竹添が、開化、親日の金玉均に冷たく当たったのは、政府の日清協調路線からして当然なのだが、こうして、金玉均は三百万円の借款に失敗して、出世街道からも外れてしまう。

フランス公使館に借金の相談

　ところが、金玉均から借金の必要を聞かされていた後藤象二郎は、板垣に相談、折から清仏戦争勃発、仏海軍圧勝、清国劣勢（一八八四年八月）とのニュースに、板垣はフランスとの人脈を生かして、東京のフランス公使に借金の話をしに、フランス公使館を訪問する。

『自由党史』は、次のように記す。

「金玉均は、朝鮮で、守旧派を打倒するために、井上外務卿にあって、援助を求めたが、政府は消極策に甘んじて、二三の強国の意を迎えるのに汲々としていて、井上の返事は、はかばかしくない」。（宇田友猪、和田三郎共編『自由党史』五車楼、一九一〇年、三四五―三四六頁）

日本の政府は当てにならないので、金玉均は日本の在野勢力の援助を得ようとする。金玉均が、百万円がどうしても必要だと後藤象二郎に言うと、その話を、後藤は板垣退助のところに持っていく。板垣は清仏戦争でフランスが困っているのを利用して、フランスから借款を得ようと思いつく。

後藤象二郎、そして福澤諭吉

フランスの金を引き出すには、日本がフランスに味方して、清国と戦う、このプランが一番だ。それには、ソウルで開化派に、クーデターを起こさせ、それを日清開戦の口火とする。ソウルには、清国軍三千と、公使館護衛の日本軍がいる。これが衝突すれば、開戦の口実になる。

ともあれ、フランス公使の紹介で、フランスの銀行が百万円を融資する。その資金をもとに、クーデターを決行するというのである。ところが、『自由党史』によると、この話を伊藤博文に後藤象二郎は、漏らしてしまった。伊藤博文は驚いたが、素知らぬ振りをして、外務卿にこの情報を伝えた。井上馨は非常に驚いて、こんな重大事を民間にやらせてはならないと、この後藤のクーデター案を差し止めたという。政府の協力は全くない中、クーデターの計画は、福澤諭吉が武器等の支援をするという民間ベースで行われたと『自由党史』は記す。

しかし、民間に任せられないとした井上馨外務大臣は、自分が中心となって、ソウルのクーデターを行わせることにする。一八八四年十月、東京からソウルに帰任する竹添駐韓公使には、追って決行の訓令を送るが、帰任したら、金玉均たちがクーデターをすることを、全面的に援助するよう口頭で命令したのである。十月末日にソウルに帰任した竹添公使は、いままで冷たくしていた金玉均らに、急に積極的な支援を行うようになり、逆に金玉均たちを驚かせる。

竹添公使と国王の会談

竹添公使が、クーデター一カ月前の十一月二日に、国王と会見した時の談話が記録されて残っている。

竹添は、会談の冒頭から、清仏戦争のことを語る。話題の中心は、目下講和に向けて進行中の清仏戦争の帰趨だった。竹添への質問を見ると、国王は、清国側の朝鮮に対する動きに非常に不安を感じていたことがうかがえる。

クールベ艦隊は台湾海岸部と澎湖島を占領したが、さらに、第二次アヘン戦争の時のように、北京を陥落させる作戦も立てていた。日本で当時出版された『清仏戦記』では、仮に北京攻略作戦を実行に移したとしても、北京を陥落させるまでには、数カ月かかると見立てていたが、確かに可能性としては、一八八四年九月の時点では、フランス艦隊の渤海湾来襲の可能性は確かにあった。

漢城に駐在する清国軍三千のうち、半数は、提督呉長慶が率いて、遼東半島の金州に移動した。金州は大連湾に突き出す、金州半島の付け根にあたり、旅順に最も近い陸軍の基地である。フランス艦隊の旅順来襲を見越しての、配置転換だった。三千人の人数で、日本公使館護衛の日本兵（二百人）を威圧してきた、ソウル駐屯の清国兵が、清仏戦争のために半減した。清国勢力を排除するクーデターの好機と日本側では考えられた。

旅順への通路、渤海湾（黄海）へのフランス艦隊の侵入に際して、清国としては、属国たる朝鮮がこれに抵抗してくれることが、望ましい。清国からフランス艦隊が来襲したら、こちらに味方するようにという話が朝鮮政府に対してあったと見なければならない。そう考えて、十一月二日の竹添―高宗会談を読むと、朝鮮国王は、清仏戦争に際して、戦争に巻き込まれたくなくて、中立を宣言したかったということが浮かび上がってくる。

竹添は、清仏戦争でフランス海軍が大勝した模様を国王に語る。そうしてフランスは、安南を属邦であると主張する清国に対して、安南はフランスの属邦であると認めさせた（六月の天津仮条約）ことを告げる。

このたびの清仏戦争では、日本、イギリス、各国は厳正中立を宣言している。もしも、どちらかに味方すれば、朝鮮が清国に味方すれば、当然、フランス軍の来襲を受けますぞと竹添は高宗がおびえるようなことをいう。

李鴻章は和平の方針であるようだがと竹添がいうと、何とぞ清仏が和平になるように望む、もし戦争になったら中立は難しいと高宗は答える。

兼ネテ李鴻章ハ主和論ト聞ク、果タシテ然ルカ。何卒清仏ノ和好コソ望マシケレ。否ラザル時ハ

局外中立ハ甚ダ困難ト思ハル。（伊藤博文編『秘書類纂　朝鮮交渉資料』（上巻）秘書類纂刊行会、一九三六年、二六〇頁）

フランス艦隊が渤海湾に現れれば、朝鮮も攻撃の対象となる。清国軍にソウルを押さえられている状況で、中立宣言などできるわけがない。

そうなったら、朝鮮国王はどうすればいいのか。

竹添は、いよいよ危なくなったら、日本公使館に来ればよろしいです。かつてナポレオン三世が普仏戦争に負けた時、イギリスがその亡命を受け入れた先例がありますという。

フランス軍は、一八六〇年、イギリスと連合して、北京まで侵入した実績がある。安南を「保護国」とすることを既に清国に認めさせている。したがって、フランスが北京を目指すに際して、朝鮮の保護国化を狙うだろうと予想するのはおかしなことではない。フランス首相フェリーが、フランス遠征軍の大増援の予算承認を議会に求めたのは、一八八四年十月三十一日で、これは可決された。野党のクレマンソーは、これに反対して、フェリーの辞任を議会でもとめた。だがフランス軍は大増強されることが、国会で決まる（ミシェル・ヴィノック、大嶋厚訳『クレマンソー』作品社、二〇二三年）。

竹添が朝鮮国王に会った十一月二日には、この竹添は、フランス国会で戦費予算が議決されるだろうという予測しかもっていなかった。しかし、竹添は、十一月六日、前日仁川着の三菱汽船で、フランス議会の戦費決定のニュースを得た。ここで、井上馨外務卿から、クーデター決行のゴーサインが伝えられたと見るべきだ。

東京の外務省からは、ソウルに通信が最も早く着くのは、長崎まで電報、そこから三菱汽船の定期船で仁川まで、五日はかかる。ゆっくりとクーデター決行の命令が伝えられた。クーデターに必要な百万円が、フランスから提供されるめどがついたところで、井上馨外務卿のクーデターのゴーサインが出されたと見るべきだ。

この口頭命令のやり方についていえば、二年前の壬午軍乱の時、井上馨は花房公使に、口頭で、鬱陵島、巨済島などの占領の方策を伝えた（『世外・井上公伝』）。列強、特にイギリスにばれたら困る機密事項、臨機応変に対応しなければならない事項については口頭で伝える。これが井上のやり方だ。外相自ら謀略の本尊になっている。

三菱汽船、千歳丸

実は、井上馨外務卿は、この十一月、下関に出張している。そのことは、『日本外交文書』に残される北京駐在榎本武揚公使からの来信が、山口県の井上外務卿に、返信の形になっていることからわかる。『日本外交文書』第十七巻「清仏葛藤の一件」二六五、十一月二十六日付、北京、榎本武揚駐清公使よりの電文の冒頭に、「拝啓、本月十八日山口県発の貴電十九日来到」とあり、井上馨が十一月十八日下関にいたことがわかる。下関の井上馨から、榎本武揚への電文は、『外交文書』には残されていない。クーデターのことを含む、危なすぎる内容なので、電信記録を削除したと見られる。これは、外交通信のルール違反である。あまりにも内容が危なすぎたからこそ、削除されたのだ。

何故、井上馨は下関にいたか。クーデターを決行するか、しないか、通信を行うのに、この当時、下関は仁川―ソウルまでの通信に最も近い場所だからだ。三菱汽船は長崎、対馬、釜山、仁川と航行

井上馨
（出所）国立国会図書館「近代日本人の肖像」https://www.ndl.go.jp/portrait/

する。下関から釜山の千歳丸に早船で連絡するのが、最も早い。

　十一月二日に漢城の竹添公使は、国王に対し、福建、台湾の敗戦を受けた清仏交渉が長引いており、戦闘が再開すると脅かすような言辞を吐いたことをみれば、また、事ある時は、日本公使館に避難したらよいとまで言っていることと併せ考えれば、既に井上外務卿から漢城における親日開化派のクーデターの決行に関し、竹添公使宛、口頭の指示があったと推断して差し支えない（いわゆる、人づてであり、文書は残らない）。

　フランス国会で、清仏開戦（再戦）計画が承認された場合、日本公使は、金玉均らのクーデターを支援するとの計画が、十月中に東京で、できていたのである。フランス国会で戦時予算案が通るのは、予想されたことだったが、国会の議決がなければ確定したとは言えない。竹添は井上外務卿と、クーデター実行計画を打ち合わせて、東京を立った。仁川到着は十月三十日、まさしくフランス国会で清仏再戦が決まった日であるが、竹添公使はすぐにそれを知る手段がない。仁川までの電信線がないのだ。

　当時、下関で「陣頭指揮」をしている井上馨外務卿宛、伊藤博文発、「朝鮮党派軋轢ニ関シ竹添公使ニ訓令ノ件」と題する十一月二十八日付の文書は、はっきりとクーデター積極案、甲案を非とし、乙案の穏健、平和策をとるように指示している。榎本公使発、下関の井上馨宛、十一月二十六日の電文は、北京、天津における清仏講和の動きを詳しく知らせており、伊藤博文は、この情報を見て、ソウルのクーデター中止の指令を、二十八日東京から、下関の井上宛、発電したのである。

そうして差出人は、伊藤参議、吉田大輔の連名になっている。外務次官の吉田清成が外務大臣の井上馨に命令できるわけがない。伊藤博文がこの意見だとはっきり井上馨に電報を送っているのである。東京―下関は、電信で一瞬に繋がる。十一月二十八日、下関の井上馨は、早船を釜山に送り、仁川行の千歳丸の出航に間に合わせた。千歳丸、十二月五日、仁川着。

現地の暴発

井上馨からの中止指令は、政変で日本軍が清国軍との戦闘にこれつとめている最中の十二月六日にソウルの竹添公使に着いたという（近藤吉雄編『井上角五郎先生伝』井上角五郎先生傳記編纂會、一九四三年、五四頁）。井上角五郎たちは、中止命令が来る可能性があると予想していたので、決行を早めてしまった。現地の暴走と言える。クーデター中止を指令した伊藤博文から見れば、当然「暴走」である。

井上馨は後に新聞紙上で、甲申政変はすべて自分の責任であり、竹添に責任はないと語っている。事件から七年後の明治二十一年のことである。

朝鮮保護の政略は政府の政略にして竹添の僭越に出でたるに非ず。此政略を行ふに関する実際の方略は、一に外務卿たる拙者の訓令に基く。竹添の専断に出でたるに非ず。故に京城の案件にして咎むべきものありとすれば、第一に外務卿たる拙者が責任者として罪を受べし。（『東京新報』一八九一年十一月六日）

井上は、金玉均ら朝鮮人と、日本の民間人がやったとして、クーデターを行わせ、そうして予想される日本軍と清国軍のソウルにおける交戦、日本人虐殺の報が、突然、意外の出来事として、東京に連絡がいくという形を取った。あくどい謀略であるが、ある意味で効果的でもあった。福澤の時事新報はもとより、自由党系、反政府的な新聞は、すべて日本人が朝鮮の首都で虐殺された、日本軍兵士も死傷した、公使館は焼き討ちにあったと日本側の被害ばかり書き立てた。世間は、軍人は軟弱な伊藤博文や井上馨を殺して、清国を討てと盛り上がったという(『元帥西郷従道伝』)。

金玉均らは、閔氏政権の大物を、冷酷非情なやり方で殺したが、竹添公使はそれを「扇動」することを実行したが、殺せという指令を出したわけではない。しかし、殺害の実行犯は、多くは日本人壮士たちだった。公使は計画を知っていて、もちろん進むに任せていた。

クーデター、決行か中止か

『井上角五郎先生伝』によると、竹添が井上馨外務卿からの指示を受けて、いよいよクーデター決行となったが、井上角五郎ほか日本壮士は、竹添はすぐ態度が変わるので、次の千歳丸が来た時はまた指令が豹変するかもしれない。そうなる前にやってしまえということで、十二月四日、開化の象徴である、郵政局の開館記念の宴会にクーデターを決行することにした(千歳丸は、十二月五日、仁川着、翌日にソウルで戦闘中の竹添公使に中止指令が届いた)。

竹添が、それまで清国派(事大党)に穏やかに接していたのだが、十一月になって急に態度がかわり、国王に村田銃を献上するのだが、「これで清国を討ちなさい」と奏上したという(『井上角五郎先生伝』)。ともかく、十一月には竹添も、日本公使館員も、あえて清国を脅かすような言動を繰り返して、漢城(ソウル)の官民を震撼させたという(金玉均『甲申日録』)。

千歳丸が仁川に着くのは、十一月では、五日である。フランス国会で戦費承認の報は、千歳丸の十一月五日仁川到着の便で十一月六日に、ソウルにもたらされた。これ以後、竹添の過激な言動が始まり、十一月中旬には、十二月四日のクーデター決行がきまったのだ。

ところが、十月三十日、フランス国会で、巨額戦費が紛糾の末、承認され、フランスが北京攻略と台湾全島占領の戦争目標を掲げて、大遠征を行うぞという構えを見せるとたんにイギリスは、平和論を掲げる。

この情勢変化を見れば、清国もイギリスの仲介を期待して、有利な条件で和平交渉を行うことができる。実は、井上馨のクーデター決行許可がソウルに着いた十一月初旬から、各国の和平仲介がしきりと話題になるようになっていた。

ともかく、十一月中旬、国際世論で清仏和平が盛り上がったと言っていい。もちろん、秘密外交の時代であるから、水面下の話ではある。『井上角五郎先生伝』でも、十二月六日、訓令が届いて竹添が急に弱腰になったのは、清仏の和平交渉が進んだら、日本だけが清国と戦争することになってしまうというかねてからの心配が、現実のものになったからだろうという推測をしている。

井上馨の豹変

井上馨は、十一月中旬の時点で、早々と和平方針に「豹変」しそうになっていた。それは、『日本外交文書』「明治十七年清仏葛藤の一件」に収められた、榎本駐北京日本公使の、十一月十二日付の「天津密議の件」に書かれた、「仏国新提案」が一番、決め手となったと考えられる。フランスは、天津の和平交渉で、いままで八百万フランとか主張していた賠償金を諒山＝ランソンの戦役に対する五十万フランにまけたというのである。これに付するに、清国国内の鉄道敷設に三百万フランを貸し付ける、ただし、建設資材はすべてフランスから購入するという条件だという（『日本外交文書』第十七巻、五七九―五八〇頁「明治十七年　清仏葛藤の一件　二五九」）。

この内容について、北京駐在の英公使パークスは、例によってフランスの利己主義だと冷笑していると榎本は報告している。

十一月十三日、遅くとも十四日には、北京から東京にフランスの大層譲歩した五十万円の賠償金の知らせが届く。百万円は少なくとももと思っていた井上外務卿は、これはいかんと下関に急行、朝鮮に最も通信に便利な同地から、なんとかソウルのクーデターを中止させようとする。同十四日には、フランス駐在蜂須賀公使から、イギリスのグランヴィル外相が、和平を希望する旨演説をしたと東京外務省に電報が送られている。フランスがすっかり弱腰になって、きわめて緩い和平案を出したのだ。これから各国の和平仲介が本格化すれば、いずれは清仏和平が結ばれる。

そこにソウルで日清両軍が戦端を開けば、フランスには逃げられて、日本だけが清国と戦うことになる。これは無理、イギリスや、ドイツが清国に好意的であったら、とてもいまの日本の国力では、戦えない。

井上馨は、二週間も経たずして方針をひっくり返す。しかし、自分は竹添公使にクーデターを積極的に支援しろと、命令したからには、簡単に方針をひっくり返したとは言えない。そこで、東京の盟友の伊藤博文に、正式の竹添宛の中止命令を出すように頼んで、連絡のため、下関に急行したのだ。北京の榎本公使からの電文には、十一月十八日、山口県、井上馨からの来信に答えてとあるが、井上馨の電文は、外交文書には、入っていない。ということは、十一月十八日付、井上馨発、榎本宛の電文には、クーデター決行の件があったに違いない。外交文書を削除するのは、よほど問題のある内容だったからと見るべきである。榎本からの来信で、フランスの弱腰の和平案を知って、井上馨は、クーデター中止を決断。東京の伊藤博文と連絡をつけて、クーデター中止の正式訓令を出させるように手配する。榎本の最も詳しい報告の来電は、十一月二十六日、これで最終決定がなされ、十一月二十八日付、伊藤博文、吉田外務大輔名義の穏健策の訓令は、清国兵との戦闘たけなわの十二月六日にソウルの竹添に着いた。これこそ、あとの祭りである。

クーデター失敗

十二月四日、郵政局の宴会で、当時閔氏の中でも、羽振りを聞かせていた若手の閔泳翊は、日本人壮士に耳を切り落とされて、血まみれになるが、命は何とか助かる。夜、王宮では、日本人が準備したダイナマイトが爆発、事情のわからない混乱の中、王妃閔氏は、金玉均に対し「この事変の元は、日本か、清か」と詰問したという。どちらかがことを起こしたか、国王には情報を入れず、恐怖心にかられた国王に、「日使来護」と書かせようとするが、国王もこれは躊躇、金玉均の手の者が、代筆というより国王の勅を偽造したというのが真相であろう。ともかく、ダイナマイトが爆発、混乱の中で国王を離れようとしない宦官の柳在賢を、国王、王妃の見ている前で、「君側の姦」として、惨殺する。それまでは、金玉均にある程度、信頼感を持っていた国王も、ここで、開化派に対する嫌悪の念を持ったであろう。翌五日朝、金玉均らは、国王の玉璽を用いて、朝廷の大官たちに、王宮に伺候するよう命令を出す。そうして、王宮の門の前において、閔氏政権の主だった人たちを次々に殺戮した。ことに、閔台鎬《ミン・テホ》は閔泳翊の父であり、最も権勢を誇っていたが、無残に殺害された。

こうして、政権で清国に最も通じていると見られたいわゆる事大党、守旧派の大物はすべて殺され、国王の親衛隊（以前に日本将校が訓練していた）と日本兵が王宮を守備する中、王族と開化党を中心とする新政権が発足する。

しかし、なりを潜めていた清国軍から、密書が国王に届き、国王は、すぐに清国側の保護を受けることを決心する。翌六日、人数で優勢な攻撃が始まるが、日本兵も勇敢に防御する。金玉均は、国王を連れて仁川に避難しようとするが、国王は固くこれを拒み、そうしている中に伊藤博文からの訓令が届いて、竹添はすっかり落胆し、防戦は可能だとする村上中隊長に撤退を命令、恐らく自ら火を放って、燃え盛る公使館を後に仁川までの逃避行をする。

開化派の壊滅

公使らは、日本軍艦日進で、長崎に逃げ帰るが、金玉均らには、朝鮮政府の追っ手が仁川に至り、竹添に引き渡しを要求、すっかり弱腰になった竹添は、金玉均引き渡し要求を拒めないでいるところに、仁川に停泊していた千歳丸の船長が、船長の責任において、金玉均、朴泳孝らの乗船を許可、辛くも金玉均たちは、日本に亡命することができた。

亡命、敗残の金玉均は、日本政府にとっては、厄介者でしかない。朝鮮側の実働部隊は、日本の士官学校に留学した、日本留学生たちであったが、皆殺される。国王親衛隊は、最初は日本兵と共に清国兵と戦うが、真相がわかるにつれ、清国兵と共に日本兵を攻撃した。日本将校に訓練された部隊であるが、閔氏政権は、この訓練教官を清国に依頼、日本との関係を断ち切ろうとした。これも、金玉均たちがクーデターを急いだ理由である。

金玉均は、ごく少数の若手官僚と十数人の日本留学生、そうして、一個中隊の日本兵（二百人）しか、仲間はなかった。民衆は、もともと日本人を嫌っている。ソウルで商売をしていた日本人は、清国兵に殺されたものもあり、また朝鮮人の「暴徒」に殺されたものもあるというのが真相であろう。「開化党＝日本党」が、名門貴族を殺戮しているのだから、それに対する復讐に民衆が蜂起しても、当然である。しかし、謀略的なクーデターに、日本公使館が深く関わっていたことは、もちろん、伏せられたから、ただ、朝鮮の暴徒が日本民間人を虐殺したとしか、日本では報道されなかった。日本の新聞は、朝鮮憎しの報道で沸いたが、今回は、かなり日本側に非があった。日本の新聞読者は、そのことは全く知らされなかった。二年前の壬午軍乱の場合は、かなり朝鮮側に問題があり、大院君の責任も否定できないが、今回の甲申政変については、外務卿井上馨が主導者であり、日本政府の責任がきわめて大きい。

井上馨は、この事件の処理に、自分が大使となって、朝鮮にやってくる。軍艦と二個大隊、千人程度の軍卒を連れての、交渉がまとまらなければ、開戦だぞとの勢いであった。朝鮮側に対しては、謝罪しなければいけないところだが、もちろん、井上馨は、日本政府、日本公使の落ち度を一切認めない態度で押し通した。

好戦派、盛り上がる

伊藤博文はどの戦争に際しても、弱腰、臆病と非難されたが、間違いなく明治政府の元老の中で、伊藤は第一の平和主義者であったのだ。井上は、途中で平和主義にすばやく転向するが、クーデター失敗とそれによる日本人の被害の責任者は井上外務卿であると言わねばならない。好戦的な軍人たち、特に薩摩出身の軍人の好戦派は、井上も、伊藤も、弱腰の象徴、二人を血祭りにあげて、清国を討てと気焔を挙げた。いま一度、『元帥西郷従道伝』を引用しておこう。

明治十八年一月八日
今般の談判すべて本日相整い明九日調印の筈　委細井上大使よりその筋へ報告するへし
不取敢報告す

さて一件落着であるが、事件の内容上、井上外務卿もあまり強いことが言えず、将来の日韓友好を表看板にして、控えめの賠償要求で妥結したから、清国軍が日本公使館に発砲し、日本人非戦闘員を殺したとだけ知っている日本国民が清国討つべしと騒ぎ出し、薩摩出身の軍人が急先鋒で腰抜けの伊藤や井上をやっつけろ、殺してしまえと連呼して騒ぎ出し、開戦論を沸騰させた（西郷従宏『元帥西郷従道伝――祖父へ捧げる鎮魂譜』芙蓉書房、一九八一年、二〇二頁）。

当時西郷従道は、現職の海軍卿であり、薩派の頭目と見られていた。しかし、甲申政変の事後処理である天津条約には、全権大使伊藤博文と同行した。彼はことを穏便に済ませる意図をもって、副使となったのである。

とはいえ、日本陸軍としては、壬午軍乱では、公使館付き武官、堀本礼三大尉が殺され、甲申政変では、やはり公使館付武官の磯林真三大尉が「暴民＝ソウルの民衆」に殺されている。日本陸軍の代表者が二度も殺されているのだから、その点だけ取り上げれば、復讐戦の理由にはなる（正規の戦闘で殺されたのではない）。薩派の若手軍人が騒いだのにも理由はある。日本の民間人が殺されたことについては、日本の新聞が猛烈に論陣を張った。福澤諭吉の『時事新報』は、北京へ進軍せよとあおり、自由党系の『自由新聞』は、中国全土を蹂躙せよと息巻いた。

金玉均らの身柄引き渡し、竹添公使の関与を認め謝罪をすること、など、当然の朝鮮政府側の主張を、井上馨は、軍事行動での脅かしをちらつかせて、押し切った。日本側の謝罪はなく、逆に朝鮮の「暴民」に虐殺された日本人への賠償を朝鮮政府に認めさせた。これでは、朝鮮の心ある人たちに日本の暴悪に対する嫌悪の念を増すだけのことしかもたらさない。井上角五郎など、日本の民間人の決起、開化党への加担は、軽挙、妄動だったとか言いようがない。

兵を駐屯している清国側は、この井上馨と朝鮮政府を代表した、金宏集との交渉に不干渉だった。金宏集は、かつて一八八一年の日本への視察団、「遊覧団」に参加して、日本政府首脳とも面識があった。

金宏集《キム・ホンジプ》は、竹添公使のクーデター関与など、かなり理詰めで、日本側の責任を追及した。朝鮮側の理を、清国軍首脳は、いま日本と開戦に至ったら、まずいとの判断で、知らぬふりをしたのである。これは、国王高宗に、日本に対する嫌悪感を増大させ、一方で高宗は、自分を助けようとしない清国軍には、失望の念を持ったであろう。清国も頼りにならない、ならば、結ぶべき相手は、日本が最も恐れるロシアしかない。こうして、朝鮮国王は、日本にも、清国にも、頼れない、もしも、朝鮮国内で、また日本、清国の衝突が起こったらという追い詰められた気持ちから、唯一日本、清国の双方に対してにらみの利く隣国、ロシアに頼ることを模索し始める。ここから、朝鮮宮廷のロシアへの傾斜が始まり、その結果はついに日露戦争にまでいたるのである。

袁世凱はじめ、清国軍の指導者は、それまで朝鮮を牛耳っているといっていい横暴ぶりではあったし、国王高宗も相当これを嫌っていたことはあるが、井上馨の謀略や、福澤諭吉のクーデター支援に比べれば、かなりましと言える。清国軍は、日本軍が王宮を警備して、国王をほとんど人質状態にしているから、軍事力を使って日本軍を攻撃したのであって、こちらの方に軍事介入の正当性がある。国王側からの密使で介入を依頼されてもいる。

であるから、日本側の反則（国際法違反）の目立つ甲申政変時の日清交戦であって、これを外交交渉でまとめるのは、きわめて難事と言わねばならない。

クーデター承認の請訓

ここで、クーデター計画に対する伊藤博文の中止訓令を、もう一度考えて見よう。これは、十二月十二日付、ソウル竹添公使の、クーデター決行の承認を求める井上外務卿宛請訓に対する返電である。

竹添公使の、クーデター決行を趣旨とする、甲案をもう一度見直してみよう。訳文で示す。

甲案　むしろ清国と一戦して清国の倨傲の念を消させることができれば、却って真実の交際（友好）に至る可能性があるとの廟議の決定であるならば、今日日本党を扇動して朝鮮の内乱を起こすのを得策とします。何故ならば、日本は自分から積極的に清国と戦を開くのではなく、ただ、朝鮮国王の依頼によって王宮を守衛し、その国王に歯向かう清国兵を撃退したという名分なので、何も不都合はないとの意味合いであります。

この文言から、井上馨が十月中に東京で、口頭で竹添公使に言い含めたことの骨子が、わかる。あくまでも動乱は朝鮮の開化派がまず起こして、朝鮮国王が日本軍に王宮守備を依頼した形にすることだ。そこに清国軍が干渉のため、押し寄せて戦闘が始まった形にするということ。戦争を始めた非を清国軍になすりつける。日本軍は王宮守備の名分をもって清国軍と開戦したことになるからである。

甲案、は甲申政変が戦争に至ることを予想というか期待してたてられた案である。清仏戦争に際して、かねてからのフランスの働きかけに応ずる趣旨だ。フランスに味方して、日本が清国と戦う、そのために、朝鮮、ソウルに駐屯する清国軍と日本軍の戦闘を口火にしようとする謀略である。

それは、「支那兵」から日本軍が攻撃されたという形で始まれば、国際法違反ではないという理由づけからである。そのきっかけを作るのが、閔氏政権の大物政治家を殺害する金玉均らのクーデターである。朝鮮の反清派＝開化派にクーデターを起こさせて「親日」政権を樹立させる。一方、王宮近くで爆弾を爆発させて国王、王妃をおびえさせる。動乱が起こったとして、国王に、日本軍が王宮守備に来るように要請させる。王宮守備につく日本兵に、クーデターに介入しようとする清国軍が攻撃をかければ、清国側から戦争を始めたことになる。日本には、非はない。見かけ上は。

これは完全に謀略であって、真相がばれれば、列国から指弾を受けることは間違いない。井上馨が、北京榎本公使に送った公式電報が、記録から削除された理由が、これだ。特に、世界の覇権国、イギリスを怒らせること必至だからだ。

先に書いた英国駐北京公使パークスからの怒りを込めた日本政府、日本軍部の動きの批判は、駐ソウル英国公使、アストンから、甲申政変の真相を機密通信で受け取っていたことを示している。

駐韓イギリス公使の怒り

『金玉均伝』では、金玉均を首班とするクーデター政府（三日天下）が、列国公使を王宮に招くと、アメリカ公使は、新政府の成立を祝賀するが、イギリス公使アストンは、いかにも不機嫌な様子で、新政府の樹立には何の挨拶もなかったという。そのアストンから、否定的なクーデター報告を受けた北京のパークスは、自身の不満を、東京のプランケット公使に伝えてきた。

駐日公使時代、パークスは大英帝国の勢威をかさに着て、日本政府に大きな影響力を行使してきた。

北京から、パークスは日本の清国との開戦などもってのほかと決めつけてきたのである。

これは、伊藤らが、対清国開戦で盛り上がる新聞、征韓論を国是として受け継いだと自認する、薩派の若手将校らを押さえにまわる、大きなきっかけとなる。イギリスは、かつて第二次アヘン戦争の時、またクリミア戦争の時、フランスとともに戦った間柄だ。しかし、清仏戦争で、フランスが安南から広西、福建、台湾へとその中国侵略の歩を進めてくると、香港や上海などイギリスの利権と抵触、あるいは衝突することになる。イギリスは、清仏の講和を働きかける戦略に転換した。日本は親仏か、親英かの選択を迫られたのだ。伊藤博文は、もちろん、イギリスとの協調を選ぶ。だから、清国との開戦につながるソウルでの「開化派＝親日派」のクーデターは決して容認できない。

謀略好きの外務卿、井上馨

さて、甲申政変に戻る。ここで一番問題なのは、竹添公使ひいては井上馨は、金玉均たちのクーデターは、日清開戦の火付け役にしか過ぎないと見ていることである。

福澤諭吉は、朝鮮の開化を助けようとして、金玉均に援助を与えたのであるし、後藤象二郎らも、意図としてはそうである。しかし、井上馨が竹添公使に国際法違反にならないように、こうすれば良いというのは、開戦の口実を作るための謀略であり、最初から井上馨は金玉均に何の同情も持っていなかった。謀略のためのコマにすぎなかった。金玉均が日本に亡命したあと、日本政府の待遇が冷酷を極めたのも、当然である。金玉均を朝鮮政府の要求に従って朝鮮政府に引き渡さなかったのは、金玉均から、その謀略の真相を語られては困るからという理由からだけである。甲申政変における日本公使の国際法違反が明るみにでてしまうからだ。甲申政変後、大使として井上馨が朝鮮に赴いて、交渉の中で、無理矢理にも押し通したのが、日本公使はクーデターに関わっていないということだった。朝鮮側からいくら証拠を出されても、固く否認した。

天津条約のもたらした平和

今日では日清戦争の前哨戦ぐらいにしか見られない甲申政変であるが、その後の日韓関係、日清関係のゆくえを大きく変えたという点からいっても、重大な事件であった。ところで、一八八四年当時、伊藤博文は、既にドイツにおける憲法制度調査から帰国し、憲法取調局の長官の地位にあったが、もともと、官僚としての出発点では伊藤は外事事務局判事など、外交関係の専門家であった。この甲申政変の翌年、初代内閣総理大臣に就任する伊藤は、すでに明治政府の権力者の中でも、筆頭の地位を占めつつあった。したがって、甲申政変勃発時も、外交関係に強い影響力を持っていた。

その伊藤の平和策は、甲申政変においては貫徹され、伊藤は翌明治十八年四月、海軍卿西郷従道を副使とする使節団を率いて清国に赴き、李鴻章との間に、朝鮮からの両国の軍の撤兵を約した天津条約を結ぶことで、辛くも国内の好戦派を押さえて平和を保つ。

陸軍は、ソウルで清国軍に圧倒されたので、「復仇」の意思を秘めて、軍備状況、日清戦争への準備を進めるが、それは維新第二世代、陸軍士官学校など学校で西洋式軍制を学んだ若手将校が中心となったのである。大山巌など陸軍首脳は伊藤博文の平和策を支持しており、日清開戦を目指していたわけではなかった。血気にはやる若手将校をまとめていったのが、日清開戦の原動力となった、川上操六（後の参謀本部次長）である。彼こそは、伊藤博文首相（日清戦争当時）の平和策を破った立役者であった。

袁世凱

さて、その日清戦争にいたる十年間は、韓国は基本的に清国の影響下にあったと言えるし、その清国側の立役者は、甲申政変の軍事介入で名を挙げた袁世凱であった。袁世凱は、国王廃位を企てるなど、朝鮮で権勢を振るった。甲申政変（一八八四）から日清戦争勃発（一八九四年）の日清関係、日朝関係は、表面的な平和と、日本軍部の対清戦争を志向する動きとの微妙なバランスの中にあった。

安重根はこのつかの間の日清の平和の中で、少年時代を、清渓洞の桃源郷のような平和の中で過ごすのである。

第三章　安重根と東学党の乱

1　金九と安重根

狩猟好き、学問嫌い

先に紹介した『白凡逸志』では、狩猟をよくやっていたという安重根の少年時代の狩猟好きは、「安応七歴史」にも書かれている。

私は幼い時から狩猟を好み、いつも猟師たちについて山野を狩猟して歩いた。成長すると、銃を携え、山に登って禽獣を狩り、学問に身を入れなくなった。(『図録・評伝　安重根』二〇三頁)

それで、「両親は先生とともに私の暮らしぶりを責めたが、私はついにこれに従わなかった」。父親は、儒教社会では、最も尊敬すべきものである。しかも、名士として知られる安泰勲が、父と共に尊敬すべき学校の先生、母、三人して、しっかり勉強しなさいというのに、従わない。まことに強情なお坊ちゃんで、人が何と言おうと自分の望むことをする、安重根少年は、悪く言えば強情、よく言えば、自主自尊の子供だった。

学校は、清渓洞にある高先生の手習い塾のようなものだったが、高先生のことは、金九が『白凡逸志』で書いており、なかなか学問に優れた高潔な人物だったようだ。

『白凡逸志』は、このように高山林先生（山林とは、山林に住んで、名望を求めない高潔な学者）のことを記す。

　高山林は、名を能善といい、代々海州西門外の碑洞に住んでいた家柄の人だが、重庵・趙重教の門人で、毅庵・柳麟錫（一八四二―一九一五、衛正斥邪派の儒者で、前期義兵の指導者として著名）とは同門であり、海西（黄海道）では、屈指の大学者だった。彼も安進士の招きでこの清渓洞に来て住んでいたのだった。（『白凡逸志』五〇頁）

高能善《コ・ヌンソン》先生は、金九は気に入ったようで、金九は、熱心に先生のもとに通って勉強した。その教育法は、金九の特徴を摑んで、彼にあった指導をすることだった。高先生は、「衛正斥邪論の源流とされる李恒老の著書の抜粋である『華西雅言』や『朱子百選』の中から緊要の句節を引き出して、示してくださった」。金九は、科挙の試験を受けに行ったということは、儒教の基本的な古典や、試験の答案を書くに足る漢文の能力は身に着けていたということである。だから、高度な李恒老の論でも、十分に理解できるとして、教えてくれたのだろう。

三歳年下の安重根に教えたのは、科挙の試験に必要な文典等、もっと基本的なものだったと思われる。これが、安重根には面白くなかった。彼は高先生の学校を怠けて、山に入っては狩猟をするようになった。父の安泰勲も、先生と一緒に勉学に励むよう何度かは叱責したのだろうが、それでいうことを聞くような安重根ではなかったのだ。

金九と安重根

こうしてみると、安重根は、学問ということに関しては、金九のように、熱心ではなかったようだ。金九はこの後、独立運動を中国で繰り広げ、臨時独立政府の主席に押され、解放（一九四五年）後、韓国に戻って、李承晩と、大韓民国大統領を争う存在になった人物である。少年時代の安重根と金九を比べてみても、どうしても、金九の方が上と言わざるを得ない。彼が清渓洞に来る前は、十九歳にして、東学の接主（軍で言えば、部隊長、地区の教主）になり、率いる信徒は二千人といい、少年接主として、名前はあたりにとどろいていたという。

これは、金九の方が、とびぬけて優れているので、それより劣っていたとしても、恥ではないが、その後の人生行路を見ても、安重根は、金九の二千人に対して、数百人程度を率いられる、軍隊で言えば、小隊長、出世して、中隊長、中尉ぐらいの統率力だったのではないだろうか。

金九は、文句なく大将クラスである。高能善先生も、その辺を見て取って、金九の教育に熱を入れたのだろう。

ただ、次の高能善先生が金九に言ったことは、安重根を考える上で、参考になるだろう。高山林先生は、とりわけ「義」を力説して、こういった。「たといとびぬけた才能を持った人がいたとしても、「義」にもとるならば、その才能がかえって禍のもととなるのだ」金九のとびぬけた能力に危惧を覚えて戒めとしたのだろうが、安重根についていえば、「才能よりも、義にもとらないことが、人間として最も大切なことである」。このような、学識豊かな大学者であるが、「義」をとりわけ重んずる高能善を、安泰勲は、尊重して清渓洞に招いたのだろう。

安重根の「義」を重んずる精神は、父、安泰勲、高山林、二人の精神を受け継いだものと言っていいのではないか。

金九は、次のようにいう。「先生は私が決断力に不足していると見られたのか、「いくら鋭く観察して正しい判断を下せても、実行する果断力が欠けては、まったくなんの役にもたたないのだ」といわれた」。

金九の生涯を見れば、果断にかけているとは思われないが、安重根についていうと、「果断」の力は人一倍だが、「鋭く観察して正しい判断」は、かなり問題があると思う。しかし、それは、人それぞれである。国をあげて秀才が科挙の試験に明け暮れてきた、朝鮮王朝末期にあっては、「果断」こそが、知識人に必要とされた資質ではなかったか。

残念なことに、開化派の「果断」は無残に失敗し、安泰勲は、外から見れば、「退嬰」の生活を続けることになる。そんな清涼だが、ある意味で退屈な生活、安重根は退屈な学問を投げうって、狩猟、射撃の訓練に熱中していた。狩猟こそ、「果断」の精神を学ぶのに、最高のスポーツではないか。狙った獲物を打つには、タイミングの決断が最も重要だ。十三年後には、この果断の射撃が、思わぬ形で役に立つとは、十六歳、元服の安重根少年は夢にも思わなかったに違いない。

一九四九年、金九は暗殺される。暗殺を命じたのは、李承晩であったという説があるが、ともかく、金九の命は暗殺によって失われた。その四十年前、一九〇九年、安重根は、伊藤博文を暗殺し、死刑に処せられた。暗殺者と被暗殺者、少年時代に清渓洞で、不思議な出会いをした二人は、ともに暗殺で斃れた。どちらも政治的に重要な暗殺であり、韓国の近代史がいかに剣呑なものであったかを物語っている。

東学党討伐に参加

安重根の伝記で、次に現れるのは、一八九四年、東学軍の討伐に参加したという話である。「安応七歴史」は次のようにいう。

一八九四（甲午）に、私は十六歳で金氏の子女を娶り、一男二女をもうけた。この頃、韓国の各地では、いわゆる東学党が蜂起し、外国人排斥を名目にして郡県を横行し、役人を殺し、民衆の財物を略奪した。（中略）この時、父は東学党の暴行にたまりかね、同志と力を合わせ、檄を飛ばして義兵を挙げ、猟師たちを集め、その養子たちまで隊伍に加え、七十余人の兵力で、清渓山の中腹に陣取り、東学党に抗った。（『図録・評伝　安重根』二〇四頁）。

東学党の乱は、日清戦争の契機となったことで、有名であるが、その最初の東学の蜂起は、南の全羅道が中心であり、全奉準が指導者として有名である。先の引用で、中略としたところは、日清戦争が始まって、大戦争となったという記述である。問題なのは、この安重根たちの東学討伐が、日清戦争が始まった後、そうして、半島での戦いの焦点となった平壌の戦いが八月中旬であるが、安重根、安泰勲の戦いは、十二月とされている。

日清戦争では、日本軍はまずソウルを押さえ、王城を守備するといって、王宮を軍事的に完全に制圧する。日本の大鳥公使は、国王に対して、日本軍に協力するよう求め、清軍と袁世凱がいちはやく逃げ出して、日本軍に担がれた大院君が摂政の形で権力を掌握。朝鮮政府は、日本軍に協力せざるを得なくなる。

その前に、東学軍が蜂起し、全羅北道の中心、全州が陥落すると、官軍が全く歯が立たないので、閔氏政権は、日本軍の介入を招くのではないかという異論を退けて、清軍の出動を要請する。清国は四千人の部隊を送り、朝鮮政府軍の東学討伐を助けようとするが、外国部隊の進駐を受けて、東学軍は政府軍との間に和約を結んで、全州などから撤退していた。日本軍に出兵の口実を与えないためである。

2　海州の東学党と安重根の日本傾倒

海州の東学党

これに対して、伊藤博文が結んだ天津条約で、朝鮮半島に一国（清）が出兵する時は、日本も出兵できるという条項によって、日本は、混成一旅団、七千人を派遣、成歓の戦いで、四千人の清国軍を撃ち破る。しかし、これは首相の伊藤博文には、知らせず、陸軍参謀本部次長の川上操六が勝手に大兵力を送ってしまったのである。ともあれ、袁世凱はこうした情勢にソウルを離れ、ソウルは日本軍と日本公使の天下となる。

もともと朝鮮政府の方針は、東学軍を討伐なのであるから、援軍が清国軍から日本軍に代わっただけのこと、優勢な武器を持った、訓練の行き届いた日本軍は、南部の各地で、東学軍を撃破、朝鮮政府軍とともに、凄惨な殺戮戦を行う。

全羅道、忠清道の掃討は、まずこうして行われ、南方での東学軍の抵抗は、まず鎮圧される（住民の反抗は、後にまた義兵闘争として火を噴く）。しかし、安重根の住んでいた黄海道は、十二月になって動乱の巷となる。

日本軍が清国軍を破って、朝鮮半島から清国軍を駆逐した平壌の戦い（八月）の後、黄海道海州（安重根の故郷）では、治安が悪化し、東学軍の蜂起で、安重根のいう「役人を殺し、民衆から財物を略奪」する修羅場が出現する。

そんな中、東学の首領元容日《ウォン・ヨンギル》が「二万余名」の徒党を組んで押し寄せてきた。それに対する「我が義兵は、七十余人」は、兵力ではあまりに劣勢であった。二万余名は、安重根の誇張であろうが、この時の東学軍を二千人とするものもある。七十対二千でも大変な兵力差である。

安重根、東学党を破る

しかし、安重根は偵察隊に志願し、敵陣を観察すると、「人馬の動きが騒々しく、規律のない状態に見えた」（「安応七歴史」）。それを見て取った安重根は、敵は烏合の衆だ、不意をつけば、勝利を得ることができると他の者を説得し、敵陣の大将めがけて射撃、「雷鳴のような銃声が天地を震わせ、弾丸を雨あられと浴びせかけた。（中略）われわれは自分たちがさも大勢いるかのように見せかけ、敵を追撃した」。

これが未明のことで、明るくなってくると敵は相手が小勢と見て取って、包囲攻撃に転じた。包囲され、危なくなった時に、急に背後から銃声が聞こえた。「友軍の一支隊が果敢に攻撃してきたのである」。

ここで、気になるのは、「弾丸を雨あられ」と言っているわけではない。安重根（父・泰勲）の部隊は、猟師を集めて結成された。普段そんなに弾薬を持っているわけではない。撃ちまくるほど沢山あった弾薬は、この時、東学討伐に来た「京軍と日本軍」から供給されたものではないか。しかも、七人で大勢の敵を慌てふためかせるのは、猟師の持っている旧式の火縄銃では無理であろう。

長距離射程銃

日清戦争時の日本軍の主力部隊は最新式の村田銃などで武装されていたが、この時、日本軍が東学軍の討伐に使ったのは、スナイドル銃など、幕末、明治初年に日本に輸入された旧式銃、言ってみれば中古品だったが、火縄銃も十分にない東学軍を圧倒するには十分だった。日本軍の精鋭部隊は、平壌から鴨緑江を越えて、満州に進撃していった。したがって、軍事占領下の朝鮮の治安を維持するためには、使われず、東学討伐のためには、「後備部隊」が招集されて、東学軍殲滅作戦を展開した。これは、日清戦争のハイライト、平壌の戦いのような、近代装備の大部隊同士の戦闘ではなく、東学の疑いのあるものを、虱潰しに殲滅していく、汚い討伐戦だった。

大部隊に対しては、大口径で殺傷力の強い、スナイドル銃が、威力を発揮した。日本軍は後備部隊だが、強力な火器のおかげで、日本兵一人で東学軍二百、三百に匹敵しえたという。スナイドル銃は、射程距離千八百メートルで、四百メートル以内なら、百発百中、それに対して東学軍の使う火縄銃は、有効射程、八十から百メートル、四百メートルの距離から、一斉射撃をするのが、日本軍の戦法だった。次々に東学軍の大部隊は壊滅していった。日本軍の死傷はほとんどゼロに近かった（井上勝生「東学農民戦争、抗日蜂起と殲滅作戦の史実を探究して」『人文学報』第111号、京都大学人文科学研究所、二〇一八年、六―八頁)。

さらに、制圧した村々をめぐって、東学関係者と見られるものを逮捕し、裁判もなしに銃殺した。これは戦争というより、虐殺であろう。日本大本営の川上操六参謀次長は、東学軍をことごとく殺戮するよう、電訓を発していた。これはすべて国際法違反であり、軍法違反でもある。

日本軍の東学軍討伐

そもそも、日本軍が朝鮮側の承諾なく、ソウルに進軍したことも、朝鮮は独立国だと主張してきた日本が、その言葉を知らぬ気に朝鮮の独立を軍靴で踏みにじった行為である。しかし、日清戦争が朝鮮北部から満州に軍を進める展開になると、朝鮮半島で、反日蜂起が頻発するようでは、とても、今後の戦闘の優勢な展開はおぼつかない。日本軍の首脳は、無理を承知、国際法違反を承知で、無慈悲な東学殲滅を行ったのだ。ソウルを占領し、国王に東学軍を反乱軍として、朝鮮政府軍による討伐を命令させれば、日本軍も、東学討伐の大義名分を得ることになる。

安重根、日本軍に協力

安重根が、東学軍と戦ったことは、したがって、日本軍に協力したことになるのである。安重根の部隊が、人数で二十倍以上もある東学部隊に勝利をおさめられたのは、日本軍から新式武器と弾薬を供給されていたからではなかったか。朝鮮南部での東学党との戦闘で、二十倍の兵力差を跳ね返した日本軍の武力の源泉は、射程が長く殺傷力の強いライフル銃だった。安重根軍がライフル銃のような強力な銃を持っていたと考えなければ、この勝利はあり得ないのではないか。

安重根軍と日本軍の協力関係を、伺わせるのは、「安応七歴史」の、東学軍に対する勝利の記述に続く次の文である。

この時、日本軍の鈴木という尉官が兵を率いて通りかかり、書信を寄こし、この戦勝に祝賀の意を表してくれた。(『図録・評伝　安重根』二〇五頁)

「安応七歴史」には、安重根の少数部隊が窮地に陥った時、「友軍」が射撃してくれて、助かったとある。上記の部隊を率いた鈴木という日本将校が、わざわざ書信を寄せて、安重根たちの勝利を祝賀してくれたというから、日本軍の部隊がすぐ近くにいたのだ。「友軍」は日本軍部隊である可能性が高い。

何故、このころ日本軍の部隊が海州にいたのか。それは平壌の戦いのあと、黄海の制海権がまだ完全に日本のものになっていない現状では、糧食、弾薬は、いわゆる京義路、ソウルから義州への陸路を使わざるを得なかったからだ。その上、軍隊の連絡に最も重要な電信線が、日本軍工兵隊によって、義州まで陸上を経由して敷設されたが、この電信線が頻々と切断、破壊されるという事態が起きていた。これは、東学のゲリラ活動のためであろうが、電信線は当然、当時としては高価なものなので、盗もうという無頼の徒によるものもあるであろう。日清戦争が開始して以来、朝鮮の地方の治安は悪化しており、東学軍のような大規模な蜂起以外にも、小さな騒動が絶えなかった。

穀物の徴発

こうした中、秋、九月、十月の穀物の収穫、それが、戦争のための徴発によって、地方の官衙に収められると、この過酷な徴発に反発した民衆が東学軍に参加して、自分たちの食料を返せということで、地方官衙を襲うということが起こる。

ともあれ、戦争があれば、農業地帯である地方で、厳しい兵糧調達、徴発が行われるのは、当然のこと、その過酷な増税に対して、食料に窮した農民が、おれたちの米、麦を返せと立ち上がるのは、穀物を取り返さなければ、次の冬が越せないからだ。

これは当然の要求であり、安重根がいうように、元容日が二万の軍勢だったという中の多数の農民は、食料返せの、反増税運動だったと見てよい。海州の役所でも、そもそも至極、理のある要求、俺らの家族、子女に生きて冬を越させろ、貧農に食べ物を支給してくれという要求を掲げた二万もの群衆に抵抗できるわけがない。官吏は逃亡、官衙にあった莫大な糧食が、東学軍の手に落ちる。

海州の東学軍がたちまちのうちに膨れ上がった理由は、以上のような点にあったと言える。

日本軍の目標は、軍糧の確保にもあるが、京義路による軍需品、糧食の輸送、そして電信線の確保が、さらに重要である。このために、東学軍を、京義路から、海の方に押し出す戦略を日本軍はとった。海州は、海辺の港湾都市であり、またこの地域の中心都市である。こうして、内陸部から押し出された東学軍が海州に殺到する事態となった。これの討伐にあたったのは、ソウルから派遣された朝鮮政府軍「京軍」と日本軍だったが、朝鮮政府軍は給料が安く、遅配もあり、戦意はもともと低かった。逃亡するものが続出した。それで、日本軍が討伐の主力になっていったのである。同胞で、しかも生活に窮した農民である。これを討つのに忍びないという心情も京軍＝朝鮮の官軍の兵士にはあっただろう。

海州の官衙でも、政府軍側に理があれば、民衆があれほど東学軍に投ずることはないだろう。ところで東学軍の大多数は、収穫を終えて、それを「官」から取り戻すために、デモ隊的に参加した者たちだから、本来、決死の戦闘をするようなものではない。強力な火器を持つ日本軍に遭遇すれば、蜘蛛の子をちらすように退散して、自分の家に戻るか、近くの山の中に隠れるかして、日本軍が通り過ぎるのを待つわけだ。

倡義軍

政府軍（京軍）は、名前のとおり都、ソウルから派遣された正規軍であるが、実態はかなりお粗末である。地理不案内でもあるし、何より地元の事情に通じていない。黄海道の観察使（黄海道の長官、従二品で大臣級）は、地元の「反東学」の有力者に、こうした東学の徒（実際は窮した農民）を捜索、炙り出しを要請することになる。これは、志願兵、志願警察と言っていい。命令でなく、自発的に行動するのが、「義」であり、現代日本語では、「志願」と訳すべきだ。ところで、東学門徒は農民であり、階級的に言えば、常民（平民）である。安重根の父、安泰勳は、両班であり、しかも科挙に合格した進士である。官吏予備軍なのであって、軍人における予備役と同じ、普段は市井で生活していても、緊急事態には、「義」によって、官吏の仕事を代行する。この場合、東学軍があまりにも強大で、海州の官衙ではどうにもならない、そこで地元有力者の協力（義）を乞うたのだ。東学を討伐する両班たちの軍は、「倡義軍」と称した。

どちらにしても、東学軍から見れば、両班は敵たる官吏の仲間であり、土地を所有する地主であり、また財産家でもある。略奪の目標になることは、間違いない。安泰勳が「倡義軍」になったのは、東学側の敵視が原因であり、基本的に自衛的なものと考えてよい。ところが、元容日の大軍が、海州に殺到してくると、それではすまない。海州地方にやってきた朝鮮正規軍「京軍」に協力することは、うことである。

日本軍に協力、場合によっては、日本軍からの武器弾薬の供給を仰がねばいけない事態になったということである。

鈴木という日本軍人

「安応七歴史」に現れる鈴木という日本軍人とは誰なのか。南方の忠清道公州での攻防戦に参加した日本軍の中に鈴木彰少尉の名前が現れる。十一月二十日「公州駐屯中の鈴木彰少尉（後備歩兵第六連隊）も利仁にて戦闘」（日名子健二「日清戦争下における公州牛禁峠の戦い」http://www9.plala.or.jp/chietaku/gyuukinji.pdf　二〇一四年三月十五日閲覧）。

朴宗根『日清戦争と朝鮮』によれば、この時黄海道の東学軍鎮圧に出動した日本軍の部隊は、「後備歩兵第六連隊」の第四、六、七、八中隊が動員された。安応七歴史に現れる鈴木なる尉官は、前述の鈴木彰少尉が第六後備連隊所属なので、公州での戦闘が一段落ついたので、今度は危なくなってきた海州に十二月になって、派遣されてきたものであろう。後備連隊とは、現役兵、予備役兵が満州方面に総動員されているので、さらに三十歳以上の妻子ある後備兵により編成された部隊である。東学門徒の反乱は、日清戦争における兵力不足を露呈させる原因となったのだった。

前掲『日清戦争と朝鮮』の引用によるが、日本の新聞（東京日日新聞）に鈴木彰少尉が、東学軍の模様を「あたかも飯上の蠅と同様、集まりては散し、散しては集まる有様にて」と逃げては潜み、潜んではまた現れる、東学軍の討伐に手を焼いているようすを語っている（朴宗根『日清戦争と朝鮮』青木書店、一九八二年）。

安重根の言う「鈴木という尉官」は、この第六後備連隊鈴木彰少尉のことで、間違いないであろう。したがって、安重根たちが東学軍を攻めた時に用いた銃は、日本軍の用いたスナイドル銃であった可能性が高いが、平壌の戦いなどで、清国軍の遺棄した新式銃であった可能性もある。こちらは大量に遺棄されていたはずなので、比較的簡単に手に入ったであろうし、日本軍が押収した清国軍の武器が回ったということも、考えられなくない。

日本軍が、虐殺に近い、東学関係者の処刑を行ったのも事実であるが、一方、朝鮮政府軍は、給料遅配の故もあるであろう、略奪を行ったのに対して、日本軍は米穀の取り立てに対して、きちんと支払いを行うなど、訓練が行き届き、軍紀は、かなり保たれていたから、必ずしも評判が悪かっただけとも言えない。

鈴木彰少尉は、ゲリラ討伐の経験を重ねており、現地の「民心」を得ることが大事であると理解していた人物のようだ。安重根、安泰勲のもとに、わざわざ書信をもって、勝利を祝うなど、儒教的な礼も心得ていた人物だったようだ。書信はもちろん漢文であったろう。

安重根のいう助けに来てくれた「友軍」は、この第六後備連隊の内の支隊だったと考えてよいのではないか。そうだとすれば、危なかった安重根たちにとって、日本軍は命の恩人と言ってもよい。この部分での安重根の記述は、日本軍に対する信頼を表していると読める。

日本軍の軍紀がどれほどのものであったかは、今後検討すべきであろうが、例えば、先に紹介した金九であるが、ほぼ日清戦争を機に、思想は開化派に全面転換している。

金九の開化派転換

その金九であるが、清渓洞の高能善先生から習った思想の基本は、すべての外国のものを排斥する「衛正斥邪」思想であった。これは、一八九五年、東学軍の抵抗がほぼ終息した時期に、清渓洞にかくまってもらった金九が、それまでの東学思想から、朱子学の系譜を引く「衛正斥邪」に転換したということだ。あらゆる外国思想、キリスト教であれ、西洋近代科学技術であれ、これを拒否、朱子学の正統だけを守るというのが衛正斥邪である。

金九は、東学を離れたのち、閔妃暗殺事件で、反日の意をますます深くして、日本軍の密偵と思われる日本人の男を殺してしまう。そのために獄に投ぜられるが、死刑の判決を見た高宗皇帝（日清戦争後、は大韓帝国の皇帝となる）が、死刑を不可とする裁定をしたという（『白凡逸志』）。その後、結局うやむやの状態で、獄から解放され、海州に戻っていた高能善先生に会いに行く。高先生は、相変わらずの衛正斥邪で、彼の同門で有名な義兵の指導者であった柳麟錫が、「西間島」に移って、義兵の根拠地としていると話してくれて、そこに金九も移ったらどうかという。

高先生は私に、「毅庵（柳麟錫）がそこで孔子像を祀り、武士を集めて訓練しているから、そこへ行ってはどうか」と言われたが、「中華を尊び、夷狄を攘う」という先生一流の思想は、もはや私を動かす力を持たなかった。わたしは懸命にわたしの新思想をお話ししたのだが、高先生の耳にはそれがどうしても入らない様子で、

「君も開化派（ケホアックン）になってしまったなあ」

と言われるばかりだった。私は西洋の文明の力がいかに偉大であるかを語り、これはとてもちょんまげと「孔子曰く」「孟子曰く」だけでは抵抗できないのだから、わが国においても、その文明を受け入れ、新教育を実施し、すべての制度を改革することなしには、国家の命脈を保全する

高宗

ことはできないのだという事理を説明したのだが、「たとえ国が滅びようとも、夷狄の道には従えない」といって、わたしのことばをしりぞけられるのだから、どうしようもなかった（『白凡逸志』）。

従来、開化派といえば、親日であったが、金九は違う。東学も、衛正斥邪も、反日である。金九は、反日は、東学、衛正斥邪、開化派と一貫しているが、彼は、自分の経験から、反日をするにも、「開化思想」あるいは、政治体制としての「開化＝西洋化」でなければ駄目だと衛正斥邪に見切りをつけるのである。日本で言えば、幕末の尊攘運動、一八五〇年から六十年代までの段階が、西洋の武器はだめだという高能善先生に対して、独立のためには、西洋の科学、新式武器を取り入れねばだめだという一八九五年の金九の開化思想は、一八六〇年代の日本の思想状況に相当するであろう。

3 日清戦争回避を目論む伊藤博文

伊藤の条約遵守、日清開戦反対

日清戦争開始時に、伊藤博文が開戦反対であったのは、広く知られている。外交に関しては、伊藤博文を深く信頼していた明治天皇も、明らかに開戦に反対であった。日清戦争開始時、日本軍大部隊（混成旅団七千名）が派遣されてから、宣戦布告の詔勅が出されるまで、異常に時間がかかったのは、首相伊藤博文、詔勅を出した明治天皇、二人とも開戦に反対だったからに他ならない。

混成旅団が、朝鮮に派遣された時の陸軍大臣の参謀本部少佐福島安正宛の通達は、以下のようなものであった。福島安正は、参謀本部川上次長の腹心の部下で、まず漢城の公使館付き武官として、派遣されたが、開戦の鍵を握る、大島義昌混成旅団長の事実上の参謀長と考えてよい。川上操六が養成した、日清戦争の為の情報収集に最も功績のあった情報将校である（北京公使館付き駐在武官の時に情報収集を精力的に行った）。しかし、陸軍大臣大山巌は首相伊藤博文の意を受けて、次のような訓示を福島安正少佐に与えた。

この度の出兵は全く我が公使館・領事館及び帝国臣民保護の為に出したるものにして、決して清国と事を起すが為にあらざるは断言し置く所なり。（徳富蘇峰『陸軍大将川上操六』東京第一公論社、一二八頁）

大山巌は、今回の出兵の目的が清国との戦争ではないことを「断言」している。朝鮮は独立国である、それに対してできるのは、居留民保護、公使館保護のためだけであり、第三国との戦争の為の大兵力の派兵は、そもそも国際法違反なのである。

大山巌（日露戦争時）

李鴻章との間に伊藤博文が結んだ天津条約は、一国、この場合清国が朝鮮半島に出兵する兵力と同数の兵力を日本も送ることができるということであり、それも、公使館護衛、居留民保護の場合しか出兵はできないのである（壬午軍乱の時、日本政府は軍隊の朝鮮への派遣を国際法上可能か、法律顧問のボワソナードに対して質問しており、ボワソナードの回答は、居留民保護の場合に限って出兵は認められるとのことであった）。

今回の清国の出兵は、東学党軍鎮圧のためであり、朝鮮政府から要請を受けての出兵であった。しかしながら、朝鮮政府内部でも、日本の干渉を心配して、派兵要請に慎重論もあったものを、閔氏政権首脳は、清国に派兵を要請したのである。結果から見れば、取り返しのつかない愚策であったが、朝鮮政府軍が、内乱の鎮圧に足る力のないことが、根本原因であり、さらに東学軍の蜂起を招いた、官界の紊乱、官吏の苛斂誅求に原因があり、突き詰めて言えば、閔氏政権の責任であり、さらに閔氏の苛斂誅求、蓄財を黙認した国王の責任である。

陸奥宗光、川上操六に協力

外務大臣陸奥宗光は、開戦を急ぐ川上操六に同調して、この際一戦して勝利を収めるのでなければ、朝鮮の改革もできるものではないと伊藤博文に書簡を送り、開戦の方向でソウルの大鳥圭介公使に訓令を送る。

参謀本部の川上操六は、次長であるが、皇族の総長はお飾りであり、この日清戦争の主導者であった。朝鮮への大部隊派遣も、川上操六が、陸奥宗光外相と組んで行ったことである。朝鮮に、朝鮮政府の要請によって派遣された清国軍が、四千人規模の部隊であったから、天津条約の規定により、日本はそれと同数の兵力を送ることは、可能であった。しかし、川上操六操六参謀次長は、一旅団を派遣すると伊藤博文首相にいい、混成旅団なら七千人程度であるからと七千人という清国軍を上回る大部隊を朝鮮に派遣してしまったのである。伊藤博文は、一旅団と聞いて、一旅団なら二千人、清国軍の半数であり、これなら開戦の危険はないと考えて、派兵に賛成したのである。

この時の朝鮮政府も、だらしないとしか言いようがない。日本軍は仁川に到着、上陸してしまったら、これは朝鮮領土に対する侵略行為であるから、当然、朝鮮国軍は、この上陸を阻止しなければならない。清国軍はこれを助けねばならない。ところが、袁世凱は日本軍の実力を知っているので、すっかり弱腰になり、何とか日本軍との交戦に至らないように、ひたすら逃げ腰であった。頼みの清国軍が日本軍を阻止してくれない状態で、日本軍のソウル進駐は目前の事態となる。

こうした中、大鳥公使は、陸奥外相の訓令を受けて、従来の清国との友好外交を一変、朝鮮政府には内政改革を迫る要求を突きつける。これは、朝鮮政府がとても飲めないような内容を突きつけて、無理やりにでも開戦に持ち込もうという陸奥宗光外相の方針に基づくものであった。

陸奥外相は、李鴻章にも、日清共同で朝鮮の内政改革を行おうという通知を行うが、李鴻章の返事は、内政改革の趣旨はまことにもっともであるが、それは朝鮮政府が自主的に行うべきもので、外国政府が強要してやることではないと拒絶してくる。いままで、朝鮮を属国と見なして、袁世凱に朝鮮で権勢を振るわせていた李鴻章であるが、この時の李鴻章の言い分はまことにもっともであり、国際法から見てもいかにも妥当であった。

伊藤博文が、この理がわからないはずがない。清国との開戦は、国際法から見て違反であり、このことを理由に、ロシアをはじめとする列強の干渉、下手をすれば参戦を招きかねない危険な行動なのである。

川上操六
（出所）国立国会図書館「近代日本人の肖像」https://www.ndl.go.jp/portrait/

李鴻章

列強の干渉の危険

ドナルド・キーン『明治天皇』では、明治天皇も開戦に不満であったとし、それは、列強の干渉を恐れることが最大の理由であるが、恐らく清国と戦って勝てないと考えていたことも、理由に上げられるだろうとしている。

徳富蘇峰が引いている大山巌陸軍大臣の訓示には、もしも日清両国が開戦するという場合、「所謂鴫蛤の争漁夫の利と為るは顕然にて、寧ろ多くの漁夫は昼夜この争いを待ちつつあるものなれば」と言っている。この漁夫の利を結局得たのは、第一にロシアであり、ドイツであり、イギリスであった。イギリスは、朝鮮にロシアが手を出してくることを警戒していたので、朝鮮において日本が優勢になることは容認できるが、中国本土に日本が勢力を伸ばすことは、イギリスの中国における権益を侵すので、基本的に反対なのであった。三国干渉の時、イギリスは干渉に加わるように誘われたが、結局それに加わらなかった。ロシアとの対抗関係のためであって、日本に好意をもっていたわけではない。例えば日清戦争時、日本軍が陥落させた威海衛であるが、イギリスの海軍基地として譲られる（イギリスが租借）。

したがって、日清戦争はロシアの満州南部進出（旅順、大連、租借）をもたらし、ドイツの青島租借をもたらし、イギリスの威海衛租借をもたらしたのであって、ロシア一人が、鴫蛤の争いにおける漁夫であったのではない。日清開戦前にこうした見通しを持てたのは、第一に伊藤博文であった。伊藤博文は、川上操六がこの日清開戦の主導者であることを、混成旅団七千人の派遣で伊藤首相を騙したことで思い知っており、それ故、伊藤の平和論に賛同する大山巌陸軍大臣をして、川上操六、一の子分である福島安正少佐に、朝鮮ではことを起こすなと訓示をさせたのである。

日本陸軍はドイツの参謀本部を模範として、陸軍の命令機関である参謀本部を着々と築いており、その人事は次長の川上操六が握っていた。川上操六は、薩摩の征韓論の系譜を引くと自認する、好戦的な軍人であるが、参謀部の軍人としては卓越した手腕を持っており、特に人事においては、藩閥にとらわれない能力本位の人事をして、情報関係に、優秀な将校を当てた。松本出身の福島安正が大将にまでなれたのは、川上人事のおかげである。

対して、薩摩の軍人の代表である陸相、大山巌は、欧州滞在も長く、世界情勢、列強の複雑怪奇な秘密外交も理解できる、国際政治のわかる軍人であった。大山巌の訓令は、首相伊藤博文の意を受けてのことであるが、もし今日清が戦えば、列強に東アジア侵略の機会を与えるということは、大山巌自身も十分、肝に銘じていたからこそその、福島宛の訓令だったといえる。

日本軍のソウル制圧

大島義昌混成旅団長が、朝鮮政府はやめてくれと懇願するにも関わらず、仁川からソウルに進出、朝鮮軍の発砲行為とかはあったが、ソウルを占領する。朝鮮の平和主義は、攻められたら自衛する、スイスのようなものではなく、要するにいざという時に断固として戦う意思のない、腰抜けの平和主義だった。この点については、朝鮮国王高宗は、大きな責任があると言わねばならない。戦うなら、清国軍と共に戦うしかない、平壌まで逃げて、清国軍の進駐するまで、そこを防衛するぐらいの覚悟がなければ、いけないのではないか。

もっとも理にかなう行動は、朝鮮国王は、日清、列国に対し中立を宣言し、仁川から大島旅団が進軍してきたら、かなわないまでも、中立侵犯は重大な国際法違反であるので、戦うことだ。結局、高宗は命が惜しかったし、安楽な王宮での宮廷生活が捨てられなかったのである。まことに残念な君主であったとしかいいようがない。

伊藤博文、明治天皇の戦争反対

伊藤博文は、清国の巨大戦艦、定遠、鎮遠に対して、海軍軍備の増強を意図して、土地税の引き上げを画策していた。伊藤率いる政府に対する野党、自由党は、清国に対する戦争を煽っていたが、自由党の有力議員は、大地主が多く、増税には反対という矛盾した主張を行っていた。一八九三年の帝国議会では、建艦費が、否決された。伊藤は、増税を受け入れさせるため、明治天皇が自ら内帑金を下賜し、官吏の俸給十分の一を削減するという方法で、軍艦建造費を捻出したのだった。

伊藤博文の側近であった金子堅太郎は、その回想で、次のように言っている。

そこでやむを得ず伊藤公は、陛下に奏上して向こふ六年間、毎年御内帑金三十万円宛の御下賜を希ひ、一方文武官雇員に至るまで、有ゆる官吏から俸給の一割宛を六ケ年間献上させる事とした。（中略）当時反対党は公に対して種々なる非難を浴びせたが、公は十年後の国際関係を洞破して、断然実行せられたのである。（金子堅太郎他『伊藤公を語る』興文社、一九三九（昭和十四）年、一四〇頁）

伊藤博文は、この案について、金子堅太郎に、『カブール伝』の英語版を金子にもらったのが、役に立った。あの中に、カブールがオーストリアと戦って、トリエステとベニスを奪還するために、エマヌエル皇帝にお願いして内帑金を下賜し、さらに文武官に課税して寄付金も募り、結果、どうしても必要な砲台を築造して、普墺戦争に背後からオーストリアを攻めて、イタリアの領土の奪還に成功した、それを英語版『カブール伝』の読書から得たというのだ。伊藤は忙しい中、内閣に出勤する馬車の中や、旅行の汽車の中で、読んで、内帑金と官吏の俸給削減のアイディアを得たのだという。

伊藤は韓国統監になった時、宮廷費用の削減を渋る高宗皇帝に接して、明治天皇との違いを痛感したに違いない。

戦艦「富士」

戦艦「富士」

そのような苦心をした、清国海軍に対抗できる目玉が、排水量一万トンの富士であった。対する清国海軍の主力艦、定遠、鎮遠は、七千トン、日清戦争時の日本海軍の主力艦松島、厳島、橋立は、四千トン級であった。

明治天皇が、川上操六をはじめとする軍部が、無理無体に戦争に突き進んだのを怒ったのは、この富士艦がいまだ英国において建造中で、日本に着いたのは、日清戦争二年後の明治三十年、一八九七年のことであったからだ。七年後の一九〇四年、日露戦争時には、富士は既に旧型艦であった。

つまりこうなのだ。一八九三年、伊藤博文が軍艦建造を企てたのは、清国海軍の優勢で、日本が脅かされている状況を改善するためであって、清国と戦うためではないということ。この一万トンのイギリス製最新鋭艦があれば、清国も日本をあなどって、脅しをかけるようなことはしないということだ。平和を守る、国を守るための軍艦なのであって、清国と戦って打ち破る、侵略戦争のための軍艦ではないのである。明治天皇も、清国との間の平和が確保されるならばということで、宮廷費の削減に同意したのだ。

これに対して、川上操六から見れば、もしも富士艦が日本に着いたなら、清国は海軍の劣勢を悟って、日本との戦争には慎重になる。伊藤博文の意図どおり、日清親善友好の方向に進むだろう。日本の挑発にも乗らなくなる。これは戦備が不十分なままでも、早く戦争を始めねばという、はなはだ焦って始めた危険な戦争なのである。しかも、列強、ロシアは、この戦争に反対の意を露わにしている。

勝海舟は、日清韓同盟論の本尊であったから、このような参謀本部の動きに乗せられた日清戦争に大反対だったと戦後に述べている（『氷川清話』）。

参謀本部の専断

伊藤博文は、李鴻章との間に、日清友好平和のために天津条約を結んだ全権なのであるから、もちろん日清友好が基本であって、特に天津条約に違反する大部隊を送ることなど、絶対に反対である。

大山巖陸軍大臣の訓令中の「今日世界の現状に於いて、亜細亜の大勢を維持し、欧米各国との同等の位地に進ましむる大任に膺るものは、実に清国と我が帝国にして、既往二十余年来、非常の困難に堪へ、漸く今日の文化に赴き、彼我の感情益々去りて臨交の情誼年一年より深厚に進み、前途大にその希望を達するの方向に際して、前途大いにその希望を達するの期に際して」とあるのは、新聞などでは清国非難、清国艦隊乗組員が、長崎で騒擾事件を起こしたことに対する怒り、巨大戦艦で日本を脅かすような傲慢な態度など清国に対する反感を掻き立てるような論調が盛んな中で、政府としては、清国との友好に努めてきたし、その効果は上がっているとの認識である。まさしく、伊藤博文首相の思いをそのまま表していると読んでよい。

このような時に、鴫と蛤のような戦をして、欧米列強に漁夫の利を占めさせてよいのか、というのも、伊藤博文自身の思いをそのまま物語っている。伊藤博文は、薩派の若手軍人たちの好戦的な態度に手を焼いており、自分は長州人であり、先に甲申政変の時には、平和論、臆病者の代表として、「打ち殺す」べき対象として、憎まれた人物である。だから、自分が言ったところで焼け石に水、薩摩の軍人の中でも、平和主義の大山巌を陸軍大臣に据えて、好戦的な薩摩系の軍人を抑えようという布陣である。大山巌は西郷隆盛の従弟であり、戊辰戦争に従軍した、薩摩軍人の領袖である。彼に平和論を言わせれば、川上操六（薩摩出身）も、勝手な動きはできないという政治戦略である。

この訓令を引用する徳富蘇峰は、この訓令は訓令だが、参謀本部次長、川上操六は、福島安正（中佐）、上原勇作（少佐）には、裏では開戦に向かって工作せよとの「内訓」を与えていたという。実際に作戦を行うのは参謀本部である、戦争が起これば参謀本部長は、陸軍大臣に優先する、決定権も参謀本部にあるという論理だ。これは、川上操六が、ドイツ参謀本部に学んだ形式であるが、伊藤博文の作成した明治憲法では、それが明確に規定されているわけではない。

しかし、戦争時においては、参謀本部総長は、首相を介さずに天皇に直接上奏し裁可を受けることが、行われていた。帷幕上奏と言われる形式である。それが、明治憲法下の文民統制に大きな穴となり、伊藤博文は、日清戦争時の川上操六の「暴走」を抑えられなかったことで、この帷幕上奏の危険に気づくが、しかし、日清戦争が勝利に終わってしまったことで、この件はうやむやされてしまった。

この「帷幕上奏」を事実上無効にされるのは、日露戦争後の一九〇七年であり、伊藤博文の画策によるものであった。しかし、軍部の抵抗によって、統帥権は軍、特に参謀本部にあるという形式は残され、のちに文民統制をめぐる大問題に発展し、ついには大日本帝国の崩壊にまでいたる。

貫徹できない文民統制

伊藤博文は、開戦、非戦に関する文民統制を、この時は、大山巌陸軍大臣の訓令という形で、一旦は成功させるが、最後は川上操六と陸奥宗光の謀略にしてやられる。徳富蘇峰『大将川上操六』は、そのような福島安正らの、ソウル制圧等の動きを、肯定的に描いているが、伊藤博文にとっては、そうではなかった。伊藤博文にとっては、日清戦争は、首相ではあったが、開戦自体はきわめて不本意なことであった。明治天皇は、開戦当初、この戦争は不本意であると怒っていたが、戦勝の報が続々ともたらされるにつれ、機嫌はよくなっていった。しかし、列強、ロシアの干渉を気にする伊藤博文はそんな気分ではなかった。戦争に勝ちすぎれば、列国の嫉視を買い、様々な干渉が起きてくることは、十分予測できたからだ。

伊藤博文が開戦に反対だっただけではなく、明治天皇は宣戦布告の勅令を出した後、伊勢神宮への報告を一時拒否したことは有名である。「これは朕の戦争ではない」という言葉が残されている。それはそうである。清国との平和のためには、強力な軍艦が必要ですといわれて、手許金を下賜して、官吏の俸給を削って、作った軍艦、二年後になければ、就航できない貴重な軍艦が来ない状態で、戦争を始めてしまうとは。明治憲法の規定は、「天皇機関説」として定式化されたが、軍事のことの決定権は、天皇にはなかった。戦争計画を参謀本部が作って、参謀本部長が首相を通さずに天皇に上奏するのを裁可するか、裁可しないかだけである。

ソウルを既に日本軍が制圧し、朝鮮国王は、傀儡状態で、朝鮮の内政改革に同意させられる。この件を清国に通知すると、当然これは国際法上の内政干渉にあたり、朝鮮の宗主国を以て任ずる清国としては、不同意と言わざるを得ない。この朝鮮内政改革要求が事実上、最後通牒となった。ソウルの大鳥圭介公使は当初、日本軍の大部隊の撤兵を要求する朝鮮政府の意向に応じる意向であった。日清戦争の回避のためである。徳富蘇峰の記述は、このあたりの伊藤が首相たる政府の意向を、よく描写しているので、再び引用する。

伊藤は平和主義の政治家であった。韓国出兵の已むべからざるを認めたけれども、その目的は半島における日清両国の均整を制し、東亜の平和を維持せんとするにあつた。陸奥の韓国出兵を主張したるは、大体において伊藤の意見と一致しているが如きも、むしろ政治的に観して現状を打破せんが為に、積極的に出兵の機会を利用せんとするにあつた。これに反して大将（川上操六）は東亜の将来に鑑み、清国出兵の機に乗じ、進んで維新以来の懸案たる韓国問題を解決せんとするにあった。（中略）而して明治二十七八年役は大将と陸奥との軍事外交合作に由りて、世界環視の間に行はれた。（『陸軍大将川上操六』一二七—一二八頁）

ここで伊藤を徳富蘇峰が平和主義と称しているのは、当たっている。伊藤は、東学党の乱鎮圧のために、朝鮮半島への出兵は当然と認めた。それは、天津条約に、一方が半島に出兵すれば、他方、この場合日本は、同数を出兵できるとの条項による。これは、徳富がいうように、天津条約の基本理念は、半島における日清勢力均衡による平和の維持にあるからであり、朝鮮政府としては迷惑であり、清国は、朝鮮政府の要請によるという名分はあるにしても、日本軍の同数の出兵は認めざるを得ない。しかし、朝鮮側からすれば、東学軍との和議がなった状態での日本軍の出兵は、全く無用である。しかし、日本政府としては、清国に対する平和外交を弱腰と非難する議会、新聞の強硬論に対するに、最低限の派兵は必要という決定は止むを得ざるところだ。また、先の壬午軍乱、甲申政変に際しては、日本人の虐殺が行われており、居留民保護のための派兵は国際法の許すところである。伊藤の派兵賛成の意図は、国際法の許す範囲のことであった。平和を維持するにはそれしかない。

しかし、川上操六は、ここで清国軍と一戦する絶好の機会と、東学党の乱を見ていた。しかも、川上操六は情報将校を中国、朝鮮に派遣し（その代表が福島安正）、現在の状態で日本陸軍は清国軍に必ず勝てるという見通しを立てていた。そこで政府首脳の平和主義を知りながら、開戦に持って行ったのである。無理無体な要求を陸奥外相から大鳥公使に訓令し、要求を朝鮮政府に出し続けて、朝鮮政府からの拒絶回答を引き出す。

徳富蘇峰は、最初、内政改革に朝鮮政府が同意したものを、朝鮮政府が意を翻して拒絶に至ったのは、袁世凱が清国は大兵を派遣する用意があり、また李鴻章からは日本政府に打電して、撤兵を実現させると朝鮮政府に脅しをかけたためであるという。

これに対して、大鳥公使は、朝鮮政府に対し、すでに牙山に駐屯する清国軍の撤兵を要求、朝鮮政府はこれを拒絶、これを待っていた日本軍は仁川からソウルに進出、軍事的にソウルを制圧する。ここにおいて、大院君が登場、国王の実父の政権が成立する。これが明治二十七年七月二十三日のこと

利」した。である。ほぼ時を同じくして、豊島沖の海戦が起こり、陸では牙山・成歓の戦いに日本軍は「大勝

首相も、天皇も、平和で行こうとしている時に、ソウルで、圧倒的な兵力による、軍事制圧が起きた。これは、明らかに国際法違反であり、伊藤首相は、それを問責して、兵を退かなければいけない立場であるが、事ここに至っては、開戦に踏み切らざるを得なかった。撤兵すれば、まず清国、ついで列国から無用の兵を動かしたことに対し、非難の来ることは間違いなく、恐らくはロシアが朝鮮において圧倒的な影響力を持つことになるだろう。

痛恨の日清開戦

列国からの非難を防ぐには、戦争して、勝利を収めるしかない。正義がどちらかにあるのかは、戦争で決めるのがこのころの国際法であった。しかし、この無理無体な開戦が、ロシアらの三国干渉の有力な理由づけになったことも確かである。

そういう意味では、伊藤博文にとっては、「痛恨」の開戦であった。また日清戦争は莫大な賠償金を得たという点では、成功の戦争であったが、失ったものも大きかった。これで伊藤が目指してきた、清国と協同しての東洋平和の維持が、不可能になってしまったからである。ここで平和が保たれれば、清国の軍事力もなお保全されて、ロシアの南進に日清共同で防御にあたることができたはずだからである。

これは先に紹介した黄遵憲の『朝鮮策略』で示された路線であり、一方、日本では勝海舟の日清韓同盟論である。日清戦争の勝利に狂乱した日本国民は、三国干渉で肝をひしがれた、ペチャンコになったが、軍部の掲げる「臥薪嘗胆」の合言葉に、国力の増進にこれ努める。

下関条約で、伊藤博文は遼東半島の要求は、問題は多いとわかっていながら、大勝利に沸く世論、勢いづく軍部、を考えれば、要求せざるを得ず、結局、李鴻章をして、ロシアとの密約（あとで旅順はロシアに与える）を結ばせて、ロシアの干渉を引き出させる。李鴻章としては、「夷をもって夷を制する」を実行して、日本とロシアを戦わせ、日本に莫大な戦費負担をかけさせて、日清戦争の賠償金をアメリカの金融資本に対する莫大な借金に変えさせる。日本では李鴻章が外交で勝利したとは思っていないが、戦争に負けて外交で勝ったのは、清国、李鴻章である。

しかし、その李鴻章も日露戦争で日本が勝つとは予想はしなかったろう。しかし、日本が勝っても清国は困らない。ロシアの南下は止められるのだから。

戦争は損だ

伊藤博文が学んだのは、戦争は結局損だということである。戦争は戦争を呼ぶからだ。それを、身を以て体験した伊藤博文は、日露戦争へと突き進もうとする日本の平和を守ろうと、ロシアとの協商を模索する。日露戦争がなければ、日本による朝鮮の保護国化、日韓併合は起こらなかったであろう。伊藤による保護国化を韓国の人々は恨みに思うのは当然だが、日清戦争、日露戦争、どちらも、伊藤は反対だったのである。世界の列強、先進国の政治は、帝国主義と反植民地主義の間を行き来するようになっていた。伊藤博文は、英語の新聞を精読しており、政治、外交に役立つと思われる本は忙しい合間をぬって読書していた（英語版による、カブール伝も英語版を精読したおかげで、海軍予算の捻出ができたのである）。

先に見たフランス首相フェリーの帝国主義政策に対するに、野党の領袖クレマンソーの反植民地主義があり、イギリスでも、帝国主義のディズレイリに対し、穏健主義のグラッドストーンがあった。

伊藤は、常に世界の最先端の思潮に英語の読書によって、触れていた。伊藤の平和論は、終生変わらなかったのだ。

伊藤が日清戦争を止めることができたとすれば、混成旅団七千人、朝鮮に派遣されたのを清国側から共同撤兵の提案がなされた時である。この時、陸奥宗光外務大臣は、日清開戦まで決意していたわけではなかった。しかし、撤兵には反対した。つまり、戦争になれば陸軍は勝てるという見通しのある中で、これを利用して、外交でもって朝鮮半島における日本の優越を外交的に勝ち取る、あるいは、最低限、甲申政変より十年間、朝鮮半島を清国、その代表たる袁世凱に自由にやらせてきたのを日清均衡の状態に持って行くということである。しかし、いま、仁川に七千の兵力があって、開戦すれば勝てるとして、その後はどうなるか。

最後まで戦って北京も攻略できるとの見通しを立てていたのは、川上操六参謀次長とその部下たちだけであった。伊藤は、自身が明治天皇に献策して、建造中であった虎の子の一万トン級戦艦、二隻、富士と八島が日本に到着する日までは、海軍は必勝を期しがたいのだから、そんな危ない戦争はできない。それでは何のために巨費を投じて二隻の最新型戦艦を作ったのか？

外交家としての伊藤博文

『伊藤博文伝』は、「外交家としての伊藤博文」において、伊藤博文の平和主義について次のように述べている。甲申政変以後、日本の世論を作る新聞は、福澤諭吉の『時事新報』をはじめとして、自由党も甲申政変以後の政府の対清協調外交を、臆病として、「対外硬」の論陣を張って、政府を攻撃していた。伊藤博文は日清戦争も日露戦争も反対であった。

「清国討つべし」とまず叫んだものは、我が軍部であった。対外硬と国権主義に夢中になっていた国民は、直ちにその声に和した。そして、最後は博文が渋々ながら宣戦の詔勅を奏請した。（中略）彼は何時でも、戦争に反対した。少なくとも、何時でも、最後に賛成した。そのために、彼は当時の主戦論者たちから、腰抜け武士だと罵られた。

甲申政変に際して、薩摩の強硬派軍人から伊藤博文を殺して戦争をと言われたほど、伊藤が憎まれたことが、いまだに尾を引いている。そうして、薩摩の好戦的な軍人の系譜を引くのが、日清開戦の主導役である川上操六である。彼は、位階的には伊藤博文のはるかに下位にある軍人ながら、伊藤も天皇も望まなかった日清開戦に引きずり込んだ。日清戦争が大勝利に終わったというが、途中でやめる機会は、いくつもあった。日本軍はまず平壌の戦闘で清国軍を撃破。これで朝鮮半島の占領に成功する。ここで和議を結べていれば、戦費の負担は最小限で済んでいたであろうが、勢いに乗って日本軍は、鴨緑江を越え、満州の領域に入る。

川上操六の作戦では、北京攻略まで目標としていたが、しかし、北京を攻略するには、入り口の天津を陥落させねばならず、作戦は冬越しのものとなった。戦費は刻刻積み上がり、日本軍は病死者が一万人を数えることになった。第一軍の桂太郎師団は、清国軍の反撃を受けて苦しい状況に追い込まれる。

一方で、第二軍の旅順攻略では、日本軍が虐殺を行ったことが、アメリカの記者によって目撃され、アメリカの新聞には大々的にそれが報道されて、日本軍の行為は、野蛮国のそれであると非難された。

これは、当時アメリカ上院で審議されることになっていた、条約改正案の審議に影響を与えることとなった。

ドイツの態度豹変と伊藤博文

またドイツ駐在の青木周蔵公使からは、旅順の虐殺によって、それまで日本に好意的だったドイツ外相が態度を一変し、日本軍の行動を非難して、今後ドイツが日本に対し、厳しい態度をとるという内容の電文を送ってきていた。

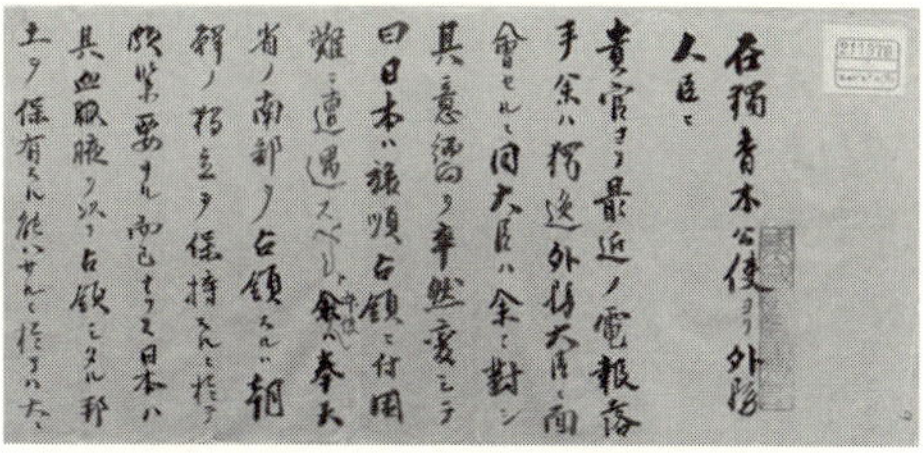

伊藤博文自筆による，駐独青木公使電文写し
（出所）国会図書館デジタルコレクション
https://dl.ndl.go.jp/pid/11031057/1/2

ロシアはもともと、日清開戦に至る時期に、日本が開戦しないよう警告する公式の通知を日本政府に伝えていた。当時、露仏同盟の関係から、フランスはロシアによる干渉に同調するものと見られていたが、ドイツは参加するとは考えられていなかった。

列国は難攻不落と思われた旅順要塞を日本が陥落させたことで、「日本が勝ちすぎる」ことに不快の念を持ったのだった。旅順虐殺は、いわゆる三国干渉の絶好の理由になったのである。ドイツ皇帝ヴィルヘルム二世は、かねてから「黄禍論」を唱えており、黄色人種の日本人が戦争で残虐性を発揮したとして、ロシアの干渉に参加したのだった。

伊藤博文自筆の、青木周蔵駐独公使の電文（外務大臣＝陸奥宗光宛）の写しが、今日残されている。伊藤博文にとって、よほど衝撃的な出来事であったことを物語ると私は考える。

青木公使の電文冒頭は、「独逸外務大臣ニ面会セルニ同大臣ハ余ニ対シ其意向ヲ卒然変シテ曰日本ハ旅順占領ニ付困難ニ遭遇スベシト」と読める。これに対し日本が遼東半島を占領するのは、朝鮮独立を確実にするためと青木公使は反論したが、相手にされなかった。つまり、日本のような野蛮国が、遼東半島を占領（ましてや保持）することは許されないということだ。

伊藤博文は、旅順虐殺の世界における報道が、三国干渉の大きな理由づけになったことをよく承知しており、後日の鑑とするために、この電報の自筆の写しを残したのであろう。

日本が勝つ、それも遼東半島を占領するに至るのは、列強も予想していなかった。日本が中国本土の地を、領土にするかもしれない、もしも、日本が北京攻略に成功して、「城下の盟」で、遼東半島を割譲させたら、列国も異議を唱えにくくなる。そこで、清仏戦争で、フランスが北京攻略まで言い出した時に、各国が和平策を持ち出したように、日本軍が遼東半島（花園口）に上陸したのが、明治二十七年十月末、以後、金州占領、十一月七日、旅順占領十一月二十二日と続く。旅順での住民虐殺は五千人、六千人ともいわれるが、少なく見積もっても、二千人であろう。（井上晴樹『旅順虐殺事件』筑摩書房、一九九五年）

人数よりも、伊藤首相や陸奥外相には、それがイギリスの主要紙『タイムズ』に大々的に報道されるなど、欧米諸国で、日本軍は野蛮だとの評判が立ったことが痛手である。いまだ弱小国の日本としては、条約改正にも大きく響くことになったのはもちろん、列強から和平仲介の申し出があった場合、断りにくくなったことも大きい。さらに講和条件の緩和を列強から勧告される可能性も大きくなった。

この旅順虐殺事件の国際報道は、日本政府にとっては大きな失点であった。日本では、この旅順虐殺は隠蔽されたから、三国干渉に国民はただただ憤激したのだったが。伊藤博文にとっては、もともとロシアの干渉が心配されていたとことであるから、旅順虐殺事件が日本に大きな国益の損害をもたらしたことを、伊藤はあとあとまで銘記していた。その三国干渉の屈辱に国民はロシアの横やりが憎いとして、ロシアとの戦争に「臥薪嘗胆」して突き進むのだが、伊藤博文は、平和主義を通して、日清開戦を防いでいたならば、このような三国干渉も起らなかっただろうとの思いが深かったと、私は推測する。伊藤博文は、青木公使の電文の自筆の写しを見るたびに日本外交の失敗を苦い肝を舐めるような苦しい気持ちで見ていたのではないか。

軍事の決定権は参謀本部に

伊藤博文は、できる限り少数の兵力をといったことを、七千もの大兵力を送った川上参謀次長を懲戒し、即撤兵させるべきであった。文民統制が確立している国家であれば、そうできただろう。しかし、戦時の用兵は参謀本部に最終権限があり、内閣総理大臣には、それを否定する権限がない。出兵の承諾を得てから、川上操六は勝手に兵力を増強して朝鮮に送った。しかし、手続き違反ではないという軍部の言い分を伊藤は抑えることができなかった。この件は、日露戦争後の明治四十（一九〇七）年、伊藤博文の主導によって、内閣総理大臣が全権を掌握する体制が作られるに及んで、明治憲法下での文民統制は、ひとまず完成したのだが、軍部の権限を完全に統制下に置くにはいたらなかった。しかし、伊藤博文は、日清戦争時の教訓を胸に、最後まで、文民統制の確立に努力していたことは確かである。

天津条約を結んだ伊藤博文、李鴻章とも、日清開戦を回避しようとしていた、しかし、陸奥宗光の謀略的な外交を容認したことから、ついに日清開戦に至ってしまった。北京の宮廷は、明らかに天津条約に違反する日本の大兵力の出兵、朝鮮半島からの清国軍の撤兵などの要求に皇帝が激怒し、戦争が不可避となってしまった。

日清開戦のカギ、大院君

日清戦争の宣戦布告の案文では、七月二十三日を戦争の開始日とするものがあった。また、清国並びに朝鮮国と、朝鮮を敵国に入れるものが、途中に挿入された（原田敬一『日清戦争』吉川弘文館、九六頁）。これは、七月二十三日、日本軍が王宮を制圧した際、朝鮮軍との戦闘があり、死傷者も出ているためである。戦争でなければ、単なる軍隊の不法侵入であり、国際法違反もいいところである。これによって、大院君を傀儡政権の首班として、その大院君の方針と称して、清国軍の朝鮮領からの撤退を要求させたのである。

このような状況はロシアもソウルに駐在公使を置いているのであるから、当然情報としては入っている。ロシアがこのまま開戦に至るなら座視してはいないとの干渉を行ってくるのは、日本軍派兵の動きが、国際法から見ても、きわめて問題が多いことを、認識しているからである。

六月六日、清国軍二千五百名が、牙山に到着する。日本軍は、六月十六日に仁川上陸、ソウル市内、龍山に入るのは、二十三日であった。居留民の保護という名目であるが、大鳥公使は、陸奥外相から強硬策で行けという訓令を受けるまでは、ソウルは平穏であるから、軍隊のソウル進出は止めるよう、陸奥外相に連絡してきていた。したがって、龍山への進軍は、列国の公使からは不法行為と見なされるのは当然である。この時点で、朝鮮政府は日本軍と戦わねばならないが、負けるに決まっているので、戦わなかったのである。日本軍としては、朝鮮政府が戦ってくれれば、そこで戦争になるので、仁川到着の大部隊を投入して、首都制圧ができるのだが、朝鮮政府の無抵抗戦術に困ってしまった。

ロシアの干渉

ロシアは、恐らく朝鮮政府（国王）からの内密の要請もあったであろう、あるいは清国経由であったかも知れないが、六月三十日、公文をもって、日清両国の朝鮮からの撤兵を日本政府に要求してきた。ここが、戦争回避の最後の機会であったが、陸奥宗光『蹇蹇録』では、伊藤博文にロシアからの日清両軍撤兵の要求が来たことを説明すると、伊藤はここまで来て、いまさらロシアの要求を飲むことができるかと言ったという。陸奥はその伊藤の断言に感銘を受けたことを書いているが、果たしてそうだったろうか？　しかし、大筋としては、参謀次長の独断専行に始まった戦争の危機であるけれども、ここにきて、ロシアの圧力に負けて、戦争を止めるのは、いかにも無念だという気持ちが伊藤の中にあったことは間違いないだろう。川上参謀次長のいま戦えば清国に必ず勝てるという論が、閣僚に相当な影響力を持っていて、伊藤も勝てる戦いだというところまではわかっていたのではないか。かなり不義の戦いという認識はあったが、勝てるという誘惑の声に、臆病者の汚名をすすぎたいという気持ちも働いたように思われる。

どちらにもせよ、ロシアからの干渉を断ることにしたところで、伊藤は戦争に同意したことになる。『伊藤博文伝』にいうように、伊藤は戦争に反対であったが、最後に戦争に同意したのである。

もしこの時、参謀次長を更迭して、開戦を止めたりしていたら、伊藤は暗殺されるか、国民の指弾を受けて、首相退陣を余儀なくされていただろう。その後も、政界で活躍することはできなかっただろう。日清戦争の戦勝の首相であったことが、以後の伊藤の政治生命を保証したのである。伊藤の日清戦争は、失敗（戦争回避）に始まり、成功（領土と償金獲得）に終わった。軍部と徹底的に対立するのではなく、協調しながら戦争を進めたからである。伊藤は、主義に殉ずるような理想主義者ではなかった。しかし、現実政治家伊藤博文が、強固な平和主義者であったこともまた、私は評価すべきと考える。

国民の狂喜

日清戦争、始まってしまってからは、伊藤は全力で戦争遂行にあたった。戦闘としては連戦連勝に近かったが、しかし、下関条約で、遼寧省広大な領土要求を押し通したのは、陸奥宗光の強硬方針を承認した伊藤にやはり責任がある。伊藤博文も、戦勝には、当事者としてはかなり乗せられていた。李鴻章は、ここで清国に過酷な講和条件を押し付けるなら、清国人に日本に対する嫌悪の念を植え付け、日清提携しての東洋平和が実現できなくなると熱心に説いたが、陸奥宗光は、講和条件の緩和のための見かけだけの言辞と見て、冷然とこれを無視した。伊藤は、陸奥宗光の判断に乗ったのである。しかし、その後百年の歴史を見れば、東アジア外交に精通した李鴻章の見通しは、当たっていたというべきだろう。伊藤博文に失望した李鴻章は、本来もっと危険な相手であったロシアの干渉を期待して、ひそかにロシアに接近する。日本が返還した旅順、大連を、ロシアが租借するに及んで、日本の世論は激高したが、それは、もともと李鴻章が日本を恨んで日本にしっぺ返しをするためのロシアへの餌であった。これでロシアが日本の恨みを一身に受けて、日露戦えば、「漁夫の利」を得るのは清国なのだ。

しかし、国民は戦勝に狂乱状態となっており、多大な戦果を挙げて見せなければ、国民は納得しない状況であった。李鴻章は、もともと日清親善論者の伊藤博文なら、話が通ずると思って下関にやってきたのだが、伊藤も対外硬の世論が求める過大な講和条件を押し通すしかなかった。

この時の世論の動向を、徳富蘇峰はその『公爵桂太郎伝』において、次のように要約している。

民間各派の中、対外硬派は、『東亜と台湾に於ける平和維持の担保として、少なくとも清国東北部（盛京＝遼寧省）枢要の疆土を割与せしむへし。軍資賠償は少なくとも少なくとも三億円以上たるへし、』と云ひ、改進革新両党の領袖は、『山東、江蘇、福健、広東の四省を領有すへし、』と云ひ、自由党は、『吉林、盛京、黒竜江の三省、及ひ台湾を譲与せしむへし、』と云へり。（徳富蘇峰『公爵桂太郎伝』乾巻、故桂公爵記念事業会、一九一七年、六八五頁）

遼東半島割譲

陸奥宗光外相も、このような世論の狂躁振りを、冷静に見ていたが、しかし、伊藤と陸奥は、割譲の地域を鴨緑江岸から遼東半島に至る広大な地域の割譲を清国に要求していた。日本では、いまだに遼東半島還付と言っているが、遼寧省の海岸地域すべてと言っていい領土要求だったのだ。これが、三国干渉を招いたのは、今日から見れば必然であり、ロシアの要求が不当であるとは私は思わない。勝海舟は、最初から日清提携論者であるから、戦争が起こってしまっても、講和条件はできる限り寛大であるべきと考えていた。領土要求など、もってのほかである。そうした勝から見れば、伊藤博文の下関における強硬な交渉態度は、陸奥宗光の強硬路線を結局容認したものであり、なってないのであり、新聞のインタビューに伊藤さんに気をつけるように言っておいたのにと伊藤の外交ミスだと言い立てた。

三国干渉はロシア憎しの感情を国民に植え付け、その憎悪の感情をばねにして、日本国民は国力増強に努め、十年後の日露戦争を迎える。しかし伊藤博文は、ロシアが干渉してくることは、ある意味で当然の行為であり、日本は旅順虐殺の前に多くの国際法違反、条約違反を犯している報いであるとわかっていたから、決してロシアを憎むとは考えなかった。戦争は結局損であり、憎悪は憎悪を生む。そのことは結局日本自身の国益を損なうと伊藤は改めて思い知らされた。したがって、日露戦争の回避に不人気を知りながら、努力するのである。

日清戦争がなければ、しかし、日本の強国化、列強の一員となることはなかったであろう。この時、日清が開戦していなければ、朝鮮はどうなっていただろうか？　戦争回避の機会は、幾度となくあったのであるから、このような「もし」を日清戦争に問うてみることも、必要なのではないだろうか？

日清戦争大反対の勝海舟

徳富蘇峰は、遼東割譲に反対したのは、西南戦争の勇将として知られた谷干城子爵だけだったと記している。しかし、この戦争そのものに反対であり、もちろん清国に対する領土要求など、やるべきではないとしていたのが、西郷隆盛との盟友関係から、薩摩の古株の軍人に影響力を持つ勝海舟である。

勝海舟は、長崎海軍伝習所時代が、クリミア戦争直後のことだった。ロシアは、ウラジオストックを含む沿海州を、戦わずして手に入れていた。それは、一八六〇年、英仏連合軍が、北京を陥れた第二次アヘン戦争において、英仏軍、清国軍、双方が戦いに疲れてヘトヘトになったところで、和平の仲介をなしたことによるのである。勝海舟は、このロシア外交のしたたかさを、海軍軍人、同時代人として見ていたから、ロシアが日清双方が戦いに疲れ果てたところで、干渉してくるだろうと読んでいたのだ。

だから、三国干渉で日本がペチャンコになった時、だから言わないことじゃないと新聞記者に自分はもとから日清戦争には反対だったと吹きまくった。これが新聞雑誌に載せられたものが『氷川清話』に収められて、今日に至っている。

勝海舟の先見の明を示すのが、日清戦争の宣戦布告を聞いて、作ったという次の漢詩である。女学雑誌社から出された『海舟余波』（一八九九年四月）では、日清戦争の字が伏せられている。日清戦争から五年も経っているのに、この語が伏せられているのは、当時の政府にとっても、日清開戦が不義、国際法違反であったということは、どうしても隠しておきたい話だったのだ。勝海舟は、それを「無名の師」、大義名分のない戦という形で言い表している。


日清戦争の勅の出た頃は、丁度、日光に参つて居た。途中で、聞いてビックリした。宮内省で伊藤にも言ふたのだ。其時作った詩が之だ。

隣国交兵日。其軍更無名。可憐鶏林肉。割以与魯英。

「隣国兵を交ふるの日。その軍さらに名無し。憐れむべし鶏林の肉。割きて以て魯英に与う」。

（『海舟語録』講談社学術文庫、三四—三五頁）


日清開戦の詔勅が出た時、この漢詩を作っていたとすれば、まことに見事な先見の明と言わねばならない。

魯英の魯は、もちろん、ロシア。つまり大山巌陸軍大臣の訓令にあるように、日清争えば、ロシアとイギリスが漁夫の利を占めるととっさに判断したのだ。というより、前々から心配していたからこそ、とっさにこの言が出たというべきだろう。事実、三国干渉後、三年して日本が清国に還付した旅順、大連（遼東半島）は、ロシアの租借地となり、日本軍が海陸から攻めて陥落させた威海衛は、イギリスの海軍基地となった。遼東半島を還付した時、これに反対する人々は、日本軍が血を流して取った地を返すとは憤ったのだが、では、イギリスに威海衛を渡したのは何なのか。清国の領土をイギリスにくれてやるとは何事であるかという声は、日本のどこから上がったか。勝海舟の予言は見事に的中したのだ。

伊藤に宮内省で言ったという勝海舟の主意は、伊藤にはよくわかっていたろう。露英のどちらにも漁夫の利を占めさせるな、戦争はいい加減にやめにして、寛大な条件で清国と講和しなさい、が勝の助言であったはず。勝海舟は、山県有朋が第一軍司令官として出征した時、さっと一戦して早く帰りなさいと言ってやったと言っている。

ヲレは山県の出る時にサウ言ってやった。『快く一戦して、いい加減にして、引上げて来なさい。決して長く戦ってはいけません』。（前掲『海舟語録』三五頁）

しかし、山県は、大本営の指令に背いて、強引な進軍を行い、北京攻略をひたすら目指した。山県有朋は、病気を患っていたが、明治天皇から、病気とのことで帰還せよとの命を受けて、事実上解任された。これは、もともと大山巌陸軍大臣の訓令であった、列強の干渉の動きに注意するようにという指令を山県が無視していると伊藤博文首相、明治天皇が判断したことによる。山県のひたすら北京攻略を目指す軍略が、列国を刺激することを恐れた明治天皇の召還命令であった。事実上の解任であり、山県にとっては生涯を通じての不名誉であった。以後、満州を軍事的に目指す動きに山県は力を尽くすことになる。この時の第一軍第三師団長が桂太郎であり、桂もまた、日露戦争時の首相として、満州で戦う日本軍の総帥となったのである。

はやる軍部、止め男、博文

しかし一旦始めた戦争が連戦連勝で進むといかにも当事者の首相として、「騎虎の勢い」を止めるのは難しかった。要衝旅順を陥落させたところで、少なくとも打ち止めにすべきだったのだが。旅順は、英語でPort Arthurと呼ばれており、一八六〇年代には、イギリス海軍の艦船は、この港に我が物顔で入港していた（上垣外憲一『勝海舟と幕末外交』中公新書）。もともと、イギリスはここを自国の自由にしたいと思っていた港なのである。ロシアは、ハルピンを根拠地に満州南下の動きを見せていたから、ここをイギリスが取るか、ロシアが取るか、日本がとるか、清国の北洋艦隊が消滅したとなると、この三国争奪の重要地点に旅順はなった。日本軍はそれなりの犠牲を多額の戦費を費やして、やっとの思いで取った旅順をロシアに取られて地団太を踏んで悔しがったが、海舟は日清戦争にたとえ勝っても、結果はロシア、イギリスを利するところなるだけと読んでいた。

宮内省で伊藤に話したのはこのことであるが、伊藤は結局軍部の暴走をとめることができなかったのである。日露戦争時、日本の国家予算はロシアの十分の一だったという見積もりがある（児島譲『日露戦争』）。短期決戦で勝負がつけば、この財政力の差が表に出ずに済むが、戦争が長期化すれば、軍事予算の欠乏が勝敗の決め手になる。日清戦争時、日本とロシアがもし戦ったとすれば、勝敗の帰趨は明らか過ぎた。北海道を占領されて、莫大な賠償金を取られる羽目になっただろう。

伊藤の和平工作

日本軍が旅順を陥落させたのが、明治二十七年十一月二十一日、翌二十二日から「残敵掃討作戦」、旅順にいた従軍記者クリールマンの日本軍による虐殺を報ずる記事が、ロンドンのタイムズ紙に乗ったのが十一月二十八日である。

ここで、後は北京まで一気に攻略と軍が沸く中で、伊藤博文は、十二月四日、大本営に対し、寒気の厳しい満州における作戦行動を控え、まだ勢力を残す威海衛の清国海軍を撃滅することを提案し、さらに台湾を占領することを提案した。実際、満州の厳しい寒さに凍傷を負う兵が続出し、冬季作戦は困難を極めることが予想されていた。伊藤博文は、無理な攻撃を行わず、兵力を温存することを求め、さらに仮に北京攻略が成功するとしても、清国は、民衆の蜂起が起って、「土崩瓦解」、無政府状態に陥るならば、列国が居留民保護を名目に、出兵することは確実であり、各国の干渉を招くことは必至であるとこれ以上の陸上での進軍の危険を説いた（春畝公追悼会編『伊藤博文伝』下、一三五頁）。

（北京攻略に成功したとしても）彼レ清国ハ満廷震駭暴民四方ニ起リ、土崩瓦解遂ニ無政府トナルベキハ、即チ中外ノ唱道スル（後略）

清国が無政府状態になって群衆が外国人居留地を襲うような状況になれば、十年前清仏戦争に際して、イギリス、日本が軍艦を上海に派遣したような事態が、起こりうるが、この場合、イギリスなどが大艦隊を派遣してくれれば、当然ながら居留民保護だけに終わらず、日本側の対応しだいでは、戦争状態も覚悟せねばならない。ロシアの東洋艦隊でも、日本艦隊を撃滅する力は、十分以上に持っている。
イギリスは三国干渉に結局参加しなかったが、この時点で、干渉に参加の可能性は十分にあったのである。かつて、清仏戦争に際しても、日本がフランスと同盟して、参戦することに最も拒否反応を示したのは、清国に最大の利権を有する英国だった。今回は、ロシアが最も得をすると見てイギリスは干渉を控えて、日本に恩を売ったが、あとで威海衛を譲り受けるという形で、ちゃっかりと利益を受け取っている。伊藤は、列国が清国には様々な利害関係があることをもって、共同干渉に動く可能性を大本営に対して（すなわち天皇に対して）説く。
首都北京を攻略するとなれば、清仏戦争に際して、フランスが北京攻略の意図を露わにした時、伊藤博文は、各国が和平の仲介に動いたことをよく覚えていたのである。しかも、いまは旅順虐殺が世界に報道されたという失点まである。清仏戦争時のフランスの国力と日清戦争時の日本の国力を比べれば、日本が劣ること疑いないであろう。列国が干渉に動いたらひとたまりもないのだ。

我国ノ今日ニ至ルマテ百方列国ノ干渉ヲ避クルコトヲ努メタルニ拘ハラズ列国ハ各々其商民ヲ保護スルノ上ニ於テ、利害ノ関要最モ痛切ナルヨリ、勢ヒ合同干渉ノ策を施ササルノ勢ニ至ラシムヘキハ必然タリ。

列国の「合同干渉の策」を伊藤は、一八九四年十二月の段階で、伊藤博文は、すでに予想していた。ともかく早期にもう一つの勝利を得て、日清両国の単独講和を急ぐことにする。それが威海衛攻略戦滅した。

だった。威海衛は、水師提督丁如昌の自決、降伏書の提出をもって陥落、明治二十八年（一八九五）三月十七日、降伏書の調印が行われ、威容を誇った、十年間、日本を圧迫し続けてきた北洋艦隊は壊

李鴻章の秘密外交

ここから、講和条約への動きは一気に進み、李鴻章と伊藤博文の交渉の結果、伊藤博文は、遼東半島割譲を含む要求をほとんど取り下げず、ついに一八九五年四月十七日、調印される。李鴻章は、話し合いのできる相手だと思っていた伊藤の強硬な態度に、失望し、恨みの念を抱いて、日本を離れる。その後、李鴻章は、ロシアに適当な代償を与えることで、ロシアが条約内容に干渉するよう秘密外交を行うのである。

何とか戦争中の列国干渉を回避したと伊藤博文は一安心するが、しかし、その安心は、駐独青木周蔵公使からの電文で一変する。条約調印の三日後、四月二十日発の電報で、青木公使は、ドイツ外相が俄かに態度を変じて、日本は旅順のことにより困難に逢うべしと条約の内容を非難したことを伝えてきた。旅順虐殺は、ドイツに干渉参加のいい口実を与えたのである。

遼東半島還付を受け入れざるをえなかったが、しかし、国民のロシアへの怨念をバネに、軍部は来るべき日露戦争の準備に没頭する。一方、伊藤博文は、軍部の暴走が結局、三国干渉を招いたことを「失敗」と捉えていた。つまり、日本は勝ちすぎたことで列国の嫉視を招き、ロシア、ドイツ、イギリスに「漁夫の利」を得さしめた。結局、日清戦争は莫大な賠償金を得たにも関わらず、伊藤にとっては失敗の戦争だった。始め方が、きわめて謀略的であったことが、列強の心証を悪くしたことも、大いに結果に響いたことを伊藤は痛感していた。

したがって、伊藤博文は、日露開戦必至となった時に、アメリカの「同情」を得ることが肝要と考え、講和の仲介をしてくれるだろう、アメリカの世論への工作を最初から意図して、アメリカ大統領、セオドア・ルーズベルトのハーバードでの同窓生、金子堅太郎をあらかじめアメリカに派遣して、アメリカの「同情」を得ることをもくろむのである。ロシア、フランス、ドイツが干渉してきた時、ロシアへの対抗上、日本を助けてくれそうなイギリスの「同情」を買うことすらできなかった。旅順虐殺の報が、タイムズ紙上に載ったことも大きかった。

日清戦争がなければ、日露戦争はなかっただろう。日露戦争がなければ、韓国の保護国化はなかったであろう。その保護国化の立役者になった伊藤博文を韓国国民が恨むのは当然であるけれども、伊藤博文の平和主義も、よく知ったうえで、伊藤の韓国での行為を批判すべきであると私は思う。

しかし、伊藤は首相として日清戦争、戦争に勝利した軍部を完全に内閣のコントロール下に置くことができなかった。この文民統制は、西園寺公望、原敬ら、伊藤が創設した政友会系の総理大臣に受け継がれていく。それが、「大正の平和」をもたらしたと私は考える。伊藤博文の平和主義は、実は明治政治外交の、最も優れた側面と言わねばならない。

4　閔妃殺害事件とその余波

その平和主義者、隣国との友好を旨とする、伊藤博文を首相に戴く、日本が、何故閔妃殺害事件を引き起こしたのか。結局それは、三国干渉のロシアを恨む日本国民の怨念、に尽きる。が、それを述べる前に、日清戦争の戦闘が続いている間の朝鮮情勢を説明しなければならない。

日本は、朝鮮を日清戦争時、特に首都ソウルを軍事占領下に置く。そうして、日本の望む朝鮮の改革、開化派路線を実現させるために、大院君の担ぎ出しを図る。日本軍の軍事力のもと、大院君の政策と称して閔氏の一党を政権から追い、さらに開化派の系譜に連なる政治家を登用し、清国との間の条約、中朝商民水陸章程などを破棄させ、大院君の意として牙山の清兵を駆逐することを日本に求めた。この場合の大院君は、日本、日本軍部の傀儡に過ぎない。しかし、かねてからの大院君と閔妃の対立を日本が利用した形となった。

大院君と閔妃

実際には、大院君も日本の要求を唯々諾々と受け入れたのではなく、平壌の清国軍兵に密書を送り、これは日本軍に強要されたためであると清国に援助を求めていたのだった。のちに、この密書が平壌戦後に発見されて、日本側は大院君の面従腹背ぶりを思い知らされることとなる。ともあれ、大院君を利用しての、日本軍の「政略」は、以下『世外井上公伝』の記すとおりである。あくまでも、日本側に都合の良い記述であるが、真実を言い当てている。しかし、仁川に駐屯する日本軍には、「南下」つまり牙山の清国軍を攻撃することは控えるよう命令が出されていたから、七月二十三日にソウルに日本軍が進出して、わずか六日間でソウルの朝廷は親日政府に豹変したことになる。表面的にではあるが、しかし、名分を欠いた開戦に躊躇していた日本軍には「大院君の命」はまさしく錦の御旗となったのだった。

大院君の入闕により、韓廷の局面は一変した。大院君は閔族を黜けて、進歩主義者を以て新政府を組織し、我が提案の趣旨に従ひ鋭意国政の改革に志し、清国に対しては、（中略）諸条約廃棄を宣言し、我が公使に向かつては、在牙山の清兵掃攘を請うた。仍て我が兵は直ちに牙山に進み、一戦にして同地駐在の清兵を撃破した。時に七月二十九日であった。これより先豊島沖に於ては既に日清両国軍艦は火蓋を切り、我が軍艦は清艦広乙、済遠を走らし、又運送船英国汽船高陞を撃沈した。かくて八月一日に清国に対する宣戦の詔勅が渙発されるに至った。（『世外井上公伝』第四巻、三八八頁）

『世外井上公伝』のこの記述は、何故明治天皇、首相伊藤博文が望まなかった清国への宣戦布告を出すことになったか、を良く説明している。日本軍は、清国軍の攻撃する理由付けに困っていた。だからこそ、国際法違反の仁川からの日本軍ソウル進軍を、行わねばならなかったのである。それには、大院君の担ぎ出しがどうしても必要であった。新たな執権者となった大院君の要請を受けて、日本軍が出動したという形を作らねばならなかったのだ。

一応、形式的には筋は通ってはいるが、ソウルの各国公使には、その裏は筒抜けである。ロシア公使も、イギリス公使も、不快に事態の推移を見守ったと思われる。

ともあれ、大院君が一時、日本側提案の改革案に同意し、実行するかに見せたのは、ただ、国王、閔氏一族から権力奪還するためだけなのであって、あとは面従腹背、改革など一向に進むわけはないのだった。

井上馨の朝鮮公使就任

そこで伊藤博文は、もっと大物を朝鮮に派遣したいので、人選を頼むと井上馨に頼んだところ、井上馨が自分で行くと言い出したのだという。朝鮮の改革を開戦の口実にしたわけだけれども、少しでも改革の実を上げなくては、「国家の威信に関わる」と伊藤博文は、井上馨宛の手紙に書いている（『世外井上公伝』第四巻、三九〇―三九一頁）。

文官としては、伊藤博文に並ぶ、維新の元勲である井上馨は、総理大臣にいつなってもおかしくない大物である。一八九四年九月、平壌の戦闘が日本軍の勝利に終わり、清国軍は鴨緑江のかなたの清国領内に引いた。

ところが、東学軍の抵抗はなかなか収まらず、それが安泰勲、安重根父子の朝鮮政府軍、日本軍に協力した東学軍討伐につながったことは既に書いた。

そうした状況の中、朝鮮政治体制が安定して朝鮮国内の治安が保たれることは、日本軍にとって、補給路の安全を確保することが肝要であり、『世外井上公伝』では、第一軍司令官の山県有朋が、朝鮮の安定を図れる大物政治家の朝鮮派遣を伊藤博文に進言し、その結果が井上馨の公使就任となったという。

井上馨は、最初は、大院君、閔妃双方の政治関与を抑え、金宏集を首班とする閣議が政務の中心となる、既に日本では実現している方式を実現させようとする。金宏集は穏健開化派と呼ばれ、十年前の甲申政変時には、クーデターには勿論参与せず、対日外交の責任者として竹添公使の責任を追及するなど、理をもって日本と交渉のできる優れた外交家であった。

そのあたりを日本側は見込んだが、金宏集も、大院君や閔妃を抑えるほどの力はとてもなく、井上饗が日本軍の占領状態を生かして、朝鮮政府に要求するのに答えるのに汲々とする状態と言ってよかった。しかし、それでも井上公使ソウル在勤時代に実施された数々の改革は、韓国で初めて実施された近代化路線と言え、遅まきながら韓国も近代化への歩みをたどり始めることになる。

韓国国民も日本の横暴を嫌いながらも、金九のように日清戦争の日本軍の「近代性」に目覚め、韓国の進むべき道は、「開化派」路線であると考える若者も出てきているのである。

ところがである、下関条約締結後、三国干渉が起こり、日本の威信はがた落ちになる。

閔氏一族の巻き返し

「安応七歴史」は、東学党の乱の討伐（一八九四年十二月）の時、戦利品が軍糧千余包と書いている。相当な量の兵糧であったことは間違いない。ところが、翌年の夏、つまり日清戦争の講和条約が結ばれた後の夏に二人の来客があり、安泰勲の所有となった、軍糧は、度支部（大蔵省）大臣の魚允中と前宣恵堂（米穀、布などを出納する中央官庁）の閔泳俊《ミン・ヨンチュン》二人の所有であるから返納するよう要求があった。安泰勲は、これは東学の陣中から奪取したものだと一笑に付して、この時には来客は反論できず、帰ってしまった。

ところが、それからしばらくたった後、ソウルから緊急の書信が来た。安泰勲の旧友、金宗漢からのものである。それは次のような驚くべき内容であった。

度支部大臣・魚允中と閔泳俊の両名が、失った穀包（米俵）について皇帝陛下（朝鮮は清国からの独立の宣言をし、高宗国王は、皇帝陛下を称することになった）に上奏した。その中で、安某（安泰勲）が国庫金を納めず、国の管理する米千包余を勝手に盗み食いしてしまった。そこで人を派して探らせたところ、この米で数千の兵を養い、まさに陰謀を企てようとしているから、兵を遣ってこれを鎮圧しなければ、国家の大患となるだろう。(「安応七歴史」『図録・評伝　安重根』二〇六頁)

安泰勲は急いで上京したが、裁判となり、二回裁判を行っても決着がつかなかった。

この安泰勲の旧友の金宗漢であるが、日清開戦時、大鳥公使が朝鮮内政の改革を要求した時に、協議のための委員会を作った時に、朝鮮側の委員となっていたのだった。度支部大臣、魚允中は、一八八四年七月二十七日の日本軍ソウル進軍によって成立した大院君政権で大蔵大臣として起用された。もともと、開化派であるが、金玉均、朴英孝などの急進派には加わらず、何とか生き延びて、日清戦争時、日本軍が朝鮮を占領状態においた期間、大蔵大臣、親日政府の重要人物となっていた。問題は、この国王執政下の閔泳俊である。閔氏の政治家は、大院君政府では追放された。その後、閔氏の力は、唯一、閔妃の国王に対する影響力に頼っている形であった。しかしここに、閔氏一族の棟梁、閔泳俊が、名前を出してきている。この安泰勲への兵糧横領の嫌疑は、魚允中の名前を先に出しているが、閔泳俊が主導となって持ち出した可能性が高い。

安泰勲への米穀返還要求は、魚允中と閔泳俊の両名の名前で出されている。魚允中は、閔妃殺害事件の後に成立した新内閣の人事の目玉、度支部大臣である。しかし、穏健開化派であった魚允中が、もともと金玉均の同志であり、東学軍の討伐では、親日派といえる行為をした安泰勲の行為を咎めていることが問題であり、いまだ内閣に復帰していない閔泳俊が、連名でこの要求に加わっているのが問題なのだ。閔妃殺害事件で、強化された内閣内の親日派の一人が、金宗漢である。安泰勲への容疑は、その盟友である金宗漢への攻撃ととれる。

日本軍将校が訓練する親日軍と言える新式韓国軍、「訓練隊」が解散されることに対して、日本軍と日本壮士が決行したクーデターが閔妃殺害事件の骨子である。日本は韓国において、親露派によって、ずるずると勢力後退が続いている。それに対して大院君を形式上の首領に仰いだ訓練隊、日本壮士たちが宮廷に乱入し閔妃を殺害したのが、閔妃殺害事件であり、親露派を一掃する宮廷クーデターであった。

参謀本部の謀略

閔妃殺害はしかし、相当によく練られた、大規模なクーデターであった。私は、このクーデターは、福島安正ソウル公使館付武官が朝鮮政府顧問、岡本柳之助とともにまとめた全体の計画を、参謀本部次長、川上操六に上申、実行の許可を得たものと考える。クーデターの起こった十月、福島安正は、書類上は編纂課に転じて、インド、ペルシアの視察に出発していることになっているが、これは最大の責任者、福島のアリバイ作りであり、福島は東京に潜んで、ソウルの動きを逐一把握していたと見るべきだ。

日本人壮士の統率は岡本柳之助が、また日本軍の統率は、福島安正の後任の楠瀬幸彦陸軍中佐（ソウル公使館付き武官）が、担当したというのが、私の描く図式である。

伊藤博文や外務大臣代理西園寺公望は、既に日清の講和はなっているのであるから、平時であり、日本政府は決して国際法違反である内政干渉にあたるクーデターなど行ってはならないという立場である。

日清戦争は終わっていない

これに対して川上操六は、威海衛の占領状態は続いているから、いまだ戦時であるとの立場だ。戦時における兵力の運用は、参謀本部の専権事項であるというので、ソウル現地の日本軍の出動するクーデターの計画を承認、参謀本部からの指令として行わせたと私は推定する。

当時、朝鮮はまだ日本軍の占領状態と言えた。最大の問題は日本軍が運用している軍用電信線である。九州（呼子、佐賀県）から釜山への海底電信線は、一八九三年、日清戦争開始の前年に開通していた。したがって、東京からソウルまでは、釜山―ソウルの軍用電信線を使えば、瞬時に訓令を伝えることができる。

東京の参謀本部からの指令は、公使館付武官がまず受け取る。これを、軍人公使で予備役の陸軍中将である三浦梧楼へという伝わり方である。これは一切機密電報であり、記録は破棄してかまわない。外務省の正式の訓令電報は、すべて残されなければならない。甲申政変時の外交文書について削除された電文があると私は指摘したが、川上操六は、これは謀略工作であると認識しており、記録はすべて残さない方法で、電信による指令を行ったと考えるべきである。

岡本柳之助、日本人壮士

岡本柳之助は、大院君を日清開戦時に引き出す役を引き受けており、今回もそうである。大院君を形式上担いで、宮廷クーデターを行うという形は、日清開戦時と同じであり、特に外部の日本人壮士との通謀は、彼の仕事と見るべきだ。壮士とこの時の日本の民間人の参加者を呼ぶが、例えば、陸軍の情報将校である柴五郎の兄である柴四朗などが参加している。彼は東海散士の筆名で『佳人の奇遇』で知られるベストセラー作家であり、国会議員にもなった名士である。

柴四朗などは、弟が川上操六の直接の部下、参謀本部の情報将校であることを考えれば、弟の縁で参加したと見るべきだ。この時、クーデターに参加した者の中には、外務省が作った日系新聞「漢城新報」の社員がまとまって参加している。「壮士」本人たちは、ほとんど国家事業に参加する気分であったろう。

三国干渉以後、いままでは、閔泳俊など閔氏一族の政治家にやらせていた、隠れた反日行動を閔妃はかなり表に出る形で始めた。当時は、国王は大君主陛下であり、閔妃は王妃陛下であった。陛下の称号を持つ国家元首は殺されない。これが国際慣行であるから、閔妃は、「至尊」の自分をまさか殺しまではすまいという油断もあったのではないか。また、親露の自分を殺せば、当然、日本はロシアとの戦争まで覚悟しなければならない、そこまではするまいと閔妃は読んでいたはず。

そのとおりで、伊藤博文首相がこの時期にそんなことを企むはずはない。ところが、日清開戦時、開戦を主導した川上操六参謀本部次長は、そうではない。自分の手柄であった遼東半島占領をロシアにふいにされて、川上は対ロシア作戦の立案に全力をあげていた。

今や、釜山―ソウル―義州の軍用電信線をはじめ、日清戦争時に作り上げた朝鮮の戦争協力体制は、すべて撤収の危機にさらされている。もしも、ロシアと満州で戦うとすれば、こうした朝鮮半島の占領体制を維持していなければならない。ここで日本軍が朝鮮から全面撤退すれば、すべては振り出しに戻ってしまう。場合によっては、朝鮮政府軍や、蜂起した民衆（日清戦争の時は、東学党）と、もう一遍戦わねばならない、ロシアと戦う前にだ。そのうえ、一八八四年、十一年前の甲申政変の時、殺された磯林陸軍大尉は情報将校であり、川上操六、子飼いの部下であった。その報復の意味もある。

閔妃暗殺は、川上操六の指令により、かねてから打ち合わせてあった、大院君と閔妃《ミンピ》の対立を利用した日本参謀本部の謀略である。日清開戦の際には、川上操六は謀略の実行指揮官、福島安正中佐（ソウル公使館付武官）を伴って明治天皇に会見している。天皇の勅命によって始めた戦争はまだ続いており、用兵については、参謀本部が一任されているとして、独断専行で指令したと私は見る。

謀略工作を示す電報

謀略工作であるから、記録はほとんど残されていないが、伊藤博文編『秘書類纂　朝鮮交渉資料』にその断片が残されている。それは、ソウル公使館付武官、楠瀬中佐から参謀本部川上次長にあてた電文だ。閔妃暗殺事件は、ここでは「朝鮮事変」と題されているが、その冒頭に載せられているのが、朝鮮政府における日本派を排斥する動きについてであり、事件が八日であるので、その六日前の十月二日、京城　楠瀬中佐発、大本営川上中将宛である。

『秘書類纂』は、伊藤博文編となっており、伊藤博文が発案して、伊藤に近い文官が、機密書類の類を後世に残すために、編纂したと考えてよい。その伊藤博文編による、閔妃殺害事件＝朝鮮事変の最初の電信文が、ソウルの楠瀬中佐発、「大本営」川上中将宛であることは、要するに「事変」が、川上＝楠瀬のライン、つまり、首相も外相も手出しできない作戦遂行として、実行されたことを示している。電文を掲げる。

（明治二十八年十月二日午前九時二十八分京城発）

旧来王宮政事ニ復スルノ目的ヲ以テ、宮内協弁、警務使等主導トナリ、日本派ノモノヲ排斥スルノ策ヲ施セリ。依テ安駉寿、金嘉鎮等ハ昨日辞表ヲ出セリ。宮内協弁李範晋ハ旧来魯西亜ニ依リテ国

ヲ立ツルノ大賛成者ト聞ク
（『秘書類纂　朝鮮交渉資料』下巻、七〇三頁）

李範晋は、この後も親露、反日の政治家として活動を続ける。親日派中心の朝鮮内閣にあって、恐らく国王の志向する勢力均衡のためのロシア派として内閣に入ったと見られる。王妃殺害事件の三カ月後発生する国王のロシア公使館避難（露館播遷）において主導的な役割を果たし、一九〇〇年、駐ロシア公使となる。

この楠瀬中佐の電報を受けた川上中将（次長）が、ソウルでのクーデターに断を下したととれるように、『秘書類纂』の電文が最初に配されている。当然、川上操六から楠瀬幸彦中佐宛、クーデター決行の指令電報があったはずだが、それは『秘書類纂』には載せられていない。あったものが破棄されたと見るべきだ。

閔妃
（出所）TopFoto/アフロ

このあたり、東京とソウルの通信は、軍用電信線が用いられていたことを考えれば、川上操六の王妃殺害事件主導者を示す電報の記録は、すぐ破棄されたか、秘書類纂編集時にも秘匿すべき事項とされて取り入れられなかったかのどちらかである。

王妃殺害

さて、川上操六が命令者、実行計画は、岡本柳之助と福島安正、実際のクーデターは、日本壮士、朝鮮訓練隊の一部によって決行され、公使館付き日本軍はそれを監視していた。そうして、日本人壮士によって王妃は無残に殺害される。

ともかく、王宮を訓練隊、日本軍が守護するなかで、大院君を形式上の首班、首相金宏集、外務、金允植は変わらないが、李範晋など親露派が排除され、度支部大臣に魚允中が入る、より親日的な内閣が成立する。

閔妃殺害は、大院君の指令と見せかけるのが福島や川上の謀略工作の目玉だ。大院君は、命令を出していてもいなくても、閔妃が殺害されたクーデターに自分が御輿に乗って参加したのである。形式上の閔妃殺害の「錦の御旗」の役をさせられたのだ。

さて、大院君を担ぎ出し、穏健開化派だった魚允中を度支部大臣にする、新しい親日内閣を作るまではクーデターは成功だった。

ところが、クーデターは、まだ暗いうちに決行するはずが、大院君がなかなか御輿をあげず、閔妃が日本人壮士によって殺害されたのは夜明け近くだった。計画成功に意気揚々と血刀を下げて帰る日本人壮士たちが、外国人に目撃されてしまった。王宮守備隊のアメリカ人指揮官ダイとロシア人技師のサバチンである。

朝鮮の民衆、朝鮮の宮廷政治家に対しては、大院君の錦の御輿は意味はあるが、日本軍正規部隊が加わってのクーデターは内政干渉そのもので、国際法違反もいいところである。

三浦梧楼公使に対しては、各国公使から厳重な抗議が来る。

三浦公使は、親露派を排除した親日新政権が成立して、「これで韓国は日本のものになった」と得意顔だったが、このクーデターの報、特に王妃殺害という重大事態に、また各国からの抗議に、日本政府の伊藤博文、西園寺公望外相代理は、小村寿太郎を中心とする調査団を派遣する。

三浦公使、楠瀬中佐ら逮捕

明らかに、三浦公使同意のもとに、公使館員、日本軍の参加したクーデターであり、これによって、三浦公使は解任、小村が後任となる。三浦前公使以下、楠瀬中佐、馬屋原少佐といった、現役武官、杉村濬書記官、堀口九万一書記官ら、現役外交官も、韓国退去を命ぜられ、帰国したところを逮捕、広島の監獄に投ぜられることになる。

かなり厳しい尋問が行われるが、楠瀬、馬屋原ら、現役将校が、国際法違反を犯して、クーデターに参加したこととなれば、当然、その上司たる川上操六の責任を追及せねばならない。

しかし、日清開戦の時の謀略工作を不問に付して、戦争を遂行した伊藤博文内閣である。それでは、今回のクーデターを命じたことが明らかな川上操六を責任追及できるのか。川上操六は、日清戦争勝利の最大の立役者として、国民的英雄、軍部を代表する将軍である。

さすがの広島での厳しい尋問でも、川上操六の名前を表に出すことはできなかった。もちろん、楠瀬や馬屋原が川上の指令だと白状するわけはない。三浦梧楼中将、大物軍人を監獄に放り込んだだけでも、日本国内では大問題である。結局、川上操六の謀略を暴けば、日本政府の世界における信用は地に落ちる。あるいは、ロシアはそれを理由にして、日本に宣戦布告することも可能であろう。

伊藤博文も、この日清戦争で威信のあがった軍部を抑えることはできなかった。結局、彼らが王妃殺害事件に関わった証拠不十分ということで、三浦公使はじめ、楠瀬、馬屋原らも無罪放免だった。伊藤博文としては、彼らを監獄に投ずるまでは本気で裁くつもりはあったと思うが、閔妃殺害は、壮士たちが意気揚々として引き上げたように、日本国民の大部分にとっても、「快挙」であった。伊藤はこの「世論」を押さえられなかった。

日本軍部は、参謀本部は、既にロシアを次の戦争の相手と決めていた。川上操六はロシアとの戦争準備に全力を傾注していた。川上操六参謀本部次長、ひいては日本軍部から見れば、親露と見えた閔妃を殺すのは、来るべきロシアへの復讐戦の一環である。軍人公使、三浦梧楼が外交官としてあるまじき隣国の王妃殺害行為をよしとしたのは、これは戦争だ、殺人ではないということである。

この論理は、安重根が伊藤博文暗殺の後に主張した論理である。どちらも間違っていると私は思うが、殺人と戦争の取り違えの度合いは、三浦公使（予備役陸軍中将）、川上現役中将の方が深刻である。

義兵の蜂起と露館播遷

もちろん王妃殺害は、列国の厳しい抗議を招いたが、韓国民衆の日本憎悪を極度に悪化させた。一旦は、親日内閣が成立はしたが、十二月、この内閣が強行した断髪令の施行に反対する義兵の蜂起が大々的に起こった。日本においては、断髪は文明開化の象徴であるが、この時の朝鮮での断髪は、憎むべき日本の韓国への内政干渉の象徴であった。

義兵の将の代表は、清渓洞の高能善と同門で、高名な学者であった柳麟錫《ユ・インソク》であった。儒学の徒は、基本は文官であって、自らが戦うものではない。閔妃殺害をよくよくの憎むべき悪事とするのでなければ、柳麟錫のような人物が兵を起こすことはない。日清戦争下での日本軍の横暴に対する積もり積もった反発に、閔妃殺害はダメ押しをしたのだった。

東学党の反乱が、日本軍の武力によって鎮圧されて、わずかに一年、義兵の大蜂起が、朝鮮の社会を再び揺るがせた。しかし、日本軍と政府軍の武力に対抗できず、義兵は軍事的には失敗に終わる。

このような騒然とした状況下で、国王のロシア公使館への避難、いわゆる露館播遷が起こり、親日派内閣は、金宏集、魚允中が殺されて、崩壊する。朝鮮における日本の勢力は、一気に後退することになるのである。

親日派と見なされた安泰勳父子の運命も一挙に暗転する。

安重根が後にハルピンでの暗殺の理由に、伊藤博文が閔妃を殺したことを挙げているのは、伊藤が指令したわけではないから、殺害の下手人とは言えないが、しかし、日本政府の総責任者としての責任は免れないであろう。

ともあれ、この凶悪な殺害事件は、韓国国民の対日感情を極度に悪化させた。国王が、親露派の助けで、ロシア公使館に避難すると、対日暴動が勃発、親日内閣の首班、金宏集は避難を勧められたが、これに肯ぜず、群衆の殴打するに身を差し出すようにして、乱打撲殺され悲惨な最期を遂げた。この親日内閣の大蔵大臣であった魚允中、安泰勳に兵糧を差し出せとせまった穏健開化派の魚允中も避難の途中殺された。

閔妃殺害事件と安泰勳父子

安泰勳は兵糧問題の追及を行っていた魚允中が殺されて、一難去ったかと思えば、また一難。息を吹き返した閔泳駿などは、さらに兵糧横領に謀反の嫌疑までかけて、安泰勳の逮捕に乗り出してきた。中央政府で安泰勳を庇護してくれていた金宗漢も失脚。安泰勳はたまらずカトリック教会の保護を受けてなんとか逮捕を免れる事態となる。

「安応七歴史」は、次のように記す。

金宗漢氏は、政府に対し、安某は、賊（東学党）ではなく、自ら義兵を挙げて（東学党）を討ったのであり、かえって国家にとっては一大功臣である。その功績を表彰すべきであり、他の不当な説を信じてはならないと言った。それなのに魚允中はその言に耳を貸さなかった。しかしはからずも、魚氏が乱民に襲われ、その投石で無残な最期を遂げたので、彼の企ては挫折した。しかし、毒蛇はすでに退き、猛獣さらに進む。今度は閔泳俊が事を構えて害を加えようとした。閔氏は強大な勢力を持っていたので、ここで父は迫りくる危機に立ち向かう術に窮し、力尽きて致し方なく、フランス人の天主教会に逃げ込み、数カ月にわたってかくまってもらった。（『図録・評伝　安重根』二〇六―二〇七頁）

閔妃殺害事件で強化された内閣内の親日派の一人が金宗漢である。安泰勲への容疑はその盟友である親日派、金宗漢への攻撃ととれる。

5　安重根のカトリック入信

父、安泰勲はフランス人の経営する朝鮮カトリック教会の庇護を受け、カトリックに入信した。息子、安重根もカトリック信者となり、それは伊藤博文を暗殺して、旅順で死刑執行された時まで続いた。最後の告解を受けたのは、清渓洞を担当するウィレム神父であった。

「安応七歴史」によれば、露館播遷時に、一挙に身の危うくなった安泰勲は、数カ月カトリック教会にかくまってもらい、ようやく難を逃れたとのことである。

安重根の事績を調べたウェーベル神父の手記によれば、安泰勳はソウルで各国の宗派を調べたが、カトリックが最も良いとの結論になったという。理由は手記に記さないが、恐らくはカトリック教会が、儒教的な礼式をもって行う祖先の崇拝に寛容だったからであると考えられる。それから、フランスは朝鮮に関しては、甲申政変時、日本と連合しようとしていたことも、理由にあげてよいであろう。開化派の系譜に連なる安泰勳にとっては、安心できる国である。それに当面朝鮮でもっとも影響力のある外国となったロシアとフランスは同盟関係にある。したがって、フランス公使館が、朝鮮政府に対して要請をすれば、それは通りやすいだろう。

ともあれ、窮地にあった安泰勳をかくまえたのは、フランス系のカトリック教会だった。安泰勳は一八九七年一月に、カトリックの教理試験を受けて合格し、洗礼を受け、正式のカトリック信徒となった。まだ、十七歳と幼かった安重根も洗礼を受け、カトリック信者となった。清渓洞には立派なカトリック教会が立てられ、安泰勳の親族や清渓洞の農民は、多くがカトリック信者となった。一族の長の入信が決定的だったのである。

安重根もカトリックの布教に従事したという。「安応七歴史」には、カトリックの教義がかなり長く書かれていて、教義について基本をしっかりと理解していたことが知られる。「安応七歴史」のカトリック布教を記した部分を引用してみよう。文中にある洪神父というのは、ウィレム神父のことである。

私もまた入信し、フランス人宣教師の洪錫九（ウィレム）神父に洗礼を受け、洗礼名を多默（トーマ）といった。聖書の文章を購読何カ月も討論した。信仰心もようやく固まり、篤信疑うことなく天主キリストを崇め、既に数年を過ごした。そのとき、教会の規模を拡張するために、私は洪神父とともにあちこちを回り、人に勧めてキリストの教えを伝え、大衆に向かって語りかけた。（『図録・評伝　安重根』二〇八頁）

その大衆に向かって語り掛けたという説教の言葉が、訳文で六頁にわたって記されているが、旅順監獄の獄中で、参考書もなしに書かれたのだから、安重根はこの布教の雄弁な演説を、十年後にも、完全に暗記していたことがわかる。数年間と「歴史」ではいうが、そうであるとすれば、一八九六年から、一九〇〇年の間であることになる。一九〇〇年なら義和団事変の年にあたる。

義和団事変、福島安正　義和団事変は、朝鮮のカトリック勢力の弾圧をもたらした。一方、閔妃殺害事件で列強から指弾され朝鮮での勢力後退、国際社会での隠忍自重を余儀なくされていた、日本政府、日本軍部に、汚名返上のチャンスをもたらす。

これまで、朝鮮関係の謀略を、主導してきた、参謀本部での内勤を行ってきた福島安正は、表舞台に登場してくる。福島は、この事変に際しての列国の共同出兵の日本軍師団の司令官として、北京にまで進撃する。閔妃殺害事件（一八九五年）は、日本にとって外交的な大きな失点であったが、義和団事変の一九〇〇年は、東アジアにおける日本政府、日本軍部にとって、大きな転回点となった。朝鮮に対する日本の影響が復活するきっかけともなったのだ。

海州のカトリック教徒と官衙の争い

安泰勲、安重根父子にとっては、雌伏の時期であったと言えるが、カトリック教会の信徒として、安泰勲がこの間、政治的に全く動かなかったかというと、どうもそうではないようなのだ。

ウェーベル神父の手記によると、洗礼を受けて間もない安泰勲（洗礼名、安ペトロ）が、ウィレム神父を訪ねて海州に行かせて欲しいと言い出したのだ。安泰勲によれば、ウィレム神父の布教のやり方は遅すぎる、自分が行けば、数週間で海州全体を教化して見せるという。ウィレムはそれに反対だったが、安泰勲は海州に旅立ってしまった。ところが、安泰勲の家のものが、安泰勲が逮捕されてしまったと取り急ぎ、知らせに来て、神父に安泰勲の釈放を、海州の役所に掛け合ってくれないかという。

東学党を討伐した時、安泰勲がどのように働いたかは、「安応七歴史」には記さないが、ウェーベル神父の手記では、海州付近の反東学の部隊は、最も強力な勢力であったと記されている。

義和団の兵士

海州の牧使（官衙の長）の官衙は大きな苦境に陥っていた。王室の軍隊はほとんど尽き果て、皆が東学党の進撃を恐れていた。窮地に立たされた海州牧使は安ペトロに助けを求めた。

後に（一九〇九年）に伊藤博文を暗殺する、当時十四歳の安重根は父と共に海州牧使のもとに駆けつけた。「海州牧使はあらん限りの飲食を整え、彼らに存分の応対を振る舞った」（ロベルト・ウェーベル「安重根の故郷、清渓洞」『図録・評伝　安重根』二五四頁)。

安泰勲の名前は海州の一帯で、広く名前を知られるようになった。それが、ソウルの情勢が、親日派の凋落に立ち至ると、日清戦争中の海州での死者や収奪の責任がみな安泰勲に被せられることとなり、遂には官衙の追及を受けることとなった。ウェーベル神父の手記では、安泰勲は、自分の財産を投げうって、軍資金としたが「もちろん、お上から権力をゆだねられていたので、時には米を自分のところに集めさせたりもした」。

このウェーベル神父の手記の記述が、何故度支部大臣の魚允中と、閔泳俊が、自分の領地の米を、安泰勲に返せと要求したかを説明するものである。確かに東学軍から奪った兵糧もあっただろうが、同時に、海州官衙から兵糧挑発の権限を委任されて、付近の大地主から、米穀を調達したことはあった。これを付近の大地主たちが、不当に奪われたと中央政府に訴えたということ。そのほか、軍資金も海州官衙から提供されていたことが、神父の手記には出てくる。

軍糧米の問題

情勢の変化で、海州官衙は、安泰勲にこの軍資金を返せ、いや、それは正当に供給されたもので、返すいわれはないといった争いがあったのだ。海州に布教に行くというのは、隠れ蓑で、海州にいる安泰勲の東学討伐の際の同志に話をして、海州の牧使に圧力をかけようというのが、安泰勲の海州行きの真の理由だっただろう。

ウィレム神父は、このあたりの事情も承知しているので、海州行きを渋ったが、結局、海州の役所に掛け合いに行き、そうすると、すぐに安泰勲は釈放された。しかし、軍資金の返還要求に関しては、もっと事態は深刻なものになった。「この事件はその後、教会と官吏の間で絶えざる紛糾を引き起こすきっかけとなった。こうした紛糾は、一九一〇年の「韓国併合」まで続いた」(ウェーベル神父の手記)。

教会を隠れ蓑にして、地方の役所からのいろいろな収奪を逃れようとするカトリック信徒、それを種に、地方の役人たちは、邪教であるキリスト教が自分らの公権力の執行を妨げていると見て、様々な圧力を教会にかけてくる。教会としては、信徒を増やすためには、信徒をこうした役所の圧力から守ってやらねばならない。難しいところであるが、ウィレム神父は、結局、信徒中の有力者である安泰勲の庇護にまわった。「郡守はかつて東学の乱の時、安ペトロにゆだねた金を取り戻すことがそれまで以上にむずかしくなったということを悟ったのである」(ウェーベル神父の手記)。

実際、安泰勲の一族を守るためには、ウィレム神父は、ソウルに上京して、フランス公使館から、朝鮮政府に要請してもらい、地方の役人を抑えるまでしなければならなかった。確かにカトリック教徒になったことは、安泰勲に政治的利得をもたらしたのである。

ウェーベル神父の手記は、安重根は、ウィレム神父の持っているピストルに大変な関心を見せたと書いている。安重根の従兄である安ヤコブは、写真機の話を聞いて大変興味を持ち、ウィレム神父を訪ねて、機械を見せてもらったというのに。

カトリック布教の熱冷める

安重根が布教した時の大演説が「安応七歴史」に述べられているが、その最後は、次のようである。

願わくばわが大韓の同胞、兄弟、姉妹たちよ。猛醒勇進してこれまでの罪科を悔い改め、天主の子となり、現世を道徳の時代とし、ともに太平を享け、死後、天に昇って賞を受け、同じく無窮の永福を楽しむことをひたすら伏して希望するのみである。

これを見ると現世での社会的活動は、教会での信仰に限定し、幸福は死後、天に昇って、天国で享受しようということになる。フランス系カトリック教会の布教方針がそうだったのだ。一方で、カトリック教会の庇護を受けようとする信徒はカトリック教会の持つ、朝鮮中央政府への影響力を利用しようとする。信徒が社会悪に強い関心を持つのは、それに対して朝鮮政府、地方官吏が反発するのは、教会としては、不都合なことだったわけだ。

いずれにしても、安重根が邁進したこのような布教によって、信徒は増加し、数万人を数えるようになり、宣教師も八人ほどが黄海道に住むようになったと「安応七歴史」は記す。

先の安重根の布教の演説は、朝鮮カトリック教会のマニュアルに従ったものであろうが、「猛醒勇進」の語は、若くてやる気満々だった安重根の個性が現れているようである。

安重根はウィレム神父からフランス語を数カ月学んだが、韓国の信徒は無知蒙昧なので、フランスから人を呼んで、大学を作ろうではないかと考え始める。安重根はピストルに興味を持ったが、従兄は、写真機に興味を持った。西洋の新器物、新知識の窓口にカトリック教会がなっていたということだ。

このような自然科学をはじめとする西洋の学問に、信徒が無知なのは、布教の妨げになるばかりか、「いわんや国家の大勢を考えると、言葉のできないほど憂うるべきありさまだ」(『図録・評伝　安重根』)。

「安応七歴史」のこの後の部分で、ソウルから故郷に帰ろうとしたところ、馬に乗ったが、その馬丁が電信線の電柱を指さして、「外国人が電線を敷設したので空中に電気がなくなり、したがって雨が降らず、このような大日照りになったのだ」と言ったという。そんな馬鹿な話はない。ソウルに住んでいるのに、何故そんなに無知なのだと諭すと、馬丁は怒って、馬の鞭で安重根をひどくたたいたので、服がぼろぼろになってしまったという。この時、安重根は断髪しており、服は洋服で「日本人のようだ」と食堂のおかみに言われたりしている。つまり、西洋のものが韓国に入ってきたので、天候不順が起ったのだ。恐らく馬丁は、日本人を含む「西洋式＝開化」を素朴に憎んでいた。それで、安重根の着ている洋服に八つ当たりしたのだ。

西洋の科学技術の当時は最先端であった電信線をこのように憎むのでは、朝鮮の開化＝近代化はとても覚束ない。何とか、西洋近代の科学、思想を教える学校をつくらねばだめだ、これは、開化派であった父、安泰勲の考えであろう。

その実現を、安泰勲は「猛醒勇進」する若者安重根に託したのだろう。洪神父（ウィレム）は、この大学設立案に賛成し、ソウルに上って、朝鮮教会を統括するミューテル主教に話をした。

西洋修士会中の博学士を幾人か招聘し、大学を設立し、国内の英俊な子弟を教育すれば、数十年を出ぬうちに必ず多大の効果があるだろうということで洪神父と意見の一致を見た。（「安応七歴史」）

ところが、ミューテル主教は韓国人に学問があると信教上よくない、二度とこのような案を出すことのないようにとにべもない対応だった。フランスの歴史においては、開化＝啓蒙思想は、カトリック教会と対立の歴史がある。自然科学は、例えば、聖書の記述を否定するとして大問題になったダーウィンの『種の起源』が出版されたのは、一八五九年のことであり、自然科学を韓国人に教えましょうという提案に、保守的なミューテル主教が拒絶反応を示したのも、当然だったかもしれない。

しかし、そんな西洋の思想対立など頭にない安重根は、ミューテル主教のにべもない拒絶に怒ってしまった。主教は、朝鮮でカトリック信徒を増やすことだけ考えていて、朝鮮という国、民族の将来の発展には興味がないということだからだ。安重根は、せっかく始めていたフランス語の勉強を止めてしまい、「キリスト教の真理は信ずべきであるが、外国人の心情は信ずべからずと心に誓った」。

友人がどうしてフランス語を学ばないのかと問うたが、それに対して私は、日本語を学ぶ者は日本の奴隷となり日本の利益を代弁することとなり、英語を学ぶ者は英国の奴隷となる。私がフランスの奴隷となるのを免れない。だからこれをやめたのだ。

と友人に言い返したという。

金鉱でのトラブル

しかし、カトリック教徒であることをやめたわけではないので、そのことで、いろいろな問題に巻き込まれることになる。「安応七歴史」によると、このフランス語学習を放棄した記述のあとに、金鉱の監督をしているものが、天主教を誹謗したために、カトリック信徒が、いろいろ害をこうむった。そのために安重根が総代に選ばれて、交渉に行ったと書いている。これだけの記述で何が問題になったのか、よくわからないが、最大の金鉱である雲山金鉱がアメリカ人モールスの所有に帰したこと、また他の金鉱はドイツ、ロシアの利権に帰したことを考えると、いずれも、そうした金鉱には、多数の労働者の教誨のために宣教師が送りこまれたことが考えられる。しかし、別にカトリック教会が布教していけないということはないわけで、また、カトリック信者が、金鉱で働くということも、当然ありうることだ。

金鉱における布教の争い、あるいは、金鉱に働くカトリック信者の迫害などの事件があったと考えられる。どこの金鉱ということを安重根は書いていないが、平安北道の雲山金鉱であれば、フランスが付近を通る京義鉄道の利権を獲得していたことと絡めて考えるべきかもしれない。安重根のいた海州から距離的に一番近いのは、平安南道の殷山金鉱であって、ここは、イギリス人モルガンの所有になっていた。

こうした新しい鉱山の労働者は、伝統的な共同体から切り離されている訳で、経営者が外国人であることもあって、キリスト教を受け入れやすい状態にあったと考えられる。

黄海道では、ウィレム神父が布教を行うようになって、カトリック教徒が増加し、かつて東学党が、「貪官汚吏」収奪、横領をこととする中央から派遣された官吏を追及、反抗したような役割を果たすようになっていた。フランスという強国をバックにして、中央政府に圧力をかけられるという立場を利用して、収税に干渉し、司法権さえ行使するようになっていたという。（徐正敏『韓国カトリック史概論』かんよう出版、一〇二頁）

この金鉱の労働者にカトリック信者が多く、賃金問題などで監督と労働者のあいだにトラブルがあったのであろう。経営側の手先となった非カトリックの労働者が、反抗的なカトリック信者を殴打したとかの事件を想定してよいであろう。地方の官吏は、外国資本の鉱山会社の経営者を監督することもできなかった模様で、そこで、「司法権」をカトリック教会が行使することになったと見るべきだ。金鉱の朱という監督が、天主教を誹謗したというのは、信徒がカトリック教会の権威を笠に着て、民事の紛争に介入することを非難したということだろう。本来なら、地方の官衙の官吏が扱うべき話だが、末期状態の地方官衙がたとえ裁判に持ち込んだとしても、弱者を庇護するなど、ありにくい話だ。そこで教会の出番となるわけだ。

恐らく、賃上げなり、労働時間の短縮のたぐいの紛争、いわゆる労働争議であろうが、安重根が言葉によって理非曲直を正そうとすると、監督配下の者たちが四、五百人も不穏な様子で、はなはだ危険な状態となった。そこで安重根は、腰の短刀を抜いて、朱の手をとらえて、朱を叱咤した。

> 朱は大いに恐れ、配下の衆を叱って退け、私に危害を加えられないようにさせた。そこで私は、朱の右手をとって引っぱって門外にでると、十余里（日本の一里余、約四キロほど）の間同行させたのち、朱を放ち、この危機を脱して帰る事ができた。（『図録・評伝　安重根』一二四頁）

富くじの社長

これで事件が解決したかどうか、結果は書かれていないが、しかし、豪胆な若者であることは、世に示すことができたわけだ。この類の勇敢な行為で、安重根はそれなりの名声を得たもようで、「安応七歴史」では、これに引き続いて、「万人楔（とみくじ）」の「社長」に選ばれた事件が書いてある。それによると、この富くじの抽選をしたところ、毎回一個しかでない当たりくじが、五、六も出てしまった。そこで不正だ、詐欺だということになって群衆が騒ぎ出し、喊声があがり、石つぶてが雨のように投げられて、警備の巡検も逃げ散ってしまい、安重根が一人残された。「群衆は大声で社長を打ち殺せといい、一斉に杖で打ちかかり、石を投げつけ、きわめて危険な状況で命の瀬戸際に追い詰められたようだった」。

そこで安重根は、急いで行李の中から新式銃を取り出して、手に持ち、壇上に上がって、この出来事は決して私のせいではない、もしも、私の行いが正しくないというものがあれば、一人で前に出なさいというと、群衆は黙ってしまった。

そこに一人の偉丈夫が現れて、銃を持ち出すのはよくないと安重根をたしなめ、事情を安重根に尋ねたのちに、群衆に向かってこの人は、罪はないと大声で告げた。そこでおとなしくなった群衆に、安重根が富くじの抽選をやり直すことを提案したところ、それで群衆は収まったという。

しかし、ここで目立つのは、ものすごい大力の偉丈夫だったという、見知らぬ男である。安重根は、新式の銃を持ち出して群衆を威嚇している。あまり褒められたやり方ではないが、巡検が逃げ去った状態では、こうでもするしか収める方法はなかったろう。富くじの社長とは、カトリック教会とあまり関係があるようには思えない。外国勢力であるカトリック教会をかさに着た、私的な司法権の行使、いうなれば、やくざに近い、あるいは、場合によっては、暴力の行使も辞さない私設弁護士のような存在に安重根はなっていったのだ。

無頼漢？正義漢？

カトリックに入信する直前の部分の少年時代の回想は、いくら少年でもどうかと思われるものだ。つまり、酒を飲み、義侠の徒を気取って、仲間と馬を駆り、酒を飲み、さらに「ときには花柳の巷に遊んだ」。酒場の女たちに、子供のくせに説教をして、女たちが不満の色を見せると、殴りつけたという。ほとんど不良少年ではないか。もともと学問が好きでないところに、富裕な両班の息子にふさわしい出世の道がないどころか、父は、お尋ね者の境遇に落ち、教会の庇護でかろうじて逮捕を免れている状況である。酒色に溺れるのも仕方のないところかもしれない。しかし、酒場の女たち、自分よりもずっと弱い立場の商売女たちを殴るのは、さすがに、安重根の無頼性を表しているようだ。

酒場の女たちに、絶妙の色香のあなたが立派な男とちぎりを交わし、いつまでも若ければどんなに素晴らしいだろうか。しかるに、あなたたちは金をしこたま持っていると聞けば、すぐによだれを流すほど嬉しがり、恥をかえりみずに、今日は張さん、明日は李さんを夫とし、金で買われ、禽獣のような行いをしていると批判した。彼女たちがこれを聞いてうなずかず、憎しみの色や不機嫌の様を見せると、すぐに、あるいは恥ずかしめ、あるいは殴りつけた。そのため、朋友たちは私のことを電口（稲妻の意）と称した。（『図録・評伝　安重根』二〇七―二〇八頁）

十七、八歳時の彼が何より好きだったのは、狩猟と酒色にふけることだった。そうして、商売女を辱め、殴ること。お前たち下賤な女たちとは身分が違うという両班の差別意識丸出しではないか。後に独立運動家として名をなす金九は、常民の出身だった。だから庶民の心がわかるし、東学に入ったのも、常民という身分が大きい。父、安泰勲は、東学が敗北して逼塞を余儀なくされていた金九を清渓洞に迎え入れて保護し、学問をさせた。人材を見抜く目があり、旧式な身分差別に必ずしもとらわれてはいない。しかし、東学の乱においては、地主階級、両班階級として、東学討伐の側に回った。東学が、地主階級を敵視したのが原因とは言え、優れた人物とされた安泰勲ですら、旧来の階級意識を脱却できなかった。息子の安重根も、またしかりである。朝鮮王朝末期の社会の分裂状態、特に両班と農民階級の分裂、相互敵視は深刻だったのだ。

この後、カトリックに入信し、布教に励むことで、それなりの倫理観は身につけたようだが、安重根の無頼精神は、カトリック信徒として過ごした数年のうちにも生き続けていた。

李景周の事件

日清戦争時の井上馨が主導した、様々な近代主義的な施策は、それなりの進歩を朝鮮社会にもたらした。新しい裁判制度は、その近代化の象徴とも言える。しかし、旧来の官吏が裁判官となるのでは、その改革の効果も知れている。安重根は、カトリックの力を背景に司法の世界で人助けをしようとするが、なかなか事態は進展しない。安重根は自分が関わった訴訟沙汰を「歴史」に三つ記している。その一つ、軍人の韓元校《ハン・ウォンギョ》の話は、当時の官界の乱脈ぶりを如実に示すものである。被害者の名前は李景周《イ・ギョンジュ》で、医者である。

李氏（李景周）は本籍が平安道永柔郡の人で、医者を業とし、柳秀吉《ユ・スギル》（もとは賤民で身分上差別されていたが、実業家）の子女を娶り、同居すること三年、一女をもうけた。柳秀吉は、家舎・財産・奴婢など多数を李氏に分け与えた。ところが、海州府地方隊兵営の尉官・韓元校という者が、李氏が上京した隙に乗じてその妻を誘惑し、姦通して柳秀吉を脅迫し、その家財道具を奪い、そして平然と李氏の家に同居した。李氏はその知らせを聞き、ただちに京城から帰ってくると、韓は部下の兵

卒に命じて李氏を殴りつけ、李氏を追い払った。（『図録・評伝　安重根』二一七頁）

繰り返すが、李景周は医者である。朝鮮では、医者は貴族階級ではなく、技術者などが属する中人階級である。李景周の舅である柳秀吉は実業家で富豪であるが、賤民（原文は賤人）の出身であると安重根は記す。先に『梅泉野録』でみた、地方官吏が富豪から財産を強奪して、罪に問われない状況が、ここにもある。しかし、李景周は殴られて血だらけになったが、屈せず、上京して、陸軍法院に訴えた。裁判で争うこと七八回、韓元校は、官職は免職になったが、李景周の財産は戻らなかった。訴えた相手が、権門と通じる人物だったら、最初から官から相手にされなかったであろう。一八九四年の改革（甲午改革、韓国では、甲午更張と呼ぶ）以前は、官吏が裁判官であったからである。だから、陸軍士官である韓元校が免職になっただけでも、進歩の表れと言えるかも知れない。

しかし、人の妻と財産を奪って、返さずに済むところが進歩未だしである。安重根は、韓元校が、勢力家であるからだと書いている。こういう社会不正に直面して、義侠心に駆られて行動に出るのが安重根である。李景周は、カトリック信徒であり、その関係で「総代」に選ばれて、安重根は、李景周の財産取り戻しに尽力する。しかし、裁判では、李景周は敗訴して、三年の懲役に処せられる。韓元校は、李景周が自分の家に乱入して、韓の老母を殴ったとか、あらぬ言いがかりで訴えたのだった。

さらにひどいのは、李景周は一年で監獄から釈放されたが、韓元校は、金を払って人を雇い、李景周を人里離れた場所におびき出して刺殺させた。その犯人は逮捕され処刑されたが、韓元校は逃走して行方知らずであった。「李氏の怨みは永久に果たせなかった」。安重根は、さらに韓元校を追及しようとしたが、父親が重病であるという知らせが来て、ソウルから帰郷せざるを得なくなる。遂に韓元校の一件も、李景周の怨みを晴らすまではいかなかったのだ。

海西教案事件　このように、黄海道で勢力のあったカトリック教徒は、官憲の不当な司法、裁判に反抗して、それなりの成果を挙げていた。ところが、それを利用して、犯罪者がカトリック教徒と称して、罪を免れるという事態も頻々として起こるようになった。

「安応七歴史」は次のように記す。

当時、各地方の官吏は虐政をほしいままにし、住民の膏血を絞り、両者の関係は仇敵のようなものであった。ただし天主教徒たちはよこしまな命令には抵抗し、その討索を受け付けなかったため、官吏は外敵を見るように教会を憎悪していた。どうにもしようがない情勢であった。その頃、無頼漢どもが教会にかこつけた詐欺行為をしばしば行っていた。

以前から、官吏は、自分たちの権威に対して反抗するカトリック教会を敵視していたが、ついにこのような、無頼漢の教会利用をとらえて、カトリックの弾圧に乗り出した。韓国では海西教案事件と呼ばれる。年代的には、一九〇〇年から一九〇三年とされるが、その最初の年、一九〇〇年は、清国における義和団事変の年にあたる。

義和団は、キリスト教会とその信徒を攻撃対象としたものである。西洋列強の保護を受けるキリスト教会に対し、義和団は、反侵略の感情から、キリスト教会、中国人キリスト教徒を攻撃した。清国では、北京の列国公使館に対する攻撃に、日本をはじめとする各国の連合軍の北京進撃となったわけである。

朝鮮においては、民衆のキリスト教への反感を地方官吏が利用して、特に黄海道のカトリック教会を弾圧しようとしたのが海西教案事件であり、清国での義和団事変の動き、官民一体の反キリスト教会、反列強の動きに並行する現象と見ることができる。

朝鮮においては、もともと朱子学を国教として位置付けていたから、キリスト教の布教が禁ぜられていた。大院君のカトリック弾圧も、その原理によって、つまり国法によって、キリスト教徒弾圧を行ったのである。しかし、一八八六年に締結された韓仏修好条約において、「教誨」という文言が挿入され、これがキリスト教の布教を可能にすることになった。朝鮮政府側は、必ずしも条約において信教の自由を認めたとしていたわけではないが、フランス人宣教師たちは、母国の勢力、在ソウル公使館の庇護をあてにして、特に日清戦争以後、布教を拡大した。朝鮮政府の官吏は、基本的に朱子学の徒であるから、キリスト教を快く思わないのが当然である。しかし、背後のフランスの威勢を憚って、カトリック教徒が、司法権に介入することも、干渉を手控えていたのだが、ついに弾圧に踏み切ったのが「海西教案事件」であった。

カトリック教会の有力者であった安泰勲にも逮捕の手が伸び、清渓洞にも警吏が現れ、安泰勲は身を隠して逮捕を免れるという騒ぎとなった。

「安応七歴史」には、年代を記さないが、この「海西教案事件」が深刻化したのが一九〇〇年とすれば、安重根が、私設司法権を行使して、政府、地方官吏からにらまれたのが、閔妃殺害事件後の一八九六年から一八九九年までの間のことであり、李景周の事件が未解決のまま、故郷に帰ろうとした時、独立門の傍らで身の不運を慨嘆したと書いているので、恐らくこれは、独立教会の運動が盛り上がって潰えた一九九八年のことであろう。

独立協会

「独立」の精神を韓国国民に最も鼓吹したのが、元開化派の徐載弼《ソ・ジェーピル》である。金玉均が日本に派遣した陸軍留学生出身で、甲申政変後、日本に亡命、さらにアメリカに留学して、医師の資格を取り、日清戦争後、開化派が息を吹き返した時期に故国に戻った人物だ（上垣外憲一『日本留学と革命運動』東京大学出版会、一九八二年）。

国王のロシア公使館避難（露館播遷、一八九六年二月）で、親日内閣が潰えた後、徐載弼は、純ハングル文による『独立新聞』を発刊、一時は一万部を超える部数を発行したという。また、独立協会を組織して、集会を開き、ロシアが馬山浦を租借しようとした一八九八年、ソウルで大衆を動員する大集会を開き、ロシア勢力はここで韓国から後退することになる。

独立門
（出所）Rtflakfizer

しかし、高宗皇帝は、この大衆動員をする独立協会を結局弾圧することに踏み切り、独立協会は解散、徐載弼はアメリカに戻って、事実上の亡命生活をすることになる。

開化派の系譜に属する開明的、進歩的な独立協会の活動に、安重根は心を寄せていたと見られるが、韓国のカトリック教会は、信徒が政治問題に深入りすることを厳しく禁じていた。安重根は、独立協会に参加したかったが、洪神父などから厳しく止められ、参加できないでいるうちに協会は終焉を迎えてしまった。韓国を民主的な体制に改造するという、独立協会の理念に共感していた安重根が、独立協会の破綻、壊滅を心底嘆いていたことが、このソウルの西にある独立門の傍らに立っていた時のことを記す、「安応七歴史」の次の記述から読み取れる。李周会の裁判も失敗に終わって、父の病気の報にソウルを去る、その時は、厳冬であったという。独立協会が皇帝の勅令によって解散されたのが一八九八年十二月二十五日、その直後とすれば、一八九九年一月と見るべきか。

粉雪が空に舞い、寒風が吹きすさんでいた。独立門外を過ぎるとき、振り返ってみて、罪のない親友が獄に入れられ、この寒空に苦しんでいることを思えば、腹を引き裂かれるような気がした。いわんや、いつになったら極悪な政府を一挙に打破してこれを改革し、乱立逆賊たちを一掃し、立派な独立文明国を作り上げ、快く自由民権を得ることができるだろうかと、このような想いをいだすと、涙が沸き出し、本当に歩き出すことができかねたのであった。(『図録・評伝　安重根』二二二頁)

自由民権のような進歩思想を、安重根は『独立新聞』から学んでいたと見ていいであろう。不公正な裁判に直面して、現行政府の体制打破を思ったが、カトリック教会に属していた安重根は、「海西教案事件」による政府の弾圧を前に逼塞せざるを得なかった。この暗中模索状態に光を与えてくれたのは、韓国を侵略しようとしていたロシアと、日本が全面対決、戦争へと動いていった日英同盟(一九〇二年)以降の時期のことである。安重根は、日本軍、日本軍部の「敢闘精神」に惹きつけられていく。

第四章　日露戦争からロシア領内での義兵闘争

1　日露戦争への道と平和主義者伊藤博文

日本軍部の中でも、参謀本部の川上操六は、日清戦争直後から来るべきロシアとの戦争の準備に全力を傾注していた。しかし、圧倒的な国力の差（日露戦争開始時でロシアの国家予算規模はほぼ日本の十倍とする計算がある）を知る、伊藤博文や軍の長老である山県有朋などは、対露戦争にきわめて慎重であった。

一つの契機は、すでに述べた一八九八年である。ロシアの旅順租借に続いて、イギリスは、それまで日本が占領していた山東半島の威海衛を租借する。渤海湾をめぐって、英露の対立の図式が露わになる。そうして、列強の中国侵略（海軍基地の租借合戦）に反発する中国民衆の怒りは、義和団事変となって、一九〇〇年爆発する。

義和団事変での日本軍人の活躍

義和団の「暴徒」（列強から見て）は、北京でドイツ公使を殺害、それは、最初に膠州湾を占領して、特にドイツが恨まれていたことと、やはり関わる。しかし、義和団は、北京公使館区域を包囲、外交官の保護は清朝政府の責任であるが、清朝政府軍は、公使館地域の保全にほとんど力を入れなかった。ここに北京の五十五日と呼ばれる各国公使館の武官を中心とする防衛戦が始まる。日本公使館員も、書記官が殺害されるなど、被害をこうむることになり、否応なく防衛戦に突入する。

この防衛戦の指揮をとったのが、イギリス公使で、もと陸軍軍人のマクドナルドである。彼は、少数の日本兵と、志願で参加した日本人（後に中国学者として名をあげる服部卯之吉も、戦闘に参加した）たちの規律正しい戦いぶりに、マクドナルドは注目する。ことに公使館付き武官であった柴五郎は、かつて川上操六が中国専門家として、福州に送り込んだ情報将校であったが、孤立する北京から援軍の上陸した天津までの中国人密偵を使った機密連絡に功績を上げる。情報面を含んだ日本軍、日本人の能力の高さに感銘を受けたマクドナルド公使は、駐日本公使に転じて、イギリス本国政府首脳に、日本の同盟国としての価値について、建言をすることになる。また、イギリスは本国から遠く、南アフリカでのボーア戦争が深刻な戦況であることも手伝って、大軍を北京に派遣することができず、近隣の日本軍、一万五千が連合軍中最大の兵力となった。この時、日本軍の司令官となったのが、福島安正である。彼は、ドイツ語、フランス語、英語、ロシア語、さらに北京公使館付き武官として、中国語（北京語）も修得していた。この時の北京攻略戦で、彼は連合軍の事実上の司令官となったと言われる。兵力だけでなく、指揮官の能力が優れていることを見せつけたのである。

連合軍の兵士が、略奪に狂奔し、ロシア軍などは司令官自ら、略奪を行った中、軍紀が最も厳正であったのが、日本軍であった。

ロシアの満州占領

北京開城後、各国連合軍は、清国との講和条約の締結後、撤退する。北京進軍したロシア軍はそうであったが、義和団事変に際して、ロシア軍は国境を越えて満州に進軍し、奉天（現在の瀋陽）を制圧して、事実上、満州を占領状態においた。清国をはじめとして、列国の圧力によりロシアは清国との間の撤退の約束をする（満州還付条約、一九〇二年四月八日）が、守られなかった。満州の要である奉天からのロシア軍撤退は、一九〇三年四月八日とされていたが、奉天のロシア軍は、奉天市内から鉄道駅に向かうと見せて、奉天に逆戻りしてしまった。

日本陸軍は、情報将校を満州地域に派遣し、ロシア軍の動向を探っていたので、ロシアが奉天（吉林省）から撤退の意思のないことは、見破っていた（『石光真清の手記』）。

イギリスは最大の敵であるロシアを満州から駆逐するには、日本の力を借りるほかないとして、日英同盟の道を選ぶ。ドイツ、フランスは、ロシアと組んで自国の中国侵略を進めたい思惑があって、イギリスに同調しないのであるから、イギリスとして選択肢は日本しかなかったのである。ボーア戦争で苦戦したことが、大きな要因として働いている。

イギリス新聞の特派員として北京に駐在したモリソンは、日本公使館付き武官の柴五郎の冷静沈着な戦いぶりを大きく称賛して報道、Goro Shiba 柴五郎はこの時点で、世界で最も有名になった日本人となった。情報将校、柴五郎の働きぶりも、日英同盟には大きな力となったのだ（シリル・パール山田侑平、青木玲訳『北京のモリソン――激動の近代中国を駆け抜けたジャーナリスト』白水社、二〇一三年）。

日清戦争での旅順虐殺、ソウルでの日本軍主導による閔妃殺害事件と列国の顰蹙を買う失敗を繰り返した日本軍部は、義和団事変においては、スキャンダルを起こさないよう十分気を付けていた。略奪行為が皆無であったわけではないが、こうした醜聞も、最大の兵力を出したにしては、少なかった。こうして、日本陸軍の世界における（特にイギリスにおける）評価が一気に上がったのである。

一方、ロシアが満州占領にこだわったのには、一八九八年、独立協会の運動によって、絶影島租借が潰れたことも、関りがある。ロシアは、旅順を得て、ウラジオストックと旅順の間の海上航路の確保が急務だったが、朝鮮から追い出されたことで、逆に満州の確保に注力せざるを得なかったという側面もある。万一、日本海軍による対馬海峡や渤海湾の海上封鎖があったとすれば、満州北方のロシアの拠点、ハルピンから奉天―大連と続く「東清鉄道」が、唯一の連絡路となるわけで、そうなると（ロシア側からの勝手な都合、清国を無視した）奉天の占領が必要という計画となるわけだ。少なくとも、ハルピンから大連に至る鉄道路線の保安がロシアにとって絶対必要ということである。逆に、日本としては、黄海、渤海湾の制海権が絶対でないとすると、満州でもしもロシア軍と戦うとすると、釜山―ソウル―新義州の鉄道路線（及び電信線）の確保がどうしても必要ということになる。日露戦争前、韓国皇帝高宗は、韓国の中立案を模索していた。日露戦争が現実の脅威となって来たいま、韓国が戦争にまきこまれないためには、中立政策しかない。

日本軍の中立侵犯

ところで、韓国にいち早く中立宣言をされてしまうと、韓国領内に日本軍は入れなくなる。日本軍のための軍用輸送に、韓国領内の鉄道を利用することができなくなる。

必ずロシアと戦おうとしている、日本陸軍、参謀本部としては、韓国の中立は、はなはだ都合が悪いのである。日本にとっては、日本だけを防衛しようとするなら、韓国がしっかり中立を守って、ロシア軍に領内立ち入りを禁じてくれて、それができたら、日本にも都合の良い話である。でも、中国の嫌がる奉天、吉林省占領を、やめようとしないロシアが、韓国の中立宣言を気にして、韓国領内侵入を差し控えるだろうか？　とてもありそうにない話である。

ロシアと満州で戦うつもりがないのであれば、別に韓国領内の鉄道がどこの国の所有であっても、かまわない。商業的に利用するのであれば、料金さえ適正ならば、どこの国の鉄道会社の運営であってもかまわない。それが、戦争のことを考えると途端に事情が変わってくる。結局、日本が韓国を直接支配、植民地とする方向に突き進んだのは、この軍事面からする理由が、最も大きいと筆者は考える。

伊藤博文の日露協商交渉

そのような、参謀本部、対外強硬派の日露戦争必至の考え方に対して、ロシアと戦わない道を真剣に模索したのが、伊藤博文である。伊藤博文の平和主義は、まだ生きていた。日本の政局は、陸軍出身の桂太郎と伊藤博文の政策路線を継ぐ、西園寺公望が交互に首相を務めるいわゆる桂園時代に入っていたが、国家の命運を決めるような政策決定は、伊藤、山県など元老の参加する会議で決められていた。

ロシア満州占領から退こうとしないことが露わとなった一九〇一年、伊藤博文はアメリカ、イェール大学の名誉学位を受けるということでアメリカに渡るが、この時アメリカ大統領、セオドア・ルーズベルトとイェール大学で同席し、会談ももたれた。伊藤に名誉学位というのは、セオドア・ルーズベルトに、思惑があったと見るべきだ。一八九八年の米西戦争後、アメリカはフィリピンを直轄植民地として併合し、フィリピン独立軍との戦闘はこの時も継続していた。つまり、一八九五年に日本の領土となった台湾は、海峡一つ隔てて、アメリカと接することになったのである。

日本の参謀本部は、このフィリピン情勢にも注目し、参謀本部第一課課長の福島安正は、明石元二郎など、部下の情報将校をフィリピンに送ったりしていた。一八九九年の布引丸事件では、日本陸軍の中古の銃器が日本の民間人に払い下げの形で、フィリピン独立軍に送られるという計画で、当然ながら武器の出どころからして、参謀本部でこの計画を良しとしていなければ、武器の布引丸への積み込みなど、ありえないことで、計画に参謀本部の福島安正が承認を与えていたことは間違いない（木村毅『布引丸』春陽堂、一九四四年、一七六―二五九頁）。

そういうわけであるから、日露戦争に参謀本部は向かっているようだが、一方では、フィリピン情勢にも注目していたのだ。当然、日本軍部のこうした動きに、米西戦争で、義勇軍を率いて戦ったセオドア・ルーズベルトは、神経をとがらせていたのである。ロシアの満州占領と、フィリピン独立軍の圧殺、フィリピンの直轄植民地化と、どちらが悪いだろうか。私は、アメリカの分がだいぶ悪いように思う。この時期の日本政治家の内の平和主義者たる伊藤にイェール大学の名誉学位を与えるということの政治的意味を我々は考察すべきなのだ。セオドア・ルーズベルトはこの時期、ロシアの満州での行動をひどく非難しているが、それは、帝政ロシアの方が、自分（アメリカ）よりもっと悪い、日本は、ロシアとこそ、戦争すべきだという意味に他ならない。

ロシア海軍と戦える戦力を日本が持つなら、それをもってフィリピンを攻められたら、アメリカは相当に困るに違いない。伊藤博文がロシアに行って、ロシアとの平和を確立したら、軍備充実に励んできた日本軍は、ロシアの代わりにフィリピンの米軍を攻めるのではないか、これは自然な予測である。イェール大学の名誉博士号がなければ、伊藤はロシアに日本から直接行ったであろう。ロシア側から見れば、アメリカが日本をロシアと戦うようたきつければ、かねてから日本軍部が手を組もうと考えているイギリスに加えて、アメリカが、日本のバックアップをすることになる。これは、困った事態である。さあ、それで、ロシアにやって来た伊藤博文をロシア政府は大いにもてなした。日露協商もまとまりかねない雰囲気であった。伊藤の日露平和案は、いわゆる満韓交換であったと言われる。ロシアは朝鮮半島には軍事的に進出しない、日本はロシアの満州の占領状態に異議を唱えないということになる。

これで、当面の日本の安全が保障されるとして、一番困るのはイギリスである。イギリスの代わりにロシアと戦ってくれるはずだった日本が戦わないのでは、イギリスの中国での権益は、一挙に危機に瀕することになる。

韓国は失ってもいい

日露戦争前に、海軍大臣の山本権兵衛は、「韓国の如きは失うも可なり」と公然と発言していた（『明治軍事史』下巻）。「島帝国」である日本は海軍によって固有の領土を守ればいいとの考えである。既に山本権兵衛がマハンの『海上権力史論』（一八九〇年）などの研究のためにアメリカ、イギリスに派遣した佐藤鉄太郎は、「帝国国防論」を帰国後書き上げており、政府要人に配布されていた。マハンの海上権力史論は、要するに、通商の経路を確保することの重要さを説き、海軍力によって、通商経路の制海権を確保することを国防の目標としたものである。日本の場合は世界の海を制しているイギリスにインド以西の海の安全を守ってもらい、日本としては東アジアの海の安全を自国海軍で守ろうというものである。国防に金を掛けずに制海権を敵対勢力に押さえられたなら、経済封鎖を受けて、自国の経済が崩壊してしまう、これを防ぐことが国防の最大の目的である。

日本の軍事は、つねに陸主海従であったが、ここに初めて海主陸従の考え方が海軍から提出される。伊藤博文は、この佐藤鉄太郎、山本権兵衛の「帝国国防論」に深く共鳴していたことは、一九〇九年、公刊された「帝国国防論」をさらに深化、発展させた佐藤鉄太郎『帝国国防史論』に自筆の激賞する漢詩まで添えていることから知られる。『帝国国防史論』は、伊藤博文推薦書として出版されたのだ。

（『帝国国防史論』扉絵）

一巻兵書画国防
全編論尽極周詳
古今海戦無遺漏
辛苦研磨歳月長

一巻の兵書に、国防を画す
全編極めて詳細　論じ尽くす
古今の海戦を遺漏なく描く

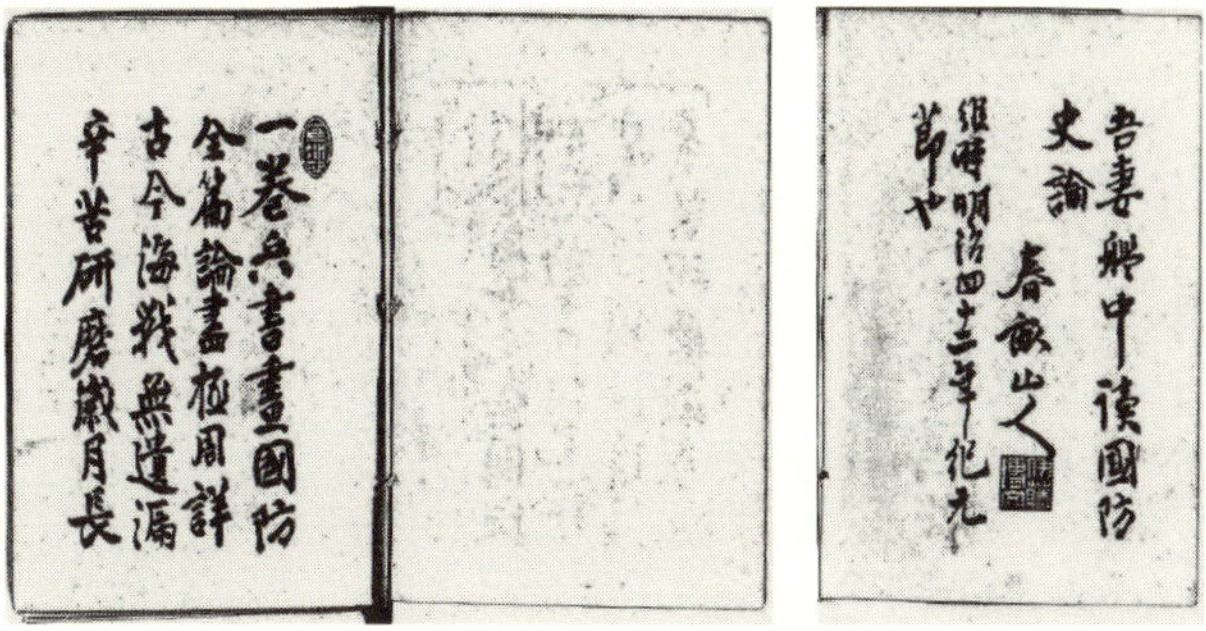

『帝国国防史論』扉絵の漢詩

なんと研鑽辛苦、歳月の長かったこと

伊藤は、それまでの「征韓論」から日清戦争の陸軍による大陸進出論を否定してきた訳ではない。しかし、近隣の大陸、半島に軍事力を背景に進出することには、列強との大きな摩擦を伴い、一つの戦争を終えても貧弱な日本財政で、さらに次の戦争（日露戦争）の準備をするという国民負担の限界も首相として身をもって認識していた。山本権兵衛の「韓国の如きはこれを失ふも可なり」という言葉に伊藤が同感しないはずはないのだ。それを理論的に見事に考究した『帝国国防史論』の激賞の序、漢詩が、伊藤の心中を雄弁に語っている。

とはいえ、それは将来実現されるべき理想であって、現実の韓国への方策としては、フランスがベトナムで、イギリスがエジプトで行ったような「保護国化」の推進で行くしかなかった。ロシアにはすでに「満韓交換」を提案してしまっていたからである。「帝国国防論」が、五年早く出ていたらどうだったろうか？

ともあれ、韓国が日本、ロシアの進出に対して歯止めを掛けてくれることを期待したアメリカが、セオドア・ルーズベルトによって「帝国主義」に転じたのは、韓国にとって痛手だった。ルーズベルトは米西戦争の大きな戦果であるフィリピンの植民地化（スペインから受け継ぐ）を守るために、日本が韓国を植民地化することを容認する戦略を選んだからである。

伊藤は、日本の貧弱な経済力では、陸軍、海軍双方に十分な予算を割くことができないことを痛感しており、陸軍の無理な開戦によって、財政が破綻することを最も恐れていた。ロシア帝国の十分の一の財政規模なのに、どうして長期化の予想される日露戦争を戦えるのか、この自明の理を無視して、日露戦争に突き進もうとする陸軍参謀本部の方針を伊藤博文は認めようとしなかった。マハンの『海上権力史論』は、この時期、世界で最も影響力を持ったベストセラーであるが、日本でも、いち早くそれは学ばれ、影響力を持ったのである。

佐藤鉄太郎「帝国国防論」が、海軍大臣山本権兵衛から明治天皇に提出されたのは、明治三十五年十月二十八日である。日英同盟が調印されたのは、この年の一月三十日であり、その九カ月後に、日本は大陸に手を出すなという国防理論は明治天皇にまで知られるようになったのである。日英同盟があれば、ロシアと戦えるというのは、参謀本部の考えであり、これに反対する形の戦略が提出されたのだ。ここに、日本は「島帝国」であり、イギリスがかつて大陸から手を引くことで国家としての発展を可能にしたように、大陸に手をださない戦略が、日本の進むべき道であるという理念が、提出されたのだった。この理論に従えば、日本は韓国から完全に手を引くという選択も可能なのである。

日露協商と日英同盟

ともあれ、ロシアとの和平路線を、伊藤博文は最後まで模索した。しかし、日本がロシアと結ぶことを警戒したイギリスが、日英同盟に積極的になった。日本は東アジアにおいて相当な兵力を動かせることを、義和団事変ですでに見せつけていた。これが、ロシア側に味方したら、東アジアにおけるイギリスとロシアの軍事バランスが逆転してしまうのだ。伊藤博文は本気でロシアと協商を結ぶつもりで、サンクトペテルブルクまで行き、ロシア外相ラムスドルフと会談を重ね、ロシア皇帝とも面会した。日露協商が成立するかも知れないと見たイギリスは、日英同盟に積極的になる。

その間の事情を、日露戦争直前の時期の駐ロシア公使の栗野慎一郎が語っているのは、私は真実を衝いていると思う。アメリカに出発する前、伊藤は、ロシアに行って何をするか、胸中を明かさないでいたが、玄洋社の杉山茂丸とは独特な付き合いがあり、杉山には、実は日露協商をロシアに行ったら模索するつもりだと明かす。杉山は、桂太郎、児玉源太郎にこれを注進。対露戦略の計画に大わらわの児玉源太郎は、日露協商ができたら、日露戦争ができなくなる。シベリア鉄道の複線化ができる前であれば、ロシア軍の輸送力不足で満州で互角に戦えるが、複線化ができたら、満州でのロシア陸軍の動員力が、日本のそれを上回ってしまうと伊藤が一時の平和を求めることで、日本はロシアに勝てる見込みがなくなってしまう。伊藤が戦争の機会を潰すと焦った。ロシアに行くのを阻止するために、自分は伊藤と刺し違えるとまで言ったと杉山は記す（杉山茂丸『山県元帥』）。

杉山茂丸

ともあれ、伊藤の「恐露病」は、日露戦争推進派にとっては、日露開戦にとっての最大の障壁であった。しかし、伊藤がロシアに行って、ロシア側も伊藤の提案に乗りそうになると、イギリス側が動いた。明治の外交官の中で、伊藤の平和主義に最も協力的であった人物である栗野慎一郎が語る日露外交の裏話は、小村寿太郎の対露強硬外交ばかりがいまだに称賛されることに、異議を唱えることを可能にするものだ。

　然しながら、此の時伊藤公が露国に行かなかったら、日英同盟は決して成立しては居らぬのである。若し日露協和でも成立して両国が極東に確固たる地歩を占めたなら、英国の東洋に於ける政策は根底から潰れてしまふ。英国が常に恐れたのは、この点にあった。であるから、日英同盟の湧き出した当時でも、英国は兎角に曖昧な言辞を弄して、逃げ回っていた。（中略）所が愈よ伊藤公が出発した。旅行の行き先がロシアだということが解ると、ガラリ態度を一変して、今度は反対に英国から促進的態度を執つて来た。（平塚篤篇『伊藤博文秘録』春秋社、一九二九年、三五一頁、栗野慎一郎談）

　これに喜んだ桂太郎首相は、伊藤がまだ欧州にいる間に取り急ぎ、日英同盟を締結する。ロシア側は、アフガニスタンなどでずっと争っていた最大の敵イギリスと日本が同盟を組んだということで、日露協商の破談をすぐに通告してくる。伊藤博文は、日英同盟の決着は、自分の日露協商の交渉が決着するまで待つように桂達に釘をさしてロシアに行ったのだが、自分のロシアとの交渉が、日英同盟を早めるとまでは予測していなかったろう。しかし、日英同盟成立で、ロシアは対日態度を硬化させる。ロシア宮廷内部でも、日本との提携を推進していた蔵相ウィッテが勢力を失い、主戦派が台頭する。伊藤のロシア訪問は、思わぬ方向で日露開戦を推進する形を作ってしまったのである。

外交面での明治天皇の伊藤博文対する信頼は厚く、日本の外交方針は、伊藤の同意なしでは決められない状態であった。伊藤博文は、だからこそ、ロシアからもイギリスからも重要視されたのである。イギリスの歴史家、イァン・ニッシュは、日英同盟に対する伊藤の影響を低く評価しているが、私は栗野慎一郎の談話が当時の外交の第一線を経験したものとして、真実を言い当てていると思う（君塚直隆「伊藤博文のロシア訪問と日英同盟」）。

ともかく、日本の政治家の中で、日露開戦にもっとも消極的であったのが伊藤であることは間違いない。日露戦争で、特に日本海軍がロシア海軍に完勝したことは、韓国の運命に大きな関りがある。それは、日本海軍が、アメリカが植民地にしたばかりのフィリピン近海の制海権を獲得することを意味したからである。

伊藤の望まなかった日露戦争が、韓国の保護国化を決定づけた。日露の和平がしばらく続いたなら、あのような強硬策を日本は韓国に対して取ることはあり得なかったのである。日清戦争、日露戦争、二つの戦争がなければ、日本による韓国の植民地化はなかった。その二つの戦争とも、伊藤博文は、望まなかった戦争なのだ。そうした経緯を知る列強の新聞は、伊藤が暗殺された時、伊藤を平和主義の政治家として称えた。

2　日露戦争と安重根の日本不信

それでは、結局、韓国の保護国化を決定づけた日露戦争に、安重根はどのように関わったか？

「安応七歴史」では、日本が日露戦争を始めた時の「大義名分」に、安重根が共感していたことを示す部分がある。それは、早くからロシア領に入って、反日の義兵闘争を行っていた李範允《イ・ボミュン》について、彼が日露戦争の時、ロシア側に味方して、義兵闘争を行ったことを批判する論をぶったと記している部分である。一九〇七年、伊藤博文韓国統監が高宗皇帝を廃位し、義兵闘争が盛り上がった時、安重根はウラジオストックに行き、日露戦争前に「北間島」管理使に任命されていた李範允に面会した。安重根は李範允に対し、日露開戦の時に、ロシア兵と力を合わせたことを次のように批判した。

閣下（李範允）は日露戦争のとき、ロシアを助けて日本と戦った。これは天に逆らうというべきだ。当時の日本は東洋の大義を掲げ、東洋平和の維持と大韓独立の堅持を世界に宣言し、ロシアを打ち破った。これは、いわゆる天に順うがゆえに幸いに大勝利を得たのだ。しかしいま、閣下が義兵を起こして日本を攻めるなら、これは天に順う振る舞いというべきだ。（『図録・評伝　安重根』二三〇頁）

安重根は、日露戦争では日本の味方だったということ。いまロシア、ウラジオストックに来て、日露戦争で、ロシアの味方をした人を、こんな形で批判して、李範允がいま反日義兵に立ち上がれば、私も一緒に戦いますといって蹶起を勧めても、李範允が快く安重根を仲間、同志として受け入れるとは思えないが、安重根、二十八歳、まだまだ政治的には青臭い、もののいいようだ。善は善、悪は悪、日露戦争の時の日本は善であり、いまの韓国統監伊藤博文のやる日本の政策は悪である。それはそうだが、いずれも百パーセントの悪でもなく、日露戦争も百パーセント日本の善ではないだろう。物事の割り切り方が単純すぎるのだ。伊藤博文が百パーセントの悪ならこれを殺すのもいいだろうが、政治家伊藤はそんなに単純な人物なのだろうか。

しかし、安重根の一九〇四年、日本がロシアに宣戦布告した時の日本は「正義」だったのだという言説は、一九〇〇年から一九〇四年までの安重根が、何をしていたかを推測するための鍵になる。

安応七歴史では、一八九九年、独立協会運動が鎮圧されて悲憤慷慨してから、日露戦争開戦までの、安重根が何をしていたかの記述がなく、日露戦争の講和がなってから、清国に行くまでが、つまり一九〇五年までの安重根の動静が何も書かれていない。

青少年の軍事訓練

この時期の安重根の動静を伝えるのが、朴殷植『安重根伝』である。朴殷植は、二十歳（一八九九年）の安重根について、青少年を集めて、軍事訓練にふけっていたと書いている。東学党の乱が収まった後、清渓洞に戻った安重根は、「財産をはたいて武器を購入し」軍人になれそうなあちこちの少年に分け与えては射撃練習をさせた。これによって、清渓洞には武芸に秀でたものが増えていったという。しかし、富くじの社長をやったり、私設弁護士となって、司法界で争ったりもしていたのだ。

それが、独立協会運動が崩壊、解散の憂き目を見た一八九九年の後は、村の少年の軍事訓練ではなく、黄海道、平安道、京畿道、広く三つの道をめぐって、青少年の軍事訓練を行ったという。

二〇歳を過ぎた頃から彼は黄海、平安、京畿の各道を回って壮健で意欲的な少年を選んでは団体を作り、軍事の研究に余念がなかった。（朴殷植「安重根伝」尚武主義の項、『図録・評伝　安重根』一三

八頁)

一九〇〇年、朝鮮半島最南端、安重根の祖父が県監を勤めた鎮海《チネ》を含む馬山浦の土地をロシアが海軍用地として買収しようとする事件が起こる。これは、日本側が素早く土地を買収して、ロシアは手を引く。この時点で日本海軍との戦争まで進むのは得策ではないとの判断からと見てよいが、ロシアが朝鮮南岸に海軍基地を求めるのは、いつまたあるかも知れない。日本にもっとも近い対馬海峡を抑えるこの鎮海は、日露戦争に際して、まず日本が軍港として確保せねばならない場所となった。大韓帝国は、日露戦争に際して中立を宣言していたが、韓国に中立宣言をされると、一番困るのが日本海軍だったのだ。

龍岩浦事件

安重根のボランティアの軍事訓練が、最も熱を帯びたのは、一九〇三年、龍岩浦事件の時であろう。日本側は、ロシアが約束した満州（奉天）からの撤兵期限の一九〇三年四月八日を過ぎても撤退しないことで、開戦に踏み切らざるを得ない状態になっていたが、しかし、伊藤博文などは、大同江付近を限界とする日露勢力圏による分割で妥協しようとする最後の努力を続けていた。

しかし、ロシアは既に大韓帝国政府から許可を得ていた鴨緑江流域の森林伐採権をたてに、鴨緑江の朝鮮側の龍岩浦に軍隊を入れ（一九〇三年五月）、さらに要塞の構築も始めた。韓国政府は、ロシア軍の退去を求め、ロシア公使に抗議するが、結局ロシアとの間に龍安浦租借条約を締結、ロシアの龍岩浦占拠を承認する。

これは、明らかな侵略であり、韓国皇帝は、期限付きで撤兵を要求し、容れられなければ、宣戦布告、自国の軍隊で戦うべきところである。この場合、高宗皇帝は、日本軍が代わりに戦ってくれることを期待しているとしかいいようがない。

自国の領土を守るのに自国の軍隊で戦わない政府の弱腰に、安重根は「義勇兵」の訓練に熱を入れたはず。日本軍がロシアと開戦すれば、義勇兵として日本軍とともに戦うつもりであったと見るべきだ。日本は、満州を侵略しているロシア軍を追い出すために、戦争を始めようとしている。しかも、韓国の領土に侵入占拠したロシア軍の撤退を求めている。これと連合して戦い、韓国の領土を守ることが正義である。

日本軍の人気

日露戦争の開始時、「悪」であるロシア軍の満州占領と戦う日本は、中国人から見ても、「正義の味方」だった。清国政府は、日露戦争に中立であったが、日本に対して好意的中立である。「拒俄義勇隊」が組織されて、日本軍に協力するという動きもあった。韓国軍人の中でも、日本に留学した柳東説《ユ・ドンソル》などは、日本陸軍士官学校（騎兵科）卒業で、日露戦争時には満州軍に従軍した。日露戦争後、韓国軍の幹部となった彼も、一九〇九年に中国に亡命し、中国で独立運動を行う。安重根も、父親が政府から追及を受ける境遇になかったら、日本の陸軍士官学校への留学もあり得たかも知れない。ともあれ、日露戦争開戦時、満州占領から居座りを計るロシアに比べて、日本は少なくとも、相対的な善であったのである。安重根が日露戦争に際して親日だったのも、当然と言えるかもしれない。

安重根の知り合いであった金九は、閔妃殺害で、日本には完全に見切りをつけて、中国に渡って独立運動をする。安泰勲にも中国行きを勧めるが、安泰勲はそれに応じなかった（『白凡逸志』）。それはそうであろう、清国は、彼の同志、開化派にとっての仇敵だった。それでも日露戦争後、日本の韓国支配の野望があまりにも露骨になると、安泰勲も安重根の勧める中国行きを受け入れるようになるのである。

ロシアは、一九〇三年四月に予定された奉天を含む満州中部から撤兵をするという約束を守らなかった。そうして龍岩浦事件は、もう開戦しかないことを、伊藤博文、山県有朋など、最後まで消極的だった元老たちに決意させた。侵略されたのは大韓帝国であって、高宗皇帝はロシアと戦うべきであるが、高宗は退位に至るまで「戦争」という選択を取らなかった。ロシアの侵略状態を黙認したままでの中立宣言を、日本軍の首脳は全く問題にしていなかった。

日本軍のソウル占領

仁川沖合での海戦（一九〇四年二月八日）と同時に、日本軍は一気にソウルに進駐、ソウルを軍事占領下に置き、その前月（一月二十三日）に中立を宣言していた韓国政府に迫り、日本政府は、「軍略上必要ノ地点ヲ臨機収用スルコトヲ得ルコト」を骨子とする「日韓議定書」を韓国に強要した。開戦当初の「収用」の目的は、海では、対馬沖海戦を予想した「鎮海」の日本海軍基地化であり、陸では電信線はもちろん、満州への物資、兵員の輸送に必須の京釜（一九〇五年開通）、京義（一九〇六年開通）の鉄道線を日本軍が自由に使用できることだった。旅順のロシア艦隊が健在であれば、黄海の制海権を日本が確保できず、日本本土から南満州、大連までの兵員輸送は、どうしても内陸の鉄道線が必要なのであった。

中立の韓国としては、全く迷惑千万のことで、快く協力できることではない。財政窮乏の韓国政府が、例えば釜山、仁川から新義州への兵站輸送に協力するとなれば、当然韓国政府の（難しい、金がない）財政支出も手当しないといけないが、当然、韓国の財政部（度支部）が快く支出に応ずるわけがない。

第一次日韓協約

問題の旅順要塞陥落は、一九〇四年の十二月であった。日本海軍は、陸軍に対し、旅順艦隊を撃滅するため、八月までの旅順要塞攻略を要請していた。対馬沖海戦、（日本海海戦）に備え、日本の連合艦隊は、艦艇を二カ月かけて修繕して、万全の準備をせねばならず、そのためには、八月が期限だった（バルチック艦隊の到着が予想より遅れ、旅順の四カ月遅い陥落でも、対馬沖海戦に、間に合ったが）。その「急いでくれ」の要請に応じたために、無理な攻撃を重ね、第三軍（乃木希典司令官）は、膨大な死傷者を出すことになり、世論の非難を浴びることになった。

その期限の一九〇四年八月に、「第一次日韓協約」が結ばれているのは、偶然とは言えない。満州での戦闘は、苦戦続きであって、補給を万全に行うことが至上命令であった。この時点では、朝鮮半島経由の鉄道輸送が最も安全、便利な補給路であったのだ。第一次日韓協約は、朝鮮側から見れば無理無体なものだった。

韓国政府の、外国との条約締結その他の外交案件および内政に干渉するため、日本が推薦するつぎのような顧問を配置した。財政顧問―目賀田種太郎、外交顧問スチーブンス（日本政府の推薦によるアメリカ人）、宮内庁顧問―加藤増男、軍部顧問―野津静武、警務顧問―丸山重俊。（姜在彦『朝鮮近代史』一五一頁）

この顧問の名前の中で、外交顧問がアメリカ人スチーブンスであることが、最も重要である。日英同盟でイギリスが右のような、目に余るような内政干渉行為を容認していたことは、わかるが、アメリカ人が外交顧問ということは、日露戦争において局外中立のアメリカ（具体的には大統領セオドア・ルーズベルト）が、日本に「好意的」であることを内外に示すと言ってよいからだ。

スチーブンスは、伊藤博文韓国統監の時期にも、韓国外交顧問として活動し、その対日協力の故に、伊藤博文に先立って、アメリカ、オークランドで韓国人に射殺されることになる（一九〇八年三月二十三日）。

第一次日韓協約は、後の統監政治の先駆けとも言うべき、事実上の保護国政治である。しかし、日本がロシアと激戦を繰り広げている時期で、旅順要塞の攻防に世界の新聞が注目している時期で、国際的にあまり目立たなかったが、韓国政府にとっては重大事件であった。

安重根は、日本人が軍事顧問となった、第一次日韓協約を、歓迎したと私は考える。日本軍は、龍岩浦のロシア軍を追い出し、さらに満州でロシア軍と戦っている。韓国の独立を掲げて、強敵ロシアと難しい苦しい戦いを繰り広げている。「武闘派」の安重根としては、柳東説のように自分の訓練した少年を率いて、日露戦争に参戦したいと熱望したと、私は考える。

「安応七歴史」では、何もこのことを記さない。しかし、あれほど日露戦争での日本の「大義名分」は立派だったと言っている安重根である。何とか従軍したいと、金宗漢などにもこねをつけて、「求職活動」をしたのではないだろうか。金宗漢、父、安泰勲は、これでは日本がもしも勝ったら、韓国に対して日本は相当厳しい態度で臨むだろうと見て取って、安重根の参戦を思いとどまらせたと私は見る。

そもそも、日本軍がソウルに進軍したのは、中立宣言侵害であるが、龍安浦事件の安易なロシアへの妥協を見て、韓国政府（高宗皇帝）は、日本軍の進軍を妨害して戦闘を開始する意志、意欲のないことを日本軍首脳は見切っていた。

ともあれ、戦端は開かれていたのである。日本政府は、「満州の保全と朝鮮の独立」を掲げてロシアに宣戦布告した。具体的には、龍岩浦にいるロシア軍を攻撃して駆逐することであり、これを口火に満州のロシア軍を攻撃して、全満州のロシア軍を清国領内（ハルピンを含む）から駆逐するのが、「清国領土保全」をうたった宣戦布告の公式な目標であった。結果から見れば、ハルピン占領は全く無理で、満州の中心、奉天占領でも、大戦果なのであったが、そもそも満州領内の緒戦で敗れてもおかしくないぐらいの状況からの日露戦争の陸戦だった。公式記録ではない『石光真清の手記』を見ると、日本軍は必死の戦闘で「勝利」を重ねていたが、ロシア軍が引いていったのは、敵を奥地に誘い込み、最後に日本軍が消耗しきったところで反撃に転ずる戦略撤退を行っていたことは明らかである。

だから日韓協約もはなはだ韓国にとって過酷な措置ではあるが、ただこれは戦時のことで、日本は韓国を事実上の軍事占領においたのである。戒厳令と同じく、講和条約が結ばれれば、占領軍は撤退するので、平和回復の後は、日本は、軍を撤退し、韓国政府を監督する日本人官僚も、帰国するだろうと韓国側は期待して当然である。

日露どちらが勝っても

安重根は、日露戦争が始まった時、ウィレム神父（洪錫九神父）が、どちらが勝っても、韓国にとっては、わざわいだと言っていたということを「安応七歴史」に書いている。

一九〇四年、仁川湾において日露が戦火を交えたという手紙が届いた。洪神父が嘆いて、韓国の将来は本当に危ないと言っていた。私がその訳を聞くと、洪神父は、露国が勝利すれば露国が韓国の主人となり、逆に日本が勝利すれば、日本が韓国を管轄するだろうという。(『図録・評伝　安重根』二二四頁)

安重根は、日本に肩入れしようとしていたが、日本の動静をより深く知っていた父、安泰勲が安重根を制止して、従軍に至らないでいたところ、仁川沖海戦で日露戦争が始まった。これとほとんど同時日本軍がソウルに「進撃」した。ソウルのカトリック教会から、日本軍のソウル制圧も知らせてきた手紙と考えていいだろう。日本軍の公然たる中立侵犯と、それに対する韓国政府の無力を知らされて、これは日本も駄目だということを漸く安重根は知るのである。

それでも、ポーツマス講和条約までは、戦争が終われば、日本も韓国独立保全を掲げた以上、過酷な韓国占領状態を緩めるだろうという期待(ほとんど希望的観測だが)も残っていた。

伊藤博文韓国特派大使　伊藤博文は、韓国皇帝慰問のために、一九〇四年三月十三日東京を発してソウルに向かった。十七日仁川到着、ソウルに入る。翌十八日韓国皇帝高宗に謁見、明治天皇の親書を奉呈し、さらに二十日には韓国皇帝に再び謁見し、皇帝御前において、自らの日本天皇開戦の詔勅の眼目である「東洋平和」について自らの意見を奏上した。

東洋ノ平和ヲ維持スルトノ意義ハ、日本及清韓ノ三国ヲシテ、各其文明ヲ増進シ、均シク欧米諸国ト軌轍ヲ同ジクシテ自立セシメントノ主義ニ外ナラス。（春畝公追慕会編『伊藤博文伝』下巻、一九四〇年、六四〇頁）

伊藤博文の「東洋の平和」の説明は、第一に日清韓東アジア三国が、その自立を達成して、欧米諸国と並び立つことを目標とするもので、欧米諸国と敵対するものではないという。また、日清韓三国は、欧米文明を取り入れる「開化」主義をとって、宗教、人種の相違をもって差別を行うことをしないとする。

特に、カトリック教徒である安重根がこの言説に接した時は、おのずから強い共感をもって受け止めたのではないかと私は思う。父、安泰勲は開化派であり、安重根も、伝統的な儒学に固執して西洋文明、科学技術を否定することは、とっくに脱却している。

すでに時代遅れになった民族固有の風俗習慣は、独立の妨げとなるものは、これを改良し、場合によっては捨てることも必要である。韓国が日本の信頼できる友邦として、自立、独立の実を上げるためにはどうしても必要なことである。そうして、明治維新以来、伊藤が推進してきた「富国強兵」策が、（韓国とは非常に違う）強力な日本を作ったのだという自負も、韓国皇帝への奏上の第四条に現れている。

三、国家ノ存立ヲ図ル為ニハ、各自個ノ風俗習慣ヲモ、存在ノ為ニ妨害タルヘキモノハ之ヲ改良シ、之ヲ棄捨スルモ敢顧ミルニ遑アラサルヲ諒知セサルヲ得ス。

四、是則我日本ノ三十有余年間ニ執リ来タル主義ニシテ、之ヲ以テ日本国自立ノ基礎ヲ定メタル結果、今日ノ日本ヲ現出シタルヲ以テ明瞭ナリ。

日本は、ロシア帝国に手も足も出ない、侵略を撃退できない大韓帝国に比べ、その大ロシアに宣戦布告し、ともかく緒戦は海陸、勝利を収めて満州に進撃しようとしている。伊藤は、緒戦ではあるが、勝利を背景として日本帝国の隆盛を誇っている。日本を見習えば、韓国、清国だって、自立の道も歩めるのだという明治日本の成功（ひとまずの）を伊藤が誇っても、おかしくはない。

清国も韓国も、日本と同様の主義を実行すれば、東アジア三国助け合えば、欧米諸国と調和しながら「並立」できるのだ。

五、清韓二国ニシテ、果シテ日本ト同一主義ヲ執リ、各其自立ヲ図ルニ於テハ、相互ニ之ヲ扶助シテ、欧米文明ノ趣旨ニ悖ルコトナク、却テ之ト調和シテ並立シ、而シテ自強東洋ノ人民ヲシテ生存セシムルコトヲ得セシムルニ至ルヘシ。

私は、この論はこの時点での伊藤博文の本音であったと考える。いまは、強大国ロシアに対するために、文化風俗の近い東アジア三国は結束すべき時なのである。日本軍が中立侵犯を公然としても、ソウルの各国公使は誰も日本を非難しなかった。日本軍の力を認めたのである。日露戦争は、表面上、日本の正義の戦いであった。高宗皇帝も日本軍の強引な行動には、怒りもしていたであろうが、伊藤の言葉自体は歓迎すべき内容であった。自立、自強を清国だけでなく、韓国にも期待しているというのであるから、日露戦争終結後に、日本の援助による自国軍隊の増強も期待できそうな伊藤の発言ではないか。

韓国の中立、放棄に時間

義和団事変に際しては、日本軍は北京を陥落させた後、講和条約にしたがって、清国から撤退した。各国公使が見ている中、日本軍が日露戦後、韓国に居座るとは、日本は油断ならず、信用できないことを何度も経験した高宗皇帝も、予想しなかったのではないか。日本は信用できないと思っていても、明治天皇の信頼の最も厚い伊藤博文が日露戦後に韓国の「自立・自強」をあそこまで無残に踏みにじることになるとは、高宗皇帝は思わなかったろう。

安重根は、日露戦争の詔勅の「東洋の平和」を旅順法廷での陳述で何回も繰り返している。安重根のいう東洋の平和とは、まさしく伊藤博文が韓国皇帝の前で披露した内容に他ならない。安重根は、伊藤博文、一九〇四年三月二十日の皇帝への奏上を、新聞で知って、熟読していた可能性が高いと私は考える。

韓国皇帝は、伊藤の言葉をよしとして、手ずから「大勲金尺大授章」を授け、伊藤のための饗宴を賜った。さらに法部大臣李埈鎔《イ・ジュニョン》を特派報聘大使として日本に派遣し、四月二十六日、李埈鎔大使は、明治天皇に拝謁、韓国皇帝の親書を提出した（『伊藤博文伝』下巻）。

日本側としては、伊藤博文の韓国派遣をもって、韓国皇帝が中立を取り下げ、日本の味方となることを宣言して欲しかったのだと筆者は考える。ロシアに宣戦までではなくとも、はっきりと日本の側にあると言って欲しかったのだと思う。

『伊藤博文伝』の記述では、この李埈鎔大使派遣に続いて、日本軍が鴨緑江を渡って、九連城、鳳凰城、普蘭店を攻略したところで、五月十九日韓国は竟に露国との国交を断絶する旨を宣言したと書いている。つまり、五月十九日までは、韓国は中立宣言を取り消していないということ。また、日本側の韓国に対する内内の要求が、もともとは、ロシアに対して宣戦布告せよというものであったことを思わせる。宣戦布告すれば、韓国軍も日本軍と一緒にロシア軍と戦わねばならない。だから、国交断絶通告というのは、中途半端なのである。いかにも、ロシアと戦争するのは怖い、日本が勝つかどうかわからないのに、日本の味方なんてとても危なくてできないということだ。

安重根の東洋平和と伊藤博文

安重根があれだけ日露戦争は日本に大義があったと言っているのは、伊藤博文の皇帝への奏上に大いに共感していて、これなら、日本は戦後も韓国の「自強」を助けてくれる、独立を援助してくれると信じたということを示していると私は考える。

ウィレム神父は、日本が勝っても、ロシアが勝っても朝鮮にはいいことはない、結局、どちらかの属国になると言ったことに、安重根は日本側に立って参戦したいという気持ちを一旦は思いとどまったが、伊藤博文の皇帝への上奏の内容で、もう一度、日本を信ずる気になって、何らかの日本への味方の行動をとったのではないかと私は推測する。

伊藤博文は、皇帝への上奏で、もしも、侵略主義のロシアと戦う日本に協力してくれるならば、日本は、韓国を他国の侵略から守るであろうと言っている。日本と韓国は、兄弟の同然の間柄なのだから。伊藤は、ロシアこそが侵略をこととする、最も危険な存在だと強調する（これは、この時点での欧米での共同の見方。世界の世論は、この時期は日本の味方だった)。

韓皇若シ此理を明悟シ我日本ト存亡ヲ倶ニシ、共ニ東洋ノ平和ヲ維持擁護スルノ方策ニ協同戮力セラルルニ於テハ、我日本ハ満幅ノ同情ヲ表明シ、永ク韓国ノ山河ヲ暴秦ノ掌中ニ墜ルルナク恰モ日本自個ノ存亡ト均シク、痛痒ヲ共ニシ唇歯輔車ノ感ヲ以テ之ニスル、論ヲ待タサルナリ。(『伊藤博文伝』下巻、六四二頁)

伊藤博文の上奏は、日本と韓国は兄弟である、この戦争に韓国が日本と心を合わせて戦ってくれるならば、日本は「永ク」韓国の独立と韓国の領土を「暴秦=ロシア」から守るであろう。この時点(三月二十日)では、日本はともかく韓国の協力を必要としていた。

まだ日本軍は鴨緑江渡河作戦の準備中であった。鴨緑江渡河作戦が実行されるのは、この十日後の四月三十日から翌五月一日であった。韓国は、皇帝がすべての決定権を持っている。日本が鴨緑江渡河作戦を開始した時点で、韓国皇帝が、その妨害を命令したら? もとより日本に反感を持つ住民は、日本軍の妨害に動くであろう。何故なら中立宣言をした韓国領土内に日本軍は無理やり押し入っているのだから。だからこそ、日本軍はまずソウルを抑えて、皇帝が反日的命令を出さないように、押さえてしまう必要があったのだ。もちろん、このような日本軍の行動に皇帝は嫌悪、不快感を抑えつつ、表面上は強制的に結ばされた協定に従って、日本軍に協力の姿勢を見せている。しかし、戦況がロシアに有利に傾けば、いつでも、韓国皇帝はロシアに味方する行動をとるであろう。日露開戦の劈頭から、日本軍部と韓国政府は、お互い信頼できる相手とは見ていなかった。

日本軍が、緒戦の快進撃から、戦争の困難さを思い知らされるのは、海軍による旅順港閉塞作戦が失敗し、さらに作戦中に、主力戦艦六隻のうち二隻（初瀬、八島）を機雷で失った時である。折から、ロシア政府はバルチック艦隊の極東派遣を発表していた。主力艦の三分の一を失った状況で、バルチック艦隊が極東に現れたなら、制海権は完全にロシアのものになる。こうして、予定になかった旅順要塞の陸軍による攻撃が必要となり、第三軍（乃木希典司令官）が編成されて、七月二十六日、旅順要塞の攻撃が始まる。

八月に、韓国政府に日本人官僚が送り込まれたのは、旅順戦が困難を極めることが予想される中、韓国政府の離反が懸念されたためと見るべきだ。戦時であるから、目立たなかったが、韓国側から見れば大事件である。韓国の内政を乗っ取ったに等しく、韓国を軍事占領下に完全に置いたと言ってよい出来事だからだ。

伊藤博文、東洋平和論に共感

さて、安重根である。このような日本軍の横暴な行動を見ても、日露戦で日本が勝利することが、韓国の独立を保全すると信じている限り、戦争のためだからしかたないと考えたのではないか。日本人官僚も、当然、戦争が終われば、引き上げるだろう。

伊藤博文暗殺後、安重根は、日本は韓国独立保全のためと言っていたが、それは嘘だった、その約束を破った張本人が伊藤博文だと自己の暗殺を正当化したが、安重根に日本の正義を信じ込ませたのは、韓国皇帝の御前での一九〇四年三月二十日の伊藤博文大使の上奏であった。安重根は、旅順監獄で東洋平和論を書いており、その内容の骨子は、日清韓同盟論であり、伊藤博文の上奏と基本的に一致している。この時の伊藤博文は明治天皇が派遣した特使であり、伊藤博文の韓国皇帝への上奏は、明治天皇の真意の説明としてよい。それは名文、名演説であって、伊藤自身もこの時は韓国の協力を衷心必要と考えていたから、自らこの言葉を信じていたと私は考える。だから言葉に迫力があり、日本を疑うべき理由を十分持っていた高宗皇帝をも、少なくとも一時的には動かしたのだ。

安重根は、若いから、もっといちずに伊藤博文の雄弁に感動していたはずだ。旅順法廷での安重根の陳述には、東洋の平和を論ずる言葉がかなりあるが、それは基本的に伊藤博文の高宗皇帝への上奏と一致している。人間としての伊藤は憎んだが、伊藤の雄弁な演説に、安重根は心酔していたし、それは伊藤博文を殺した後も、その思想は受け継いでいたのである。安重根は、伊藤博文は嘘をついたと考えたが、それは伊藤博文の保護国条約の押し付け方を見れば、もっともなことである。

しかし、筆者は、伊藤の一九〇四年三月二十日、ソウル王宮での「東洋平和論」こそが、伊藤博文の本音の思想であると考える。

だが、翌年十一月、再び特使としてやってきた伊藤博文は、永久に韓国の独立を守ると誓った前年三月の皇帝への上奏を完璧に反故にして、韓国の独立権を完全に剝奪する保護国条約を武力による威嚇をもって韓国政府に押し付けた。安重根は、フランス人神父、ウィレムの開戦時の言、日本が勝てば、韓国は日本の支配下にという言が正しかったことを、初めてこの時、悟るのである。自分は騙されていた、日露戦争中、ずっと日本を、伊藤博文を信じていた。戦争中、自分は騙されていたという怒りが、結局は安重根を伊藤暗殺にまで走らせるのである。

「安応七歴史」には、日露開戦時の一九〇四年二月、ウィレム神父の悲観的な言葉を聞かされたことから、保護国条約締結（一九〇五年十一月）までのことを記さない。その後に、清国に行ったことを記すのみである。

では、一九〇四年三月、伊藤博文来韓から、一九〇五年十一月まで、安重根は何をしていたか。伊藤の名演説に感動した安重根は、日露戦争に参戦したいと思ったと見るべきだ。しかし、それは心中の思想であり、実際に行動でそうした形跡はない。ウィレム神父が、安重根をひどくなぐったというのは、反政府とか、反ロシアとか、とかく実際行動にいきり立って武闘に走りそうな安重根に怒ってである。日露戦争についても、日本は正義だ、自分は日本に味方して戦うといきり立つ安重根に対して、「日本が勝っても、ロシアが勝っても、韓国にいいことはない」と悲観的なことをウィレム神父がいうのは、戦闘に参加しても、結局韓国のためにはならないと安重根に諭すためだろう。

日本の完勝ではない

日露戦争の戦況で、韓国植民地化を決定づけた出来事は、「日本海海戦」対馬沖海戦における、日本の完璧な勝利である。日本陸軍については、勝利と言えるかどうか、怪しいぐらいの戦績である。日本国民は「大本営発表」を信じて連戦連勝、苦戦は旅順ぐらいに思っていたが、陸軍の勝利を決定づけたという「奉天会戦」（一九〇五年三月）では実は日本陸軍は、本来の戦闘目的を達成していなかった。これまで陸戦でロシア軍が連戦連敗のように見えたのは、ロシア軍が日本軍に打撃を与えながら、戦略的撤退を繰り返していたためであり、主力は奉天に温存されていた。その奉天のロシア軍に日本陸軍は形式上、勝利をおさめた。

これは、世界中から驚きをもって迎えられ、そういう意味では日本軍の大勝利ともいえるが、実態は「小勝利」、当面の勝利であった。当初目的としたロシア軍の退路を断ち、包囲殲滅することに失敗したからだ。

さて、奉天を撤退したロシア軍であるが、単線のシベリア鉄道を一方通行にし、木造の粗製の貨車は到着すれば破壊し、単線で送り返すことをせず、つまり二倍の輸送量を得て、児玉源太郎計算のロシア軍二十五個師団でなく、五十個師団を準備して次の決戦に備えるという状態になっていた。

そのあたりの状況について、日露開戦まで駐ロシア公使を務め、伊藤博文の意を受けて、「日露協商」に努めていた栗野慎一郎は、その回想で次のように語る。

此事実を偵知した満州軍首脳部の驚愕は非常なものであった。児玉参謀総長が、顔色を変へて帰つて来て、いまは国家危急存亡の秋だ、満州軍をもう十個師団派兵してくれと云ひ込んだ。此時伊藤公から頭ごなしに叱られて、「それと云ふのも皆貴様等の責任ではないか、いまになつて出来ぬ相談を持ち込んでどうしやうと云ふのだ。今日となっては万止むを得ない。やるだけ、死力を尽くしてやれ。」と云つて手厳しく撥ねつけられた。（「子爵栗野慎一郎氏談」平塚篤編『伊藤博文秘録』春秋社、一九二九年、二三四頁）

粗末な貨車での片道輸送、それはロシアの首都サンクトペテルブルクでの冬場の燃料輸送で行われる、ロシアでは当たり前の方法だったと栗栖は語る。つまり、木材は付近のラバパ湖沿岸の木材を伐って、粗末な木製の船に積んで来る。船も壊して薪にしてしまうので、片道輸送である。これを応用しただけだと栗野はいう。

こうして陸軍は奉天付近で動くことができず、ロシア軍と対峙する形となったが、不安一杯の状況だったのだ。

そうした膠着状態を一挙に打ち破ったのが、日本海海戦である。この海戦では、朝鮮側の鎮海から発進した連合艦隊が、ロシアの主力艦をすべて撃沈、大破するという大戦果であり、日本の勝ちは、あまりにも明白だった。

桂―タフト協定

日本海海戦の大勝利を受けて、かねてから日本びいきだったセオドア・ルーズベルトが、仲裁に入ったのは、やはり好判断である。しかし、この時点での仲介開始の最大の真意は、フィリピン防衛が全く危なくなってしまったことにある。日本の参謀本部には、フィリピン独立軍を助けるという意図があったことは、すでに述べた。ロシア艦隊が撃滅されると、東アジア最強の海軍は日本になる。

韓国の保護国化の運命を決めたのは、「桂＝タフト」協定であるが、セオドア・ルーズベルトは、陸軍長官のタフトを、フィリピンに派遣するところを、日本海海戦の日本の完勝（一九〇五年五月二十八日）を見て、タフトを東京経由マニラに行かせることにした。これで、講和条約ができるとしても、日本が相当に有利な形でなければ、話をまとめることが難しくなったからだ。しかし、東アジアで日本が制海権を確保したとしても、それは当面の話である。アメリカも数年を経れば、フィリピンを防衛できる艦隊をフィリピンに配備できるだろう。特にパナマ運河（一九〇五年建設開始）が開通（実際の開通は一九一四年）すれば、フィリピンに太西洋の主力艦隊を派遣することも、やさしくなる。

桂―タフト協定は、一九〇五年七月二十九日、東京に来たアメリカ大統領特使陸軍長官タフトと、日本首相桂太郎との間に結ばれた密約であり、表に出るのは一九二〇年代に入ってからである。しかし、これが韓国の運命を決めた。フィリピンはアメリカが領有し、日本はこれに異議を唱えない、一方、韓国において、日本が「指導的地位」を持つことをアメリカは承認した（桂―タフト協定をめぐるセオドア・ルーズベルトの動き、韓国政策については、長田彰文『セオドア・ルーズベルトと韓国――韓国保護国化と米国』未来社、一九九二年を参照）。

韓国保護国化　ポーツマス条約が結ばれた時点で、ロシアは日本の韓国における優越を認めた。しかし、平和が戻ったら、閉鎖されたロシア公使館は再開され、ロシア公使がソウルに来るわけだ。日清戦争の後、一旦日本が朝鮮での覇権を握ったように見えたが、結局国力の劣る日本は、ずるずると外交的な後退を続け、閔妃殺害事件で完全にロシアに覇権を譲り渡す形となってしまう。そうして、そのロシアも独立協会による民衆運動の盛り上がりで、相当な後退を余儀なくされた。

陸軍出身の桂太郎首相以下、日本政府の首脳は、占領軍の撤退によって、同じような事態、つまり軍事力によって手中にした韓国がまたロシアよりになる、あるいはどこか一国（この場合、新たな強国としてアジアに進出してきたアメリカが第一の候補だろう）と結ぶようになる事態を恐れていた。

駐留中の日本軍はロシア軍の復讐戦を考えれば、とても撤退させられない。韓国皇帝は、日本人が牛耳る韓国政府の状態を嫌いぬいていた。であるから、ロシア公使がソウルに戻れば、彼らとなんとか話を通じて日本の韓国政府コントロールから脱却しよう試みることは目に見えている。そんな状態になれば、即、日露再戦である。しかし、日本の戦費は既に尽きていた。

日本陸軍、大本営は、奉天会戦まで、勝った、勝ったと宣伝し続けていた。本当に完勝であったなら、日本はもはや韓国が日本から離反する危険はないのであるから、占領軍も撤退していただろう。しかし、陸軍の情勢はそんなものではなかったのだ。幸いにもというか、ロシアの専制的な国制がマイナスに働いて、血の日曜日事件のような革命騒ぎが勃発して、ロシア自体がすぐに再戦できる状態ではなくなったが、一九〇五年十一月、伊藤博文が全権大使として、ソウルに来った時は、日本は余裕の勝者ではなかった。むしろ、ロシアの復讐戦を極端に警戒する表面の強面の下は、弱者だったのだ。

韓国でも、日本の占領下にあるのだから、日本軍の大勝利を信ずる人が大部分であったろう。勝者の余裕による韓国に対する寛大な措置を期待してもよかった。しかも、一年半前、韓国皇帝の前で、韓国の自立、自強を高らかに打ち上げた伊藤博文が大使なのである。しかし、すべては希望的観測に過ぎなかった。

したがって、日本軍の軍事的圧力のもと、ほとんど強制的に日韓保護条約が結ばれた時に、愛国的な韓国知識人は、悲憤して泣くか、義兵闘争に立ち上がるしかなかった。

日韓保護条約の内容は、それが第二次日韓協約と呼ばれるように、前年の日韓協約が日本軍の軍事占領下で実現した日本主導による韓国政府体制を、つまり日本主導の軍事態勢を、平和回復後も、継続するということに他ならなかった。

この保護条約の押し付けは、韓国の主権者の皇帝がこれを拒否すれば、戦争しかない。しかし当面、ロシアはポーツマス条約で、日本の韓国における優越を承認しており、ロシアは韓国の味方をしない。

フランスも、ドイツも、東アジアで、日本の戦力に対抗することはできない。そうして、韓国を一番助けてくれるはずだったアメリカが、桂―タフト協定で、韓国の外交権を日本が掌握することを承認してしまった。

まことに残念ながら、この時、韓国は孤立無援であった。

伊藤博文は、外交権を奪うことになると、協約の眼目を説明すると、高宗皇帝は、外交権を失うとは重大である、「閣僚に相談し、さらに一般人民の意向も確かめた上で決する」と逃げを打つ。

伊藤博文は、閣僚にはかるという高宗皇帝の言葉をとらえて、閣僚会議を開かせるが、日本憲兵隊が会議場を包囲し、ソウル市内には、竜山駐屯の日本軍が武装して警備についていた。閣僚の一人一人に協約賛否を問い、うち五人が協約に賛成した。この中で最も協約に積極的に賛成したのが、李完《イ・ワニ》用《ヨン》（後に併合時の首相）であり、三名が反対であった。

伊藤博文はこれをもって、韓国政府は協約に同意として、日韓協約は締結されたとした。

伊藤博文が一番恐れていたのは、ロシア公使館が再開されて、ロシア公使がまたソウルに駐在するようになること。ここで高宗皇帝から日露戦争中の日本の不法（中立侵犯、国際法違反）について、ロシア公使に不満を伝えられると、日露再戦になりかねない。この点であったと思われる。ロシアはウラジオストックを中心とする沿海州が朝鮮の西北国境と接している。海軍がなくとも、陸軍を朝鮮半島に送ることは難しくない。ロシア公使館をソウルに再開させてはならない。これが、第二次日韓協約の伊藤博文にとっての眼目であり、日本の安否に決定的に関わる、これが伊藤博文の認識であった。

日露再戦を恐れる

『伊藤博文伝』が記す伊藤博文の高宗皇帝に対する言葉は、次のようなものである。

貴国の外交にして依然現状を維持せむか、領土に関する国際関係等其他錯雑なる滋端を惹起し、再び東洋禍乱の基をなすを免れず。是極めて危険にして我が国を忍ぶべからざる所（後略）（『伊藤博文伝』下巻、六八六頁）

日本国民は、日露戦争に大勝利を収めたので、ロシア侵略の危険は去ったと思っていたであろうが、伊藤博文は、ちょっとした事件から、再びロシアとの戦争になる危険を強く感じていたのだ。これが、伊藤博文をして、韓国にとっては過酷な日韓協約を無理やり結ばせた理由である。

韓国皇帝は、アメリカの介入を期待し、親書を大統領ルーズベルトに送った。しかし、既に日本に対し、朝鮮の外交権を剝奪することを承認していたルーズベルトは、高宗の要請を相手にしなかった。アメリカ政府は、保護条約を認め、直ちにソウルにあったアメリカ公使館を撤去し、今後韓国に対するアメリカの外交事務は、東京を通じて行うと駐アメリカ韓国公使に通告した。駐韓アメリカ公使モルガンは、保護条約締結の十日後に、ソウルのアメリカ公使館を閉鎖、イギリス公使がそれに続いた（姜在彦『朝鮮近代史』一五三頁）。

安重根の清国巡歴

安重根は、彼が決定的に反日、反伊藤になったのは、この乙巳保護条約の時であったと、旅順の法廷で陳述している。満州日日新聞社から発行された『安重根事件公判速記録』（一九一〇年三月二十八日）には、「憤慨の理由」という見出しがついて、この時の安重根の憤慨を次のように述べている（公判は、一九一〇（明治四十三）年二月八日、満州日日から出版される一カ月半ほど前になる。出版が非常に速いのがわかる）。

憤慨の理由○そうすると、自分の国の前途について如何云ふ風にしなければならぬと云ふ考えがあつたか△理由を申しますれば一八《マ》百十《マ》五年の日露開戦の当時日本皇帝陛下の宣戦の詔勅によれば、東洋の平和を維持し且つ韓国の独立を鞏固ならしむると云ふ御趣旨であったから其当時韓国人は非常に感激致しまして兎に角日本人の積もりで日露戦争に働いた人も尠からざる事で日本軍が凱旋する事になりました時の如きは韓国人は自国の凱旋の如く喜んで愈々是から韓国の独立が鞏固となると云つて居りました。（注・年号に誤りがある。原著は満州日日新聞社。礫川全次『安重根事件公判速記録』（復刻版）批評社、二〇一四年、九頁）

それが、韓国から外交権を剝奪、内政も日本人が握る状態を、さらに厳しくするということであったから、それまで、日本軍の凱旋を自らのことのように喜んでいた安重根も、日本に、伊藤博文に騙されていたということに気づき、憤慨したというわけである。ソウルは日本軍に固められ、上京して抗議活動もできない状態である。安重根は、初めてこれは海外に出て独立運動をしなければと目覚めるのである。しかし、十年経って、日露戦争で韓国の境遇は大きく変わった。安泰勲も安重根の清国行を認める。将来の清国での反日運動の可能性も視野に入っている。

安重根は、この時点で清国での活動を志す。まず山東省（朝鮮半島の対岸に当たり、韓国人の居住する者が多い）を巡歴し、上海に至って、閔泳翊《ミン・ヨンイク》に面会しようとして、断られる。

山東省での出来事は、安重根はその「安応七歴史」に記さない。韓国人が多く住んでいる地域で愛国の同志を募ろうとしたが、応ずるものはなかったということだ。安重根はすっかり落胆し、「我が国民の志がこのようなものならば、国家の前途は想像するだけでも哀しいことだという気持ちを禁じえなかった」（『図録・評伝　安重根』二二六―二二七頁）。

どちらにしても、清国巡歴の経験は、国権回復運動のこの地での発展に対して、安重根をすっかり悲観的にさせた。亡命韓国人たちの志のなさを見せつけられて、「国家の前途は想像するだけでも哀しい」、悲観せざるを得なかったわけだ。カトリック教会で長いこと祈禱をしたのは、神よ、主よ、自分はいったいこれから、どのような道を歩めばよいのでしょうか、どうか哀れな迷えるものをお導きくださいということだろう。清国移住の前途に、自信喪失した状態だったのだ。

そこに現れたルーカク神父は、フランス人として、ドイツに奪われたアルザス・ロレーヌの例を挙げて、故国に帰って努力するという道があると提案をする。

君は速やかに国に帰り、まず君の使命の実現に努めよ。一に教育の発達、二に社会の拡張、三に民意の団結、四に実力の養成だ。この四つが確実に実現するならば、すなわち二〇〇〇万同胞の決意は盤石となり、一〇〇〇門の大砲で攻められても打ち壊すことはできない。（『図録・評伝　安重根』二二八頁）

清国での運動に悲観的になっていた安重根には、世界を広く見渡しているルーカク神父の言葉は、強く響き、共感をもって受け入れられた。彼は故国での教育事業、民意の団結に邁進する決意をもって、すぐに汽船に乗り、鎮南浦に戻った。すでに父安泰勲は、清国移住に同意し、そのために家族を連れて鎮南浦に向かっていた。しかし、心身疲れ切っていた安泰勲は、その旅の途中で病没してしまっていた。

父・泰勲の死

安重根が鎮南浦に戻った時には、家族が父の遺骸を清渓洞に戻し、葬儀を済ませたあとだった。父、安泰勲は、すでに心身衰えてきていたのだから、国家の重大事ではあるが、儒教道徳では、まず「孝」が優先する。長男の安重根が家を守り、弟が清国に情勢を探りに行くということは、できなかったのか？　父は科挙の受験勉強を望んでいたのに、それに一向に励まず、狩猟に励んでいた、「行動派」の安重根である。今回も、いや、この仕事は国事である、自分がと言い張ったのではないか。

結果から見れば、清国に移住というのは、中止であるし、清国在住の韓国人は頼みにならないというが、わかったのは成果と言えるだろうか。安重根が清国を巡歴し、上海まで行けたのは、父、安泰勲が旅費を出してくれたからだろう。最後まで、安重根の「行動力」を評価していたのだ。

その父を失って、「私は、それを聞いて痛哭し、何度も気を失った」（「安応七歴史」）。心に誓うところあって、平素の酒を断ち、その期日を大韓独立の日までとしたと安重根は「歴史」に書いている。独立運動こそが、自分の使命であるとの決意を父の死を機に改めて誓ったのだ。

3　安重根、国権回復に尽力

安重根は、これで父の資産を受け継ぎ、その資産をもって鎮南浦に洋館を建て、「事業を軌道に乗せてから、さらに私財をつぎ込んで、二か所に学校を設立した」。事業に軌道に乗せてからというが、どのような事業であったのかは伝わらない。小説ではあるが、韓碩青『安重根』では、いろいろな商品を扱ったが、米の商いが中心であったという。安重根が事業を起こした鎮南浦は港町であるし、日本人商人が韓国に求めた商品中、最大のものは米だった。朝鮮米は、日本の米より安価なので、開港と共に、米が日本に大量に輸出され、韓国内の食糧不足を招くほどだった。

自分の領地の米生産もあるのであるから、安重根の「事業」の主力は米の売買だったという韓碩青の記述は、恐らく当たっているだろう。

学校経営

そうして、安重根は二つの小学校の教育に乗り出す。ルーカク神父の話にもあった、教育事業こそが国権回復の鍵であるとの思想からであろう。伊藤博文統監の下、日本人教員も配属される新式（洋式）教育を行う公立学校が設立され、独立運動を志す人々も、私立学校を続々と設立した。この私立学校のうち有力なものは、今日の韓国の有力私立大学に成長したものも、いくつもある。親露派官僚の代表とも言える李容翊が一九〇五年に設立した普成学校は、今日韓国の私立大学の雄である高麗大学の前身にあたる。韓国には儒教式の学校である書院は数多くあったが、西洋科学、社会体制、法制を教育する新式学校が急速に普及するのは、この伊藤博文統監統治の初期である。

安重根の経営した三興学校、敦義学校は小学校レベルのささやかなものであったが、日本色の濃い公立学校に比べて、恐らく「愛国精神」の教育に力を入れたものだったと考えられる。

教育事業の盛り上がり

こうした、最終的には日本が牛耳る公立学校に比べて、私立学校では、愛国教育に熱が入ったのは当然であろう。こうした愛国教育を教育の中心に据えた教育事業に注力したのが、韓国の中でも、先進地域であった黄海道、平安道を中心に活動した「西北学会」である。金泰勲は、「旧韓末における民族主義教育」において、学会活動について、武力闘争によって日本に抵抗する義兵運動に対して、教育を通じて平和的な大衆運動を通じて民族の独立を目指したのが、学会活動であると要約している。

日本は、一九〇五年十一月十七日、第二次日韓協約、いわゆる日韓保護条約を締結して、統監府を設置し韓国の外交権を剝奪する。この条約を契機に韓国は、日本の保護国となった。このような亡国の危機に直面して、韓国民衆は、その悲憤を義兵運動や教育救国運動を通して国権回復運動を精力的に展開していた。義兵運動が日本の勢力に武力で対決したのに対して、教育救国運動は平和的な大衆運動の形で民族の独立を目指した。

こうした教育救国運動は、ソウルを始めとする全国の都市を中心に展開された。この運動の課題は、主権を失った現状において、国家の自主独立を回復することであり、そのために教育の普及を通して、民族思想を昂揚させ、一般民衆を啓蒙しようとするものであった。

以上のような教育救国運動の一翼を担ったものに学会の創設がある。その学会とは、「西北学会」であり、各地方出身の民族のリーダーたちが出身地域の教育啓蒙と文化向上のために学会を通じて教育救国運動を行った（金泰勲「旧韓末における民族主義教育」https://www.jstage.jst.go.jp/article/nihondaigakukyouikugakkai/25/0/25_KJ00009738966/_pdf 二〇二四年五月二十五日閲覧）。

こうした保護国化への抵抗の流れを見ると、安重根は、生来の「武闘」に走る性向から、韓国国内での義兵闘争をまず志したが、日本の軍事力の弾圧が厳しく、国内における活動をあきらめて、清国領内での活動を目指し、上海においては、新聞などを通じた世界への日本の不義、韓国の悲運の宣伝、つまり文筆による国際的宣伝活動を目指したが、援助が得られず挫折する。そうしてルーカク神父の忠告を受け入れて、韓国国内での活動、特に教育事業に邁進する。つまり武力闘争か、平和的な啓蒙活動かという二つの救国運動の間を揺れ動いて、ひとまず韓国国内で主流となりつつあった教育救国事業の一端を担うようになったのである。

特に、黄海道はもともと開化の傾向が強く、『安重根伝』を後に表す朴殷植が設立者となった西友学会（一九〇六年設立）は、後に韓国を代表する学会となった西北学会の前身の一つであり、安重根はこの西友学会と関係があったと考えられる。しかし、私立学校における愛国教育の盛り上がりは、当然、韓国政府を操る日本の警戒を呼ぶことになる。安重根は一九〇七年に鎮南浦を去って、北間島、ロシア領での義兵闘争に転じるが、このような私立学校の連合運動会は、韓国民衆の気概を示す一大デモンストレーションとなり、被抑圧民族の鬱憤と社会的不満のはけ口ともなっていた。しかし、こうした運動会の様子を平壌で自ら目撃した学部次官俵孫一は、次のように激しく非難している。

平安南道及び黄海道の連合大運動会に参加したものは、二百余校、児童生徒約七八千人に達し、遠いところは数日を費やして参加したこと、又その為すところは喇叭や太鼓で兵隊の調練の如く練り歩くことで、この大運動会に一週間から十日間の時日と旅費、洋服、木銃の新調費、父兄の経費五六万円が費やされた。（前掲「旧韓末の民族主義教育」）

学会は、一九〇六年ソウル東大門外の三仙坪で運動会を開いた。それに参加した会員の顔ぶれを見ると、安重根、李甲《イ・カプ》、安昌浩、柳東説、蘆伯麟、李東輝、李鐘浩といった錚々たる志士がいる（『図録・評伝　安重根』一四八頁）。

小学校の運動会でも馬鹿にはできない。愛国精神、尚武の精神を涵養するものとして行われていたのは明らかであろう。

ハーグ平和会議

一九〇七年、ハーグ平和会議に、高宗皇帝が「密使」を送ったのが、高宗皇帝廃位のきっかけになったのは、よく知られている。日本の歴史には「密使」として記述されるが、韓国の独立喪失の悲惨な状況を世界に訴えようとした、高宗皇帝から、あるいは韓国から見れば、正式の使節である。韓国政府自体は、日本に乗っ取られているから、日本の不法を世界に訴える使者を出すわけがないが、韓国の主権者は高宗皇帝であり、皇帝が親しく（政府や統監に秘密にして）親書を授けて派遣すれば、皇帝の特使、すなわち韓国を代表する大使とも見なすことは可能である。その点に高宗は賭けた。

ハーグ平和会議は、オランダで開催されたが、その議長はロシア代表のネリドフが選出された。日露戦争の始まった一九〇四年四月、ネリドフは駐仏公使としてパリにおり、韓国駐仏公使の閔泳瓚《ミン・ヨンチャン》と当然交際があった。ネリドフは、閔泳瓚から聞いたとして、伊藤博文と日露協商の交渉をした外務大臣ラムスドルフに次のような報告を送っていた。

> 大韓帝国駐仏公使閔泳瓚が訪ねて来て、次のように言った。
> 「日本は大韓帝国のすべての収入源と通信手段の一つ一つ掌握し、いまや国際的独立の最後の象徴として残っている海外外交代表部を廃止しようとしています。上記目的を実現しようと、日本は海外公館から送るすべての電報と報告書の配達を遅延させ、検閲し、公館運営資金の送金を妨げています」。（金文子『日露戦争と大韓帝国』高文研、二〇一四年、四二九頁）

ネリドフは、このような大韓帝国公使館の状況に同情的であった。日本が、公使館運営資金を送らせないため、閔泳瓚はロシアの資金援助を求めたが、ロシア外務省は援助を断った。閔泳瓚は、大韓帝国駐仏公使館を閉鎖、しかしソウルには戻らずに、上海のフランス租界の閔泳翊を訪ね、そのまま上海フランス租界で亡命生活を送った。こうしてみると、安重根が日露戦争勃発とともに上海に向かい、閔泳翊と面会しようとしたのは、閔泳瓚などを助けて、彼が世界に日本の不法を発信しようとすることを、一つの政治運動として繰り広げようとしたということを想定してよいであろう。

しかし、駐ロシア公使館の李範晋《イ・ボムジン》は、送金の絶える中、ロシア公使館を維持し続け、ロシア政府も、この公使館維持を認めていた。高宗皇帝から見れば、日本による外交権剥奪を認めていないのであるから、この日韓協約締結後の駐ロシア公使館の維持は、もちろん合法なのである。

だから、オランダで開催される平和会議で、ロシアの、もともと韓国に同情的だったネリドフが、議長に選ばれたというのは、日本から見れば、韓国統監の伊藤博文から見れば、きわめて危険な状況ということなのだ。

果たして、元駐仏韓国公使閔泳瓚は、ハーグに現れ、日本の不法を訴える宣伝活動を展開した。閔泳瓚は、貴公子然としたその風采と、流ちょうなフランス語によって、人気者になった。

もともと、一九〇六年夏の開催が予定されていたので、高宗の特使の一人、李相卨《イ・サンソル》は一九〇六年四月に韓国を出発したが、開催は一年延期され、李相卨は、北間島で教育事業をすることとし、塾を開いた。もう一人の特使、李儁《イ・ジュン》は一九〇七年四月に高宗のロシア皇帝宛の親書を携えて出発、北間島で落ち合い、シベリア鉄道でサンクトペテルブルクに向かった。サンクトペテルブルクでは、駐露公使の李範晋、息子の李瑋鐘《イ・ウィジョン》と協議し、ニコライ皇帝に高宗の親書を伝達した。ロシア皇帝はともかく、高宗の親書を受け取ったが、それには、日露開戦にともないロシア公使は韓国から退去したが、その時に日本の中立侵犯につき、皇帝に伝えてもらったという。李儁がソウルを出発した一九〇七年四月は、一九〇五年十一月に締結されたポーツマス条約における撤兵の期限だった。韓国における日本駐留軍の撤兵も、条約を守るなら撤兵されねばならない。つまり、一九〇七年六月にハーグで開催される平和会議時に、日本軍が韓国に駐留することは、違法であることになる。

また、北満州にあるロシア陸軍も、条約を守るなら、撤兵しなければならない。この既に駐屯している軍を引くことは、日本、ロシアの双方にとって不利益である。ここに、日露協商の必要性が出てくる。一九〇七年七月三十日に調印される日露協商について、その交渉経過は、いまだサンクトペテルブルクに残っている韓国公使館から、高宗に情報が送られていたことは、確かであろう。日露協商の秘密条項の眼目は、北満州をロシア勢力圏、南満州を日本勢力圏とする取り決めである。これは、清国領土の満州を清国政府の承認なしに分割を決めたわけで、表に出せる話ではなかった。同様に、モンゴルにおけるロシアの優越、韓国における日本の優越が取り決められた。「事実上」の植民地化を、この地を占領する実力のある両国が取り決めたわけで、帝国主義国同士の裏取引の典型であった。

高宗皇帝は、日露の取引の内容が当然ながら韓国に不利益であることを察知し、そのことの不法を国際社会に訴えようとしたわけだ。

高宗の親書は、その日本の日露開戦にあたっての中立侵犯の不法を挙げ、いま、韓国の外交ばかりか内政まで日本に奪われた状態の回復につき、ロシア皇帝が平和会議に際して韓国が代表として参加できるように、援助をいただきたいというものであった。

ともあれ、ロシアも日露戦争で疲弊していた。いますぐ日本を非難しようとする韓国使節を会議に参加させれば、またもや戦争になりかねない。ロシア皇帝は、韓国皇帝の親書に動かされなかった。ロシア外務大臣イズヴォフスキーは、ハーグのネリドフ宛、韓国使節の会議参加を認めないよう訓令を発した。日本も疲弊して戦争を欲していないが、しかし、韓国問題がうるさくなれば、もう一度戦争を始めかねない。陸軍は勝てる目算があるが、ロシアの東洋領土のかなめである、ウラジオストックは、日本海軍の攻撃を受けたら、危機に瀕することになる。

こうしたわけで、韓国特使の会議参加には、日本の林董外務大臣が強硬に抗議、ロシア政府も冷淡、消極的、そうして高宗皇帝が第一に期待したアメリカが冷淡であったことが決定的とも言えた。要するに、列強のどの国も、韓国代表の会議出席に賛成しなかったのである。

高宗皇帝の退位と義兵闘争

ハーグに皇帝特使が送られたことは、伊藤博文統監は当然、知っていた。結果から見れば、伊藤博文は、ハーグで韓国特使が失敗することをほぼ予測し、機会を待っていたように考えられる。

この事件によって、伊藤博文は、皇帝退位と韓国軍解散を実現させ、さらに政府機関の次官をすべて日本人とすることで、内政の完全な掌握を実現した。韓国の独立は皇帝の存在を除いて、ほぼ有名無実となった。

伊藤博文がこのような強硬な措置を行ったのは、仮に韓国皇帝のいう、日本の中立侵犯、日韓協約の不法をロシア皇帝が認めたとすれば、ロシアと再戦になりかねない、そのことに対する危機感からと言える。二度と皇帝が「密使」を送れないようにするには、高宗皇帝を退位させるほかないのである。伊藤は、日本が韓国に「宣戦」することを口に出してまで、韓国皇帝を脅かした。

日本も、ロシアも、日露戦争で疲弊していた。少なくとも近い将来には、戦争はしたくない。この日露や列国の「厭戦」思惑が、韓国の、韓国皇帝の「理」を踏みにじった。

日露間の外交交渉では、既に韓国の日本の優越と、外モンゴルにおけるロシアの優越を取り決めた、日露協商が一九〇七年七月三十日、調印された。ほぼ韓国が内政権まで日本に譲った第三次日韓協約が締結されるのは、七月二十三日である。

韓国軍の解散

第三次日韓協約調印と同時に行われる、韓国の軍事権を消滅させようとした韓国軍の解散は、大きな動揺を生むことになる。当時の韓国軍は、韓国の士官学校出身、日本派遣の留学生が士官を勤める、近代的な軍事訓練を受けた軍隊であった。軍隊が解散されるにあたっては、第三次協約に韓国の皇帝、高級貴族が少なくとも表面上はおとなしかったのに比べて、韓国軍人には愛国精神が相当醸成されていたことを示す実力行動が起こった。

第二次日韓協約の時にも、義兵は起こったが、それは地方の儒生が中心となったもので、首都ソウルに戦闘は及ばず、結局日本軍に鎮圧されていった。しかし、今回はソウルで戦闘が発生したのである。しかし、今回の韓国軍解散時には、訓練を受けた専門軍人が職業を奪われて、義兵闘争の中心となったのである。したがって、地方での軍事闘争も、熾烈なものになった。

伊藤博文は、もっとも親日的な李完用（参政大臣）と軍務大臣李秉武《イ・ビョンム》と図り、韓国軍解散の計画を立てた。朴殷植「安重根伝」は、韓国軍解散のいきさつを次のように記す。

> 第三次日韓協約に対する民衆の怒りはすさまじく、協約に最も協力的だった李完用、宋秉畯《ソン・ビョンチュン》の屋敷と日本警察の派出所に火を放ち、日本軍に押されて退却したかと見れば、またソウル中心の鍾路に集まって泣き叫び、また演説を繰り返した。その時、兵営から出てきた韓国軍人数十人が、この光景に怒り心頭に発し、銃を乱射して日本軍人数名を殺した。大衆は気勢をあげ、「日本人を殺せ」と叫びながら投石を始め、日本人三十名を殺した。（『図録・評伝　安重根』一五〇頁）

朴殷植は、韓国軍の解散を伊藤博文の画策によるとしている。朝鮮駐屯軍司令官長谷川好道の強硬策に、伊藤博文が押し切られた可能性が高いが、統監として軍の指揮権を有していた伊藤博文に最終的責任があるのは当然である。この後の義兵闘争では多くの死者を出しているから、その責任も伊藤は負うべきである。軍隊解散令を出すにあたって、伊藤博文は、先の日本兵を殺した韓国人兵士のうち、反乱を起こしそうなものを排除し、各兵営の弾薬を封印した。

このとき、侍衛第一大隊長、朴勝煥《パク・スンファン》は、西大門の兵営で、所属兵士千名を前に痛恨の演説をぶった。

「私は諸君と将兵と間柄で、一〇年以上もともに過ごしてきたが、忠誠の念足りずして、ここに国家の衰退を招いてしまいました。日本はわれわれの主権を奪ったうえに、わずかに残った軍隊までも恐ろしくて解散させる命令を下しました。軍人を国を守れなかったのだから、この身は死んで然るべきであります。ましてや敵に解散させられたのであります。卑怯な命をどうしてながらえることができましょうか。諸君は思う通りにしたまえ」

こういうと銃を抜いて自分を撃ち、さらに刀を抜いて我が首を切った。（『図録・評伝　安重根』一五一頁）

部下たちは怒りに燃え、日本軍と三時間も激闘を繰り広げた。朴殷植によれば、大尉梶原およびその部下二百余名を殺害したという。これに対して日本軍は三千人以上の軍人を動員して包囲攻撃をしかけ、機関銃を打ちまくった。韓国軍は百七十名の死者を出し、山城に撤退するしかなかった。日本人たちも武器を持って出て来て、日本軍に加勢し、韓国兵の捜索という口実で民家を襲い、殺人を行った。

この時、平壌にいた安重根は、知らせを聞いて駆けつけ、南大門外の西洋式病院、済衆院に滞在し、銃声がやや静まると、赤十字の腕章を巻いて、安昌浩やアメリカ人医師と共に赤十字の腕章をして戦場へ赴き、負傷者の救出にあたった。その数五十名ほどだったという。朴殷植のこの「安重根伝」の記述では、ソウルの戦闘に安昌浩とともに居合わせたことになる。

安昌浩は、この時期、最も重要な独立運動家であり、恐らく、一八九八年の独立協会のように、市民に動員をかけて、韓国人の協約反対の意思を示そうとした、その準備中であったろう。日本側が一番恐れたのは、この民衆の大動員であった。

しかし、ソウルの民衆のデモは日本軍に鎮圧され、韓国軍の蜂起は、最新鋭の武器による日本軍によって鎮圧される。もはや韓国は武断的方針による「恐怖」の政治によるのでなければ、統治できないことが明らかになった。これに対しては武力闘争しかないことを、デモ運動を盛り上げようとしてソウルに来た安重根は、凄惨な戦闘を目撃して、「看護兵」として戦闘の渦中に身を置いて、思い知らされるのである。

日露戦後、日本陸軍は占領下の南満州をできる限り日本の統治下におきたかった。しかし、関東州における軍政は、門戸開放をアメリカに約束した以上、廃止しないわけにはいかない。ロシアとの再戦の可能性のある限り、アメリカの日本支援は絶対に確保しなければならない。その代償として、韓国が犠牲になったのである。

ポーツマス条約締結時のロシア側代表ウィッテとローゼンの内心を、その秘書官であったコストロウェッツは、次のように書いている。

我々として茲に一言しておきたいのは、講和条約の作者（筆者注、ウィッテ、ローゼン）自身が、決してその堅牢と永続を信じて居るものではないといふことである。即ちウィッテは、この場合露西亜にとつて平和が必要であると判断し、したがつて皇帝陛下がルーズベルトの言を容れられたことを賢明の処置と認められると共に、此平和は永続しない、それは太平洋岸における両民族の闘争の一段階に過ぎないと考えており、ローゼンは、更に進んでポーツマスの和睦は休戦であり、露西亜は再び開戦して日本を徹底的に粉砕し、一挙に脅威を取り除かねばならぬと考へて居るのである。（イ・ヤ・コロストウェッツ、島野三郎訳『ポーツマス講和会議日誌』石書房、一九四三年、二一五頁）

伊藤博文の自治植民地策

ロシアとの再戦を防止するためにも、朝鮮半島を軍事的に確保することは、大日本帝国にとって、最重要事項である。この点で、韓国に外交主権を放棄させるという、犠牲を強いることについて、伊藤博文にも、迷いはなかった。しかし、あまりにも過酷な軍政を敷けば、逆に韓国国民の反発を招いて、いつまでも治安が安定しない。伊藤博文は、（少なくとも軍部に比べれば）穏健な韓国統治策を構想していた。

海野福寿『伊藤博文と韓国併合』では、伊藤博文の韓国併合の構想は、韓国を、イギリス帝国の中の自治植民地に相当する位置づけにするものだったとしている。その構想の中では、上下両院の議会が設置されることになっている。伊藤博文は、高宗皇帝を退位させ、日本が韓国の内政権を全面に把握した第三次日韓協約を締結した直後、一九〇七年七月二十九日にソウルの日本人クラブで、次のように演説して、韓国はドイツ帝国内のバイエルン王国のように、相当な自治権を持つ自治植民地となるべきだとの論を述べた。

今回の事件につき、韓国と合併すべしとの論あるも、合併の必要はなし。合併は却って厄介を増すばかり、何の効なし。（中略）かの普魯西（プロシア）のウルテンベルグにおけるが如く、独逸のババリヤ王国におけるが如く、韓国を指導して勢力を養成し、財政、経済、教育を普及して、遂には連邦政治を布くに至るようこれを導くが我が利益也と信ず。（滝井一博『伊藤博文演説集』講談社学術文庫）

伊藤博文は、ドイツ帝国宰相のビスマルクを尊敬し、ドイツ帝国に範をとって明治日本を作り上げようとした。そのドイツ帝国は、二十二の君主国を内に含み、最大のバイエルン王国は、上下両院の議会を有していた。上院は、貴族、聖職者からなり、下院たる衆議院は、一八四八年から二十五歳以上のすべての男子納税者に選挙権が与えられていた。海野福寿の紹介する、伊藤の直筆メモによると、韓国八道から、各十人、つまり総計八十人の議員を選出して、衆議院を作り、韓国文武両班から五十名を選抜して、上院を組織するという構想だった。副王のもとに韓国人による責任内閣を作ることも構想に入っている。副王は、すなわち統監である。

もちろん、韓国に高度な自治を与えると言っても、それは日本帝国の支配下にある植民地であり、副王（統監）が強力な権限を持つことで、日本支配が貫徹できるようになっている。

議会を持つ以上、そこに、民意が反映されるのは当然であり、韓国皇帝が、韓国の名目上の主権者として存在していれば、独立への可能性が、大きくなることは確かだ。こうした将来の独立の可能性を、徹底的に排除しようとすれば、韓国を直轄植民地とし、議会などは設置せず、警察と軍隊による専制政治を敷くしかないことになる。伊藤博文亡きあとの、併合を実現した寺内正毅総督の「武断政治」がそれである。

一九〇七年当時の伊藤博文の韓国統治の構想は、以上のようなものだったが、伊藤博文は、英文の新聞や書物を常に読み続け、世界の最新の動向に注意を払い続けていた。私は、前著『暗殺・伊藤博文』で、もしも、伊藤が暗殺を免れて、三・一運動時に生存していたら、なお、日本の、アジアの将来について情熱を持っていたなら、必ずや、過酷な弾圧に反対し、韓国への高度な自治の付与を主張しただろうと書いたが、いまでもその考えは変わっていない（上垣外憲一『暗殺・伊藤博文』ちくま新書）。

安重根の北間島行

先に、朴殷植の、安重根がソウルでの軍隊蜂起とその弾圧に、負傷兵の医療に尽力したという伝記の記述を紹介した。ほかの文献で、例えば「安応七歴史」ではこれを確認できないので、安重根を称揚しようとする朴殷植の創作の可能性がないでもないが、旅順監獄での陳述に、それを思わせる一節がある。そこでは、安重根は、平壌からソウルの騒動を見にでて、そこから釜山、元山、さらにロシア国境に近い雄基に行ったという。

問　其方ガ平壌ヲ出タノハ何日頃カ
答　京城デ騒動ガ起キタ時夫ヲ見テ出立シマシタ
問　其時何家カラ何家へ行キタルヤ
答　初メ京城ニ行キ夫レカラ釜山ニ出テ船ニ乗リ元山ニ行キ夫カラ発皇の雄基トイフ所ニ行キマシタ（市川正明『安重根と日韓関係史』原書房、一九七九年、二五三頁）

この答えが、事実のとおりであるか、それを証する証拠もないが、平壌からソウルに出てという点は、朴殷植「安重根伝」に一致する。第三次日韓協約におけるソウルでの戦闘に安重根は「看護兵」として参加した。日本軍による、流血の惨事を親しく目撃、目撃以上に体験したのだ。

国債報償運動

平壌に安重根がいたもう一つの理由は、「国債報償運動」との関りである。日本は、韓国政府に貸し付けを行って、財政の助けとしたが、この借入金は、韓国政府の財政収入から返還すべきものだった。これは、韓国を借金漬けにして、日本の支配下に置こうとするたくらみとして、一九〇七年初めから、民間から募金を集め、それをもって日本に対する「国債」の返還に充てようとする報償運動が盛り上がった。

安重根はこれに積極的に加わり、国債報償関西（平安南北道）支部を設け、平壌の明倫堂で、一〇〇〇人以上の人から義援金を集めた。さらに、妻や弟嫁ら身のまわりの女性に指輪や玉を寄付させるなど、この運動に献身した。（『図録・評伝　安重根』四六頁）

こうした日本支配への抵抗である国債報償運動を推進したことで、日本の警察から、危険人物として安重根は、監視の対象になる。「安応七歴史」では、日本の巡査がやってきて、国債報償会の会員はどれほどか、資金はいかほどか、収益は上がっているのか、などと尋ねられた。

会員は二〇〇〇万人、資金は一三〇〇〇万円、収益を上げた後、報償するつもりだと答えた。その日本人は、韓国人は下等な人間であり、どうにもならぬだろうというので、私は次のように反論した。負債は返さねばならぬもので、給債は返さずともよいものである。したがって、なんら不法なことはないのになぜそんなことをいうのか。その日本人は怒って私を殴りつけた。（『図録・評伝安重根』二二九頁）

国の債務を民間募金で返すというのは、なんら不法なことではないが、実質的な日本統監政治への反抗である。しかし、安重根の反論にすぐに殴りつけるところが、この時期の韓国での日本巡査の、韓国人を頭から見下した態度を、よく物語っている。安重根も負けずに殴り返して殴り合いとなったという。これで、完全に安重根は、危険人物、反日運動家と見なされることになった。

朴殷植は、その後、釜山に行って、さらに元山に船で出たという安重根の旅順監獄での陳述にあることは記さない。

釜山から元山、さらに間島へ

釜山に下ったのは、南部、慶尚道での義兵闘争に加わろうとしたという可能性があるが、日本軍の猛烈な討伐振りに、これは、国内での義兵闘争は無理だという安重根の判断があっただろう。すでに、日露開戦時に、韓国内の活動をあきらめて、清国に拠点を移す考えのあった安重根である。ソウルの戦闘での韓国軍兵士の惨敗を目撃して、国内での活動に見切りをつけたと見るべきだ。

釜山から北東部の要港、元山（咸鏡南道）に達し、さらにロシア国境、間島への入り口にあたる雄基に至った。「安応七歴史」では、まず間島に行ったが、日本兵が駐屯しており、足の踏み場もない有様だったという。

これは、大韓帝国は、この地が、韓国人移住民が多数を占めるので、「間島管理使」を派遣して、この地の支配を目指していたことと関わる。日本軍は、一九〇七年四月、満州からの撤兵期限を迎えて、満州から軍を退くが、その満州に含まれる間島では、兵を退いていなかったということなのである。

朝鮮憲兵隊司令官明石元二郎は、国際的には清国領土とされている間島に、いまや日本の保護国となった韓国籍の間島の朝鮮人を「保護」する権利が朝鮮憲兵隊にあるとして、憲兵隊を間島に送る。これが、現地を管轄する清国官憲と、衝突の危機を招くことになる。

間島の領土主権が、清国にあるのか、韓国、それを保護する日本にあるのか、もともと大韓帝国が間島管理使を送って、この地を実効支配しようと目指していたことを利用して、日本軍の満州進出（清国から見れば侵略）を推進しようとしたのが、明石元二郎韓国憲兵隊司令官であった。

一九〇七年、七月の第三次日韓協約後の混乱を見越して、この地に日本軍は増派されていたようだ。ここが日本兵で「足の踏み場もない」と安重根は記しているので、相当の大兵力だったようだ。これは、義兵の蜂起にそなえ、さらに、この地を日本軍の軍政下に置こうという狙いであろう。『図録・評伝　安重根』の伝記によれば、間島の龍井を中心に、北間島をめぐったが、韓国統監府は、「派出所」をもうけて、この地の治安を牛耳っており、安重根が独立運動を展開しようとする隙もなかった。

そこでやむなくウラジオストックに行き、韓国人の青年会に加入する。そこで、「臨時監察員」に選ばれたという。

義兵の指揮官

ここで、かつて間島管理使として間島に派遣されていた、つまりこの地で大韓帝国の勢力拡大を、任務としていた李範允に会ったという話は先に書いた。ここで、李範允に、日露戦争の時の日本には大義があったが、いま伊藤統監が韓国で行っていることは、不義である、日本と即刻戦わねばならないと説くのである。「安応七歴史」は、次のように記す。ソウルでの、韓国軍兵士の奮戦と日本軍の非道な弾圧を、自分が見た、経験したことを物語ったであろう。

目下、伊藤博文は自らその功を恃んで傍若無人に振舞い、ひどく驕り、悪を極め、君を欺き、蒼生(民)をみだりに殺し、隣国との友好を断ち、世界の信義を裏切った。これは天に逆らうものと言うべきで、長続きするはずがない。(中略)今閣下は皇上の聖恩を賜りながら、この国家危急の時にあたり、手をこまねいて傍観していてよいのか、願わくは閣下よ、すみやかに大事を起こし、時機を逃さぬようにしていただきたい。(『図録・評伝　安重根』一三二頁)

「安応七歴史」は、李範允について、「日露戦争前に北間島管理使に任命され、清国兵と戦った。日露開戦の時には、ロシア兵と力を合わせて互いに助け合った。ロシア兵が破れて帰国する時に、ともにロシア領に入り、現在に至るまでこの地に身を寄せている」と書く。日露戦争以前、李範允は、この間島の韓国による領有権を確立しようと、清国兵と戦った日露戦争時には、ロシア軍に協力して、やはり間島における韓国統治権を確立しようとした。

しかし、日露戦争後、日本軍はこの間島に「韓国人保護」と称して、軍を駐屯させていたのだ。本来、この地の韓国人保護の任に当たるのは、高宗皇帝に管理使に任命されていた李範允であるが、彼はロシア軍に協力していたかどで、日本官憲、日本軍から、付け狙われる存在になっていた。ウラジオストックに亡命状態になっていたのは、間島の日本軍の勢力が強大で、抗するすべがなかったからだ。間島での清国との闘争、そして日露戦争、李範允は、資金を使い果たし、疲れていた。安重根がなんと言って説いても、いまは「軍費」もまるで整っていないと立ち上がろうとはしなかった。

安重根は、沿海州各地の韓国人部落を訪ね歩き、救国の啓蒙運動を行った。安重根は、祖国の惨状を、ロシア領に住む同胞に伝えようと、熱弁を振るう。

同胞よ、同胞よ、よく私のいうことを聞いてもらいたい。いま、わが祖国の惨状を君たちは果たしてどれほど知っているのか。日本がロシアと開戦した時、その宣戦布告書で、東洋平和の維持、韓国の独立の堅持を謳いながら、今日に至るもそうした信義は守られず、かえって韓国を侵略し、乙巳条約（第二次日韓協約）、丁未条約（第三次日韓協約）を結んだ後、政権を握り、皇帝を廃位し、軍隊を解散し、鉄道、鉱山、森林、河川などをことごとく略奪してしまった。（中略）

したがって二〇〇〇万の民族が一斉に奮起し、全国各地で義兵が蜂起している。ところがかの強盗どもは、かえってこれを暴徒とみなして兵まで出動してきわめて悲惨な殺戮を繰り広げている。ここ一、二年の間に、韓国人の被害者は十万以上に及んでいる。（中略）日本の韓国に対する政略がかくも根っから残虐なのは、すべて日本の老賊である伊藤博文の暴行によるもので、韓民族二〇〇〇万が日本から保護され、太平無事で平和が日増しに進むのを願うと偽り、上は天皇、外は列強を欺き、その耳目を覆ってみだりに奸策を弄し、非道の限りを尽くしているのだ。（『図説・評伝　安重根』一三五頁）

堂々たる雄弁である。これは安重根が旅順監獄で、漢文で書いた「安応七歴史」の一節であるが、これを母国語たる韓国語で聞かされた、ロシア領内の韓国人も、祖国の惨状に心痛む思いをかきたてられたであろう。安重根は、義和団事変に際して、ロシア軍が、中国との国境の町ブラゴベシチェンスクの清国人を一人残らず虐殺して、黒竜江に沈めたことも物語っている。亡国の民は、外国にあっても、悲惨な虐殺にあうのだ。いまはロシア領土にいても、ロシアもまた、亡命韓国人にとって安心な存在ではないのだ。

いまの韓国政府の支配者は、伊藤統監である。彼が残虐な義兵討伐を命令している。この「老賊」を処罰せねばならない。

ともあれ、ロシア領内の韓国人部落をめぐった安重根の愛国の遊説は、相当な共感を持って迎えられたようで、安重根は、「私の説を聞いた者のうち、多くは従い、あるいは戦いに身を投じることを願い出、あるいは武器を供し、あるいは義援金を出してくれた」と書いている。それなりの軍資金を集めることができたのだ。

「これらは、義兵を起こすための礎として十分だった。この時期に金斗星《キム・ドスン》、李範允たちが一致して義兵を起こした。（中略）私は義兵中将に選ばれた」。後に旅順法廷で、安重根は自らの肩書を「義兵中将」と名乗るが、ロシア領内の韓国人中の大立者、李範允などからその称号を授かったのだ。これから、韓国領内への進撃を前にして。

義兵として韓国領内に進撃

安重根は、一九〇八年六月、三百名の部下を率いて、豆満江を渡り、咸鏡北道に進軍した。最初の軍事活動がうまく行けば、日本軍に鎮圧された国内の義兵も息を吹き返すかもしれず、そうなれば、戦闘の口火を切った意味があることになる。しかし、前年の八月、李範允が安重根に説かれても、立ち上がろうとしなかったことから見ても、そんなに楽観できる軍事行動ではなかった。呼応すべき韓国人の多い北間島にしても、日本軍に全く制圧されていた。

姜在彦《カン・ジェオン》『朝鮮近代史』によれば、義兵闘争が最も盛り上がったのが、この一九〇八年であった。一九〇七年十二月、江原道で活動していた義兵将李麟栄《イ・イニョン》は全国の義兵将に一致団結してソウルを攻撃することを呼びかけた。ソウルにほど近い京畿道楊州に終結した義兵部隊は一万名に達した。義兵部隊はソウル侵攻を前にして、工作員を潜入させて、各国領事館に、義兵軍を国際公法上の交戦団体であることを認めさせるよう働きかけた。

今回の義兵は、大規模であり、ソウル侵攻も企図できるほどの勢力であったが、国際的な「大義名分」を持つことはできなかった。解散された韓国軍兵士が、義兵となったために、軍事訓練を受けたものが加わっており、軍事的にも、以前の儒生を中心とした義兵よりも、強力だった。

『朝鮮の悲劇』で、この一九〇七―八年の義兵を描いたマッケンジーは、義兵部隊を取材して歩き、その兵士の士気の驚くほど高いことを述べている。また同時に彼らの武器の中心が、朝鮮軍の旧式の先込め式の単発銃であったことも記している。ともかく、義兵闘争の起こった地域の集落を徹底して破壊することを、長谷川好道朝鮮派遣軍司令官は命令していた。焦土作戦である。義兵に協力したと見なされた人々は銃殺された。

日露戦争の直前に行われたボーア戦争では、ボーア人側が善戦できたのは、モーゼルなど、ドイツ製の武器で装備されていたからである。ボーア人はオランダ系だが、オランダ人とドイツ人は民族、言語で非常に近い。ドイツ製武器をボーア人が入手できるルートは様々あり、ボーア人は、金、ダイアモンドを握っているから、武器を買う金もある。イギリスはこのボーア軍に散々てこずって、結局、かなりの自治を認める講和条約を結んで、南アフリカを植民地とした。それに対するに、朝鮮義兵には、武器の補給がなかった。この時、朝鮮の義兵は、どこの国からも武器を手に入れることはできなかった。

民衆の支持を受けた反乱軍を討伐すれば、どうしても協力者の殺害にまで至る。フィリピン独立軍討伐の際にアメリカ軍は虐殺も辞さない過酷な討伐を行っている。

日本軍の義兵討伐は、かなりの悪を含んでいるが、では、日本を取り囲む列強で、このような過酷な弾圧を直近で行っていない国はあるか？　ないのだ。

韓国の義兵は、（傀儡の）韓国政府からも見捨てられた反乱軍だった。が、正義はどちら側にあったか。ともかく、長谷川好道司令官の焦土作戦は、韓国人の日本への憎悪を決定的にしたのである。姜在彦『朝鮮近代史』によれば、一九〇七年の義兵の日本軍との衝突は、三二三回、一九〇八年は、一四五一回、一九〇九年は、八九八回、一九〇九年は、三三回である。義兵参加者の数は、一九〇七年、四万四一一六人、一九〇八年、六万九八三二人と最大であり、一九〇九年は、二万五七六三人、一九一〇年は、一八九一人である。一九〇八年が、義兵闘争が最大の盛り上がりを見せた年であったことがわかる。

安重根が進軍したのは、咸鏡北道《ハムギョンブクト》であり、ロシア、間島に隣接する地域である。咸鏡道では、洪範図《ホン・ボムド》が虎狩の猟師と鉱山労働者を組織して、義兵闘争を行っていた。この時期、日本側の調査によると、全国の義兵将の数、三四一名、義兵数三万一二四五名であった。安重根の率いた義兵三百名は、多いとは言えないが、李範允ら、ロシア領からの義兵部隊の活動には、特別な意味がある。つまり、ロシア帝国は、日本と実際に戦う可能性のある、ほとんど唯一の国だったからだ。

安重根は、ロシア領内韓国人への演説で、次のように言っている。たとえ、今回の義兵がうまくいかなかったとしても、粘り強く戦い続けていれば、日本とアメリカ、ロシアが戦うことになる可能性があると。

もし戦いが不利となっても、世界列強の公論によって独立の望みがないわけではない。いわんや、日本は五年以内に必ずロシア、清、アメリカの三国と戦端を開くであろう。これは、韓国に大いなる機会をもたらすものである。そのとき、韓国人にあらかじめ備えがなかったなら、たとえ日本が

敗北しても、韓国はさらに別の賊の掌中に落ちることになろう。（『図録・評伝　安重根』二三四頁）

安重根軍の韓国領内進撃　ともあれ、一九〇八年六月、安重根率いる三百人の義兵は、豆満江岸に終結、渡河を始める。総司令は、李範允、金斗星である。韓国国内の義兵と、呼応する作戦であったと考えられる。安重根は、部下に対し次のような演説をしたと、「安応七歴史」に書いている。

現在、三百人にすぎない。したがって賊が優勢であり、わが方は劣勢であるから、賊を軽く見てはならない。（中略）いま義兵を起こしても成功するか否かは明らかでない。だとするならば、かりに一度で成功しなかったならば、二度、三度、十度と繰り返し、百度破れても屈せず、今年成功せずとも、明年を期し、明年またはその翌年、さらには十年、さらには十年、百年と続けるべきである。もしわれわれが目的を達せられなければ、子が変わって受け継ぎ、さらにこの子孫がこれに代わり、かならずや大韓国の独立を回復するまでやめない。（『図録・評伝　安重根』二三五頁）

これは、安重根の部隊が散々な敗北を喫したことが解っている、旅順監獄で書いたことであるから、失敗に終わることを予想して、それでも不撓不屈の精神で戦い続けることを兵士に呼びかけた調子であるが、実際はどうだったのだろうか。安重根はこれまで、日本軍と戦った経験はないのだから、うまく韓国領内の義兵と連動して戦えば、勝利の公算はあると見ていたのではないか。ただし、進撃にあたって、戦闘の不利を予測していた可能性も十分あり得る。

ロシア領内から進軍する義兵に対して、韓国国内の義兵が最も求めることは、最新式の武器の供給である。私は、李範允らが秘密裏にロシア軍の武器を流してくれないかという工作をしていたであろうと推測する。しかし、既に日露協商で日本と手を組んだロシア官憲、ロシア軍が、日露再戦の危険を増大させる武器供給を厳しく取り締まっていたと見るべきだ。

直近の日露戦争で、ロシア軍と戦った日本軍は、巨額の借款によって、最新式の武器で装備されていた。その武器の主力は機関銃である。元込め式の単発猟銃で装備されていた韓国義兵は、この武器、火器の差によって、敗退を余儀なくされた。

ハーグ万国平和会議に際して、理をもって日本の不法を説いた韓国使節よりも、高宗皇帝よりも、現実的な二国間取引をした日露の方が、汚いと言えば汚いが、日露協商がハーグ密使に外交で勝ったと言えるのだ。

最初の戦闘では勝ちを収めた安重根軍だったが、朴殷植『安重根伝』によれば、咸鏡北道の慶興郡に入り、三度の交戦で五十人の敵を倒した。続いて、咸鏡北道の会寧《フェニョン》に進出した。会寧は韓国東北端の要衝である。

朴殷植は、日露戦争時に、この会寧で日本人が義兵にしばしば殺されたので、日本軍はここに堡塁を築き、厳重な警備をしていたと『安重根伝』に書く。安重根はどこで日本軍と戦ったか、「歴史」には記さないが、会寧の南の霊山で日本軍と戦ったと『図録・評伝』の略伝には記す。

企図としては、洪範図の部隊と協同作戦を行うことを目指していたと考えられるが、会寧、霊山の会戦では、安重根部隊三百人だけが日本軍と戦った模様である。日本軍は、駐屯兵を呼び集め、その数五千人。安重根軍は勇敢に戦ったが、雨が降り出し、安重根軍は空腹になり、士気も落ちていった。弾薬も打ち尽くし、部隊は敗走した。

李範允は、日露戦争時に韓国人部隊を指揮して日本軍と戦ったのであるから、日本軍の装備や補給の優れていることはよく承知していた。最初、安重根がいくら蹶起を説いても動こうとしなかったのも、道理である。しかし、韓国国内の義兵が一時はソウル攻撃まで目指すまで勢いが振るうのを見ては、この機を逃すことはできないとロシア領内で兵をあげた。しかし、国内の義軍も、ロシア領から進軍した李範允指揮下の義軍も、日本軍の戦力に太刀打ちできなかった。恐らく、ロシア領内で、十分な新型武器を手に入れることができなかった時点で、この義兵の運命は決まっていたのである。安重根は、失敗を予期して、決死隊のような気分で韓国領内に突っ込んでいった、そう、「安応七歴史」の韓国領突入を前にした安重根の悲観的、あるいは悲壮感にあふれる演説を読むべきなのであろう。

ハーグ密使事件（左より李儁，李相卨，李瑋鍾）

暗殺志向へ

安重根部隊は、会寧の会戦で完敗を喫する。文字どおり九死に一生を得るという、食事も碌にとれないような逃避行の末、ようやくロシア領に帰還する。しかし、ロシア領から組織した義兵を韓国領に送り込んで、戦闘を行うという方針は、全く継続不可能だった。ハーグ密使事件で、ロシア政府は日本との開戦は避ける決断をした。日露戦争と革命騒ぎで、内憂が深まっていた。とても、対外戦争に乗り出す状態ではなかったのだ。

咸鏡北道で、洪範図との共同作戦がうまく行って、かなり日本軍との戦闘が継続したら、ロシア軍の来援もあり得たかもしれないが、極東のロシア軍はともかく、ロシア中央政府は、日本と満州を分割する日露協商で、日本と妥協してしまっていた。

ロシア極東総督府は、もともとハバロフスクに置かれていたが、日露戦争必至となった時期に、旅順に総督府が移される。極東総督アレクセーエフは、宮廷内のベゾブラーゾフと並んで、対日融和派の大蔵大臣ウィッテを失脚させ、日露戦争の原因を作った人物である。

沿海州の軍事権も掌握する極東総督アレクセーエフは、日露戦争の責任を問われて、更迭され、日露戦争後の一九〇六年から、極東総督になったのがウンテルベルゲルである。彼はウラジオストック勤務の長い技術将校だが、日本との再戦を防止するべく中央政府から任命されたので、沿海州における韓国人の独立運動を警戒していた。ロシア領からの韓国人義兵の出撃は、日露再戦のきっかけとなるからである。そこに安重根の義兵の意味もあったが、肝心の極東総督ウンテルベルゲルは、それに対して冷淡というか、警戒的であったのだ（この項、英語版ウィキペディア https://en.wikipedia.org/wiki/Paul_Simon_Unterberger 二〇二四年七月十日閲覧。ソースとしてロシア語の本に依っていることを明記しているので、信頼してよいであろう）。

したがって、安重根も、当面の義兵闘争の再建は、あきらめざるを得ない状況だった。この義兵の失敗が、安重根をテロに追い込んでいった。しかし、韓国政府外交顧問のスチーブンスが、アメリカで韓国人に暗殺されたのは、一九〇八年三月であり、安重根のロシア領から咸鏡北道への出撃は、一九〇八年六月である。スチーブンス暗殺事件は、ロシア領の韓国人社会には、「成功」として迎えられ、裁判費用の募金もかなり集まったという。

安重根は旅順監獄での陳述で、できるなら、伊藤さんを対馬あたりで軍艦によって、殺したかったと言っている。堂々の軍隊の戦いで、伊藤統監を殺すのが理想だったのだ。

ともかく、正々堂々の義兵は、韓国国内でも無理、国外からの侵入も無理、安重根はテロに踏み込んでいくことになる。

第五章　ハルピン駅頭暗殺事件

1　伊藤博文暗殺計画

伊藤を殺そうと思ったのは、三年前からのことであると旅順監獄での陳述で安重根は述べている。しかし、それは正々堂々の義戦の敵の頭目として殺すのだという。

断指同盟

伊藤に殺意を抱いたのは、一九〇七年、韓国軍解散に起因した義兵闘争で、多数の死者を出したことが大きな理由である。少なくともそれまで安重根は、言論と教育による、日本の圧制に対する愛国運動で独立回復は可能と考えていた。しかし、義兵の弾圧があまりにも過酷で大きな犠牲をともなったことで、軍事行動による独立しかないと思い詰めるのであった。

そうして、韓国統監伊藤博文は、軍事指揮権を持っていたから、敵の総大将と安重根なり、韓国義兵将たちが考えて当然である。

戦争によって敵の総大将を打ち取る。これは殺人ではない。安重根は、大義名分を掲げた堂々の戦争で、伊藤博文を打ち取りたかったのだ。

> 私ハ三年以前ヨリ国民ノ真意ヲ声明スル為若シ自主ノ戦艦ト兵力アルハ伊藤公ヲ対馬沖ニ迎撃セシ希望デアリマシタ（中略）即チ韓国二千万同胞ノ者ノ代表トシ決行シタノデス（「安重根公判記録　明治四十二年十二月二十日」、『安重根と日韓関係史』三七五頁）

三年前、一九〇六年、安重根は、一度は日本の不法を鳴らして、「国民の真意」を世界に声明するために、伊藤を撃殺することを考えたという。それは、ルーカク神父や恐らく父、安泰勲から自重を勧められたので、ひとまず思いとどまっていたのだ。行動派の安重根であるし、軍事訓練もその前から励んでいたのだから、採るべき手段の一つとして、対日宣戦布告も、考えたのだろう。残念ながら、大韓帝国

断指同盟

の主権者、高宗皇帝には、その選択肢はなかった。

伊藤を討つ、戦闘では無理、残るは暗殺しかないのだ。既にスチーブンス事件の成功例がある。断指同盟の創設は、一九〇九年一月であった。指を切るというのは、いかにもテロリストに安重根が転じたことを思わせる。

安重根は実は、この後、韓国国内に入ったと「安応七歴史」にちらりと書いている。

安重根の伝記の中で有名な断指同盟は、一九〇九年一月のことである（「安応七歴史」）。これは、旅順監獄での陳述では、この断指は、伊藤統監の暗殺を狙ってのことかと尋ねられて、いやこの時はそうではありませんと答えている（市川正明前掲書）。

しかし、旅順監獄での尋問にそう答えているが、私はこの断指はいかにもテロを思わせ、この時すでに伊藤博文の暗殺を決意して、このような断指といういささか過激な行動に出たのだと考える。

何故、旅順監獄では、伊藤暗殺のためではないと答えたか。それは、「背後勢力」を明かさないためである。安重根は暗殺の実行者であり、背後に指令者がいたと見なければならない。韓国統監府警務部の境喜明警視は、朝鮮語に堪能であり、旅順にわざわざ出張して、関東州法院の検察官とは別に聴取を繰り返していた。

伊藤博文

（出所）国立国会図書館「近代日本人の肖像」https://www.ndl.go.jp/portrait/

安重根は、自ら義兵中将を名乗って、監獄での尋問では、その総指揮官、金斗星であるとしている。ところが、この金斗星は、一八九六年の義兵の総本山であった、柳麟錫の仮名であり、当時、韓国全道を束ねる義兵の総司令官であったとする本が韓国で出されており、安重根が背後の中心人物を隠すために、旅順監獄の陳述では、金斗星という架空の人物の名前を言ったのであるという（정우택『柳麟錫과 安重根의 독립운동』二〇一六年）。

柳麟錫は、実に十年以上にわたって抗日活動を続けており、当時七十七歳の高齢である。満州地域に拠点を持っていたが、実質的な指揮官というより、精神的な抗日の指導者というべきだ。しかし、安重根が柳麟錫の存在を隠そうとしていたことは、確かだろう。

韓国皇帝巡行と伊藤、長谷川、暗殺計画

高宗の後の純宗皇帝の韓国北方への巡行に供奉するという立場で、北韓地方を訪れていた。高宗皇帝は、一度も地方巡行を行ったことがなかったが、明治初年の明治天皇の全国巡行にならう形での、新皇帝純宗を擁立した統監伊藤が企画した地方巡行であった。

安重根の処刑も間近い明治四十三年一月八日発という日付を持つ、明石元二郎発の陸軍機密電報（石本陸軍次官宛、国立公文書館アジア歴史センター所蔵）は、安重根の動静について、次のように報告している。

> 同人（安重根）ハ昨年夏頃拳銃ヲ買入レ伊藤統監曽祢副統監長谷川軍司令官ヲ暗殺スル目的ヲ以テ拳銃射撃ヲ研究セシカ其初メハ命中不確実ナリシモ本年ニ至リ大イニ熟達シアリト云フ

昨年は、電報の日付ではなく、間島に行った探偵が報告した一九〇九年中から見てであるから、安重根が拳銃を購入したのが、一九〇八年夏、伊藤、曽祢、長谷川の暗殺のために射撃練習をして、本年、一九〇九年に至って、熟達したというのである。

その暗殺の絶好の機会は、伊藤らが皇帝巡行に供奉する、一九〇九年一月の北韓巡行である。「安応七歴史」では、韓国領内進撃失敗ののち、断指同盟を結成した後のこととして、次のように

簡単に触れている。

その翌年（一九〇九年）正月、烟秋方面に行き、同志二人と会合して語りあった。そしてこう相談した。われわれは前後二度にわたって事を行ったが失敗した。よく考えて見ると特別の組織がなければ何もできず、目的を達しがたい。今日、われわれは指を切って同盟を誓い、目時を達することを期したいがどうか。全員が賛成したので、十二人はめいめいその左手の薬指を断ち切り、その血で太極旗の前面に大韓独立という四文字を大書し、大韓独立を一斉に三唱して散会した。（中略）

この間、同志の何人かと韓国の内地に渡り、あれこれ動静をうかがおうとしたが、活動資金が十分でなく、当初の目的を達せず、むなしく毎日を過ごしていた。（『図録・評伝　安重根』二四三頁）

これが安重根自身の語る、一九〇九年九月、ハルピン行き直前までの状態である。では、韓国の内地に渡ったが、「当初の目的」を果たせずというその目的とは何か。明石元二郎報告を信ずれば、伊藤、曽祢、長谷川の暗殺であり、それは一九〇八年夏に拳銃を購入してのことである。

義兵の惨憺たる失敗で、正規軍の戦闘による独立回復は無理と悟って、拳銃による暗殺に目標を切り替えたのが、敗残、露領帰還の直後であったということになる。

拳銃の射撃にも熟達した一九〇九年正月、伊藤らの北韓巡行を聞いて、地方で警戒が手薄になることを狙って、伊藤統監の暗殺を狙ったが、なかなか思うようにはいかなかった。皇帝の巡行ということで、警戒も厳しかったのだ。

ここで注意したいのは、「特別の組織がなければ、目的は達成しがたい」と安重根が言っていることだ。それが、十二人による「断指同盟」による暗殺計画だが、それでも失敗した。成功したハルピン駅頭の暗殺だが、もっと大きな組織があったのではないかと捜査側が考えて当然ではないか。「安応七歴史」は、既に死を覚悟している安重根だから、すべてを率直に書いていると考えてはならない。自分が暗殺計画の同志について語れば、その同志に迷惑がかかる。

同志の名前を漏らさなかった、韓国皇帝北韓巡行の伊藤暗殺計画の首謀者は、安昌浩であろう。一九〇九年のロシア領からの義兵が悲惨な失敗を遂げたあとで、安重根がそうであったように、韓国独立運動の指導者たちもテロ、暗殺に戦術を切り替えざるを得なかった。旅順監獄の尋問で、安重根は、安昌浩と特段深い関係はなかったと繰り返し答えているが、私は、これは安昌浩に危害を及ぼさないための、安重根の義烈の精神であると思う。平安道（つまり安昌浩と安重根の共通の故郷）巡行で、ロシア領から韓国内地に来た安重根を、この地域を地盤とする西北学会の創設者である安昌浩が助けない方がおかしいだろう。

安重根のこの時の暗殺計画は、不発に終わった。朴敏泳《パク・ミニョン》「安重根のロシア沿海州地域における義兵闘争」では、断指同盟の結成は、一九〇九年二月下旬としており、これであれば、伊藤博文北韓行で、暗殺を試みながら不発に終わった安重根が、次なる暗殺に決意を新たにして、断指を同志とともに行ったことになる。旅順法廷での審問では、これは伊藤博文暗殺を志してしたわけではないと答えているが、一九〇八年から伊藤博文暗殺のことを志していたのであれば、いかにもテロを思わせる断指という行為は、決死の働きである暗殺を心に懐いてしたと見るべきだろう。

伊藤博文暗殺の後、安昌浩は統監府警察に逮捕され、厳しい尋問、拷問を受ける。疑いは十分にあったが、伊藤博文のハルピンでの暗殺は、ロシア領に策源地ありと統監府警察は見ていたので、この件は、安昌浩は無関係であろうが、その前の韓国皇帝北方巡行時の暗殺計画は、安昌浩が首謀者であると日本警察、憲兵隊は見ていたはずである。

2　陰謀の真相を探る

ハルピン駅頭での伊藤博文暗殺

一九〇九年十月二十六日、伊藤博文は、大連、旅順などの訪問を終えて、長春経由、ハルピンに到着する。そうして、安重根の狙撃を受けて、死亡する（定説ではそうなっている）。

安重根が、いつ伊藤がハルピンに着くかを知ったかについては、様々な暗殺本でも、定説はない。最も興味深い説は、私の『暗殺・伊藤博文』（ちくま新書、二〇〇〇年）を受けて、安重根以外の狙撃者があったとの証言を追求した考察、大野芳『伊藤博文暗殺事件』（新潮社、二〇〇三年）の挙げている、ウラジオストックの韓国人会会長の金秉学《キム・ビョンハク》である。何故かというと、ハルピン暗殺事件の起こった当時、金秉学の息子の金呂万《キム・ロマン》は、慶應義塾に留学中で、当時国粋主義の教育の大家として知られた、杉浦重剛の家に寄宿していたのだ。

安重根は、旅順で検察官に示した暗殺理由の中に、伊藤博文が明治天皇の父、孝明天皇を弑逆したことを挙げている。そうした話はこの時期、あるにはあったであろうが、一般人が知るような話ではない。そうすると、伊藤博文が孝明天皇を暗殺したという話が伝わったルートは、杉浦重剛から金呂万を通じてか、他の方法でか、ともあれ、杉浦重剛がキーパーソンとなって伝わったというのは、一番あり得るルートと言える。杉浦重剛は昭和天皇の教育を行ったことで知られるが、彼なら伊藤博文が孝明天皇暗殺の下手人だという話も十分に知っていたであろう。

ともあれ、日本の国粋主義者中の大物である杉浦重剛と、ウラジオストックの韓国人会会長の金秉学が、息子の留学引き受けという関係で繋がっていたことは見逃せない。大野芳は、この金秉学が伊藤博文の暗殺を祝って、ウラジオストックで三日三晩の宴会をしたという話を紹介している。

私は、『暗殺・伊藤博文』では、日本の玄洋社などが、特に伊藤博文とも親しかった杉山茂丸が伊藤博文暗殺については怪しい、また朝鮮の憲兵隊隊長であった玄洋社社長、月成光とは義兄弟のように親しかった明石元二郎（玄洋社所在の福岡出身）の謀略工作であった可能性を書いた。ハルピン暗殺の当時、伊藤博文の傍らにいた室田義文（伊藤の主席随行員）は、伊藤博文に命中した銃弾は、安重根の持っていたブローニング製七連発の拳銃の弾丸ではなく、「フランス騎馬銃」の弾丸であったと語っていた。つまり、安重根以外の狙撃者、致命傷を伊藤に負わせた、別の狙撃者のいたことを語っていた。何故か、旅順法廷では、この「隠れた狙撃者、共犯者」については、問題にされず、安重根の単独首謀犯行でありと断定し、その故をもって安重根には死刑判決が下された。

曽祢統監発桂総理宛、機密電報

この問題を解くカギは、事件発生後、暗殺者安重根の背後関係を追求した、韓国統監、曽祢荒助が、桂太郎内閣総理大臣にあてた機密電報の内容である（一九〇九年十一月七日、ハルピン暗殺の十一日後）。

今日では、韓国国史編纂委員会のデータベースで閲覧することのできるこの史料は、日本の外交史料館の所蔵であり、私もその現物を閲覧した。国史編纂委員会のデータベースは、デジタル化されているので、それからの引用で、機密電報を示す（https://db.history.go.kr/id/hk_003_0080_2780）。

鄭大鎬ハ元ヨリ兇行ノ謀議ニ參加シ安重根カ兇行後其妻子カ鄕里鎭南浦ニアリテ往時ノ如ク罪九族ニ及フヘシトナシ其救助ノ任ニ膺リタルモノナルヘク直接關係アルコトハ推知シ難シ思フニ逮捕セラレタル者ハ概ネ此類ニシテ其ノ兇行擔任者ハ安重根ノ成功ト共ニ逃亡シタルモノナラン今浦汐方面ノ消息ニ通スル者ノ云フ處ヲ擧クレハ兇行首謀者及兇行ノ任ニ當リタル者ハ左ノ者ナルヘキカト

一　崔才亨
二　李相卨
三　安重根　此五名ハ斷指シテ實行ヲ誓ヒタル者
四　嚴仁燮　此五名ハ斷指シテ實行ヲ誓ヒタル者
五　金泰勳　此五名ハ斷指シテ實行ヲ誓ヒタル者
六　外二二名　此五名ハ斷指シテ實行ヲ誓ヒタル者
七　李範允
八　柳麟錫
九　朴泰岩

大野芳『伊藤博文暗殺事件』では、この杉浦重剛―金呂万―金秉学というラインで、伊藤博文ハルピン訪問が、早くに伝えられ、それが、安重根のハルピン行きにつながったというが、ここに示した機密電報を読むと、別の線の情報ラインも考えられることになる。

私は『暗殺・伊藤博文』では、杉山茂丸らが裏で動いており、明石元二郎の謀略として、ハルピン暗殺が決行されたと推論したが、確かに計画としてはそういうものが、杉山や明石や月成光の間で話されていた可能性は、大いにあるといまも考えている。

しかし、その後、杉山茂丸、玄洋社、明石元二郎は、伊藤暗殺を自分たちの手で、という考えもあっただろうが、一九〇八年のアメリカにおけるスチーブンス暗殺事件を見て、これは、伊藤を国外に出させれば、暗殺を韓国人がやってくれるのではないか、つまり、伊藤暗殺を韓国人にやらせれば、その方がずっと楽だという考え方があることに気が付いた。

この件については前例がある。それは、日清戦争に日本の世論を大きく傾かせるきっかけとなった、上海における金玉均の暗殺事件である。これは、金玉均にはすでに日本に刺客が何度も送り込まれて失敗していたので、金玉均が上海に行くと聞いて、日本の友人は皆止めた。

上海の日本領事も、陸奥宗光外務大臣に、暗殺の危険のあることを報じてきていた。陸奥は、この報告を無視して、金玉均を上海に行かせた。結果、金玉均は同行していた洪鐘宇《ホン・ジョンウ》に、上海で、拳銃で射殺される。これは、陸奥宗光は、上海に金玉均が行けば暗殺されると予想しながら、あえて行かせたのである（琴秉洞『金玉均と日本――滞日の軌跡』緑蔭書房、一九九一年）。

つまり、伊藤をハルピンに行かせれば、暗殺を目指す韓国人がいるだろうと予測して、伊藤に行かせたということである。既にスチーブンス暗殺事件が起きているのだから、伊藤がハルピンに行けば、当然、韓国人は彼の暗殺を企てるはず。杉山茂丸は、伊藤がハルピンまで行くと言い出した時、皆で危ないと止めたと書いている（杉山茂丸『山県元帥』）。杉山は、ハルピンの暗殺を予測していたのだ。日露戦の前、謀略工作を欧州で縦横無尽に展開した謀略の世界的大家である明石元二郎少将が、暗殺を予想して、あえて警備も手抜きして、暗殺が起こるのを期待しながら待っていた。こう私は考える。警備の憲兵隊員は、長春で伊藤博文から、この先はロシアが警備を担当するから、君たちは行かないでよいと言われたので、列車を降り、ハルピンでの警備をやらなかった。

伊藤博文がそう言った可能性は大いにある。平和のために行くのに、日本の軍人が警備のためについていくのは、よろしくない。しかし、憲兵隊員は、閣下、それでは我々の責任が果たせません、ハルピンまでお供させていただきますと言ったってよかったのだ。この警備の手抜きに、私は憲兵隊司令官、明石元二郎の影を感ずる。

ロシア領内の韓国人が必ず暗殺をたくらむと見越して、明石元二郎は、何もせずに待っていた。本来なら、警備に万全をつくすよう部下の憲兵隊員に厳しくいうべきところを、何も言わず、何の手も打たなかった。これが、明石の役割である。しかし、暗殺が発生すると、ロシア官憲に逮捕された安重根が日本側に引き渡され、旅順で「領事裁判」が行われることになると、十一月初旬、即、ソウルから旅順に出張、情報工作に全力を尽くすことになる。統監府文書によれば、十一月一日に、明石の旅順出張が発議されており、陸軍大臣の裁可が必要というので、旅順到着は四日、あるいは五日であろう。

私は、明石はここで、旅順からソウル、曽祢統監宛て情報のうち、不都合なものを伏せて電報を送るように、情報工作の指揮を執ったと考える。韓国統監府警務局の境警視は、これとは別にハルピンに出張、そうして旅順監獄で、安重根への尋問を開始する。

何故、明石が旅順で、銃弾の問題は、徹底的に隠蔽するよう工作したと私が考えるかというと、ハルピンでの第一随行員、室田義文貴族院議員が、十一月五日までに、伊藤に致命傷を負わせた銃弾は、安重根のブローニング拳銃ではなく、「フランス騎馬銃」であったと言っているはずだからだ。これが文字に記録されたのは『室田義文翁譚』（田谷広吉、山野辺義智共編、常陽明治記念会東京支部、一九三八年）ずっと後年の出版の時のことであるが、室田義文の孫にあたる福田綾は、室田がこの銃弾の問題を残念がって、ずっと孫に語り続けていたという（海野福寿『伊藤博文と日韓併合』）。海野福寿教授は、日韓併合が専門であるが、私の『暗殺・伊藤博文』を相当に評価されて、室田義文の孫、福田綾氏にインタビューを行った模様で、その結果を同著に書いている。

命中弾の隠蔽

室田義文が、伊藤を死に至らしめた銃弾がフランス騎馬銃＝ライフル銃のものであったことを知ったのは、長春、あるいは大連で行われた伊藤の検視に際して、であるから、十月二十七日、あるいは大連なら遅くても、十月二十九日までであろう。

遺体の検視を行った小山医師は、遺体を傷つけないために銃弾は体内に残したと新聞で語っているが、これは信じがたい。当時の検視として、これは殺人事件であるから、致命傷を与えた銃弾を確認しなければ、犯人は特定できない。

室田があとあとまで、拳銃ではなくライフル銃の銃弾だったと言っているからには、銃弾は長春から大連で摘出され、それに立ち会った室田義文は、安重根が犯人ではないことをそこで知ったのである。なお、室田義文は、十一月二十日に、赤間が関（下関）で検察の聴取を受けており、その時には、伊藤の遺体を貫通した銃弾の絵も描いている。銃弾は、右腕に二か所命中しており、あとは腹部に一発と描かれている。私はこの図の提出からして室田が検視の場に立ち会ったことは確実と考える。その室田があとあとまで、安重根の撃った弾丸ではないと言っていたことは、やはり無視することはできないだろう。

曽祢荒助韓国統監は、警務部長の松井茂の報告を受けて、この電報を発している。その中で、背後には沿海州の反日の大物、崔才亨《チェ・ジェーヒョン》、李相卨がいると、ほぼ断定的に述べている。しかし、この電報を受けた桂太郎は、外務大臣の小村寿太郎などと協議の上と考えられるが、崔才亨、李相卨の追及をしないと決めた。旅順法廷の尋問でも、名前は上がっているが、それほど突っ込んだ追及をしていない。何故か？　その理由は、日本政府の首脳は、ロシアとの再戦を、少なくともこの時点での再戦を恐れていたということだ。伊藤博文が、韓国に対し、過酷の措置を取ったのと同じ理由である。

李相卨《イ・サンソル》の暗殺指令

私は、この暗殺事件の第一の首謀者、計画立案や、安重根、また安重根と共に逮捕された禹徳淳《ウ・ドクスン》などに、暗殺の指令を出した人物は李相卨と考えるべきと思う。

李相卨は、事件の主役であるが、もともとは韓国の内閣の一員であった。科挙に合格して官員になった秀才であり、一九〇五年十一月の第二次日韓協約締結時は義政府参賛、日本側の文献では「内閣書記官長」とするものがあり、若手官僚中の最も将来を嘱望された人物だった。この協約案に最も激しく反対した一人が、この李相卨である。彼は、協約に反対する上疏を繰り返し高宗皇帝に出したが、ことごとく否定された。同じく最も強硬な反対派であった侍従武官長の閔泳煥《ミン・ヨンファン》は、協約締結に抗議して自決した。このニュースを聞いた李相卨も、ソウル市内の群衆に向かって、協約締結の非なることを声涙ともに下る演説をして、自らも自殺しようとしたが、果たさなかった。

彼は、故国を離れて反日運動を行うことに決して、ソウルの自宅を売却、間島、龍井に赴いて、新式学問と愛国教育を行う「瑞甸書塾」を開いた（一九〇六年）。

ところで、ハルピン暗殺事件後の日本側の密偵の報告には、安重根が一九〇六年八月に間島龍井に赴いて、瑞甸書塾に入門したとするものがある、つまり一九〇六年に、李相卨の弟子になっていたというのだ。

旅順での韓国統監府境警視の尋問では、いや、自分が龍井に行った時は、李相卨は、ハーグに出かけたあとだったと答えている。一九〇七年の第三次日韓協約（七月）後のソウルでの戦闘を目撃して、反日の意を燃やして間島に渡った、その第一の目標は、龍井の瑞甸書塾だったのである。

しかし、安重根は、暗殺の本尊であった李相卨との関係をなるべく隠そうとしており、境警視の聴取に、李相卨の学識の高さを尊敬するとして語っている安重根が、一九〇六年の夏、早くも間島の瑞甸書塾に入門していた可能性は否定できないだろう。李相卨は、ハーグでの平和会議が一九〇六年に開催されることを知っていて、韓国を離れたのである。ところが、一年延期されて、平和会議の開催が翌年、一九〇七年夏になってしまった。そこで、間島に教育施設を起こすことにして、瑞甸書塾を開いたのだ。ハーグ平和会議は、韓国の独立運動家にとって、希望の星だった。安重根が、瑞甸書塾に駆けつけたとすれば、李相卨の従者にでもなって、ヨーロッパまで行ってみたい、ハーグで活躍したいという希望をもっていたと考えられる。

後、旅順法廷での境警視の聞き取りで、ヨーロッパに行ったという手紙を郷里に送っているかと聞かれた時、そういう計画はあったが、実際には行っていないと答えている。

瑞甸書塾に行った安重根は、ハーグに行きたかったが、資金が足りないと断られる。その代わり、郷里に帰って資金を集めてくれないかと頼まれて、一九〇七年春に始まった国債報償運動で、献金集めに奔走したと考えると、安重根の国債報償運動への参加の意味がわかってくる。妻などに宝石まで供出させたのは、国債報償のためではなく、ハーグに出発しようとしている李相卨に、欧州での活動資金を送るためと考えると説明がつくのだ。安重根の活動を、統監府の警官が厳しく監視したのは、その資金が、日本に重大な危機をもたらす、あるいは韓国統監府による韓国統治に危機をもたらす、李相卨のハーグ平和会議の活動資金にされると統監府が警戒していたからではないか。

李相卨のハーグ行に、大きな期待をかけていた安重根、しかし、その使命失敗と、皇帝退位後の混乱、ソウルの騒乱に、すぐ出国して間島に向かったのは、前に一度、間島の瑞甸書塾で李相卨の薫陶を受けたことがあると考えれば、筋が通るのだ。

李相卨は、一九〇五年の第二次日韓協約が、日本軍の兵力による威嚇のもとに行われた国際法上不法なものであることを、列国に訴えようとして、一九〇七年、韓国皇帝の特使がハーグまで行った、その第一の中心人物だった。何故なら、第二次日韓協約締結時、その伊藤博文と日本軍による強圧的な交渉を、内閣の一員として身をもって経験した人物であり、高宗皇帝はそれを後で否定したが、皇帝の密勅を受けてハーグまで行ったことは、まず間違いないところだ。頭脳明晰な李相卨が、この日本の不法ぶりをもっとも理路整然と各国の使臣に説得力を持って説明できる人物であるとしての人選であり、高宗皇帝は、最も信頼でき（協約に反対して自殺まで図った）、また、国際社会でも信頼を勝ち得ることのできる人物として李相卨を首席全権として選んだのは間違いない。しかし、ハーグの平和会議には、参席を拒否され、使命が失敗に終わると皇帝は、李相卨が勅旨を受けた正式使節であることを否定した。李相卨は、ハーグで示した高宗皇帝の委任状は偽造であると決めつけられ、ソウルの傀儡韓国政府は、李相卨に死刑の判決を下す。皇帝の命令と偽って特使を自称したというわけで、これは韓国旧社会では、最大の悪であり、形式上は、死刑も当然ということになる。

これで、形式上、韓国への反逆者、犯罪人となってしまった李相卨は、基本的にロシア沿海州を根拠地として、反日活動に邁進することになる。アメリカに渡った独立運動のもう一方の旗頭である安昌浩は帰国して、西北学会の活動を中心に学校設立など、公然の活動を続けていたが、李相卨は、帰れば死刑が待っている。ウラジオストックを中心にロシア領内での活動を行う。

一九〇六年、安重根は龍井に行っただろうか？　確定的なことは言えないが、私はその可能性は十分にある、と考える。何故なら、上海に行った時も、安重根は、そこで国際社会に日本の不法を訴えようとしたので、武力闘争をその時考えていたわけではない。韓国救国の道として、教育を選んだ安重根が、反日活動家として、最も新しい思想、国際法を身に着けた李相卨が、そうして、新式教育を日本の妨害を受けない間島で、行おうとしている李相卨が、最も自分の理想とする人物に見えたことは間違いない。

それから、一九〇七年七月にハーグで開かれる平和会議に向けて出発した李相卨は、ロシアの好意的な対応を十分期待できる、希望に満ちた状況で、ウラジオストックからシベリア鉄道経由で出て行ったのである。

安重根が李相卨に一九〇六年夏または秋に会っていたとする情報は、韓国に保存されている日本の「統監府文書」の中に含まれている。

加害者安應七カ故鄕平壤ヲ出立セシハ巨今四年前卽チ明治三十九年八月ナリ其初メ元軍人ニシテ平壤耶蘇箕明學校敎師𠾇成煥ト懇親ヲ結ヒ韓國々權回復ニハ新學問ヲ要ストシ其歳三月李相卨カ京城ヲ去リ間島ニ於テ寬甸學校ヲ設ケ排日思想ヲ鼓吹シツヽアリ旣ニ知己ナルヲ以テ之ニ寄ルコトヽナリ當時美國ヨリ歸朝セル安昌鎬トモ協議シ特ニ𠾇成煥ノ添書ヲ得間島ニ赴キタルモノナリト

この情報は、いままで安重根の伝記において、見過ごされてきた。この統監府文書は、ふつう番号が付されているのに、番号が付されていない。そのせいもあるだろう。文書番号は「警秘」とだけなっており、文書番号がない。それに、この文書は十月二十五日、平安南道警務部発となっており、その冒頭は、安重根の妻子を清国領綏芬河で税関吏をしている「鄭大浩《チョン・デホ》」なるものが、二十日ほど前に鎮南浦から清国へ連れ出したというものである。電報の日付、二十五日が正しければ、十月初旬に鄭大浩（旅順に裁判にかけられた時の表記は鄭大鎬、安昌浩が、統監府文書では、安昌鎬と書かれているように、鎬と浩は、韓国音は同じである）が安重根に家族を沿海州に呼び寄せるように頼まれて、鎮南浦から連れ出したのは、十月初旬であることになる。「安応七歴史」では、安重根が韓国国内にまだいた時、清国人（鎮南浦出身）で税関吏の鄭大浩から書面があり、故郷の様子がわかり、また妻子の沿海州移住のことを頼んだという。

この安重根の妻子を、鄭大鎬が沿海州に連れ出したことは、「安応七歴史」には、韓国国内での活動が思わしくなかったという記述と、一九〇九年九月沿海州烟秋にいた時に、突然、「心身憤鬱」の状態に陥り、ウラジオストックに出かけて、伊藤博文がハルピンにやってくることを知り、暗殺決行のため、ハルピンに赴いたという記述の間におかれている。

十月二十五日というこの電報の発信日付が正しいなら、この電報の中に安重根が加害者であるという言葉が現れるのは、おかしい。安重根がハルピンで伊藤博文の暗殺を決行したのは、十月二十六日なのだから。

李相卨とロシア総督府の関係

ところが、この機密電報の李相卨に関する記述は、十一月七日付、曽祢統監発桂太郎宛機密電報、日本の外交史料館に原本（電文の写し）の残るものより詳しく、しかも、ロシア極東総督府と李相卨との関係については、きわめて重大な内容を語っている。

李相卨とロシア極東総督府の関係を語るこの文書の語る調査（捜査）内容は、十一月七日より前に曽祢統監に提出され、そこから、曽祢統監が、現在残る十一月七日付の機密電報を作成した、捜査（諜報）報告の原文であると私は考える。それが、十月二十五日発とする、鄭大鎬が、鎮南浦から沿海州に向け、安重根の妻子を伴って出立したという機密報告に、付加されるという形で残されたのだ。

何故、このもともとあった李相卨に関する調査報告から、李相卨とロシア極東総督府との関係を抜いて、桂太郎首相には、より「穏健」な報告を曽祢統監は送ったのか。このいままで無視されてきた「警秘」平安南道警務部発の電文を詳しく読むと、その理由がわかるのだ。

「警秘」電報の写しは、李相卨とロシア極東総督府との関係について、次のように報告している。

又露國官憲ハ是等ノ韓國人ノ巧ミニ利用シ官憲ノ命ヲ受ケテ直接韓人ヲ利用スル者ハ元極東憲兵隊長陸軍大佐現辯護士「ミハイルロッピ」其次ヲ大東共報署名人「ニコライ、ユカイ」トス近時韓人ハ盛ニ學校設立ヲ計劃シ露國官憲ハ之ヲ保護シ非職軍人八十人ヲ教師ニ供給スヘキコトヲ諾シ韓人ハ其經費ヲ負擔スルコトニ定メ現ニ露國領土内全般ノ韓人ヨリ醵金中ナリト又一面ニハ韓人ニ土着ノ決心ヲ起サシムル爲メ露國官憲ノ承諾ヲ得テ遠東林野会社ナルモノヲ起シ韓人ノ株式組織トシ「ミハイルロップ」之ヲ指導シ開拓ニ着手セリト韓人ニシテ此事業ノ衝ニ當ルモノハ李相卨ナリ李相卨ハ自ラ極東總督府ニ出入スルノミナラス同府ノ通譯韓人金洛動トモ通シ移住民ノ便宜ヲ計リツヽアリ又在元山露國領事「ミルコフ」ハ大東共報社員尹煜ト自己ノ通譯韓璣洙ヲ通シ又此韓人利用ノ任ニ當リツヽアリ然トモ今回ノ事變ニハ關係ナカルヘキカト思フニ韓人ノミヲ以テシテハ斯カル兇行ハ到底爲シ能ハス必ス外國人ノ指揮ニ竢タサルヘカラス若シ之アリトセハ「ミハイルロップ」ナランカト云フ本月二十一日浦塩ヲ發シ同月二十五日京城ニ着シタル忠清北道清州人鄭某ノ言ニ依レハ李相卨ハ十月十七日「ハバロフスク」ニ向ケ出發シ安應七ハ二十日許リ前煙秋ニ向ケ出發セリト鄭カ此事實ヲ知レルハ此二人ニ浦塩韓人宿屋李致權方ニ同宿シタル爲ニシテ其餘ノ事ハ全ク知ラス然トモ思フニ今回ノ兇行ノ策源地ハ「ハバロフスク」ナルヘキカト（韓国、国史編纂委員会デ

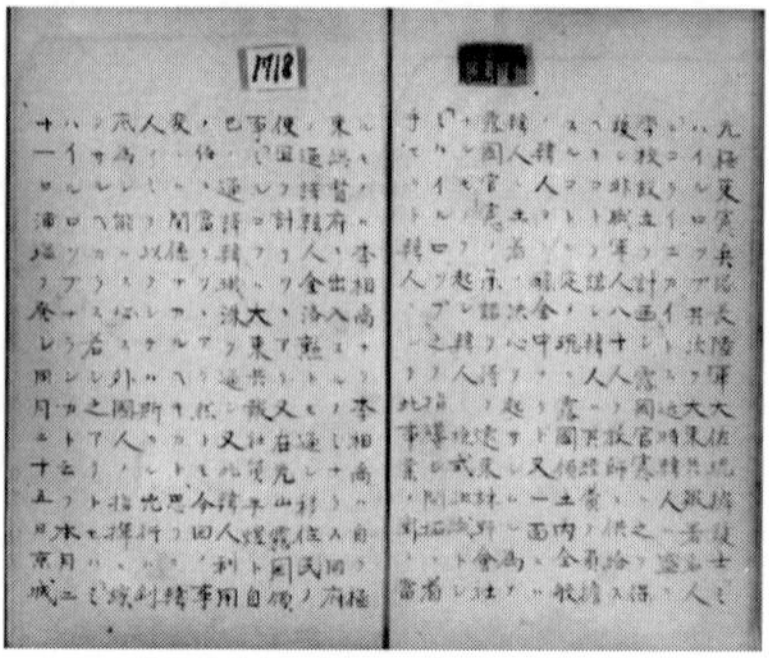

平安南道警務部発「警秘」電文
（出所）韓国国史編纂委員会データベース，統監府文書(22)［伊藤公 暗殺犯 安應七（重根）에 대한 調査報告］）

ータベース、統監府文書、(22)［伊藤公 暗殺犯 安應七（重根）에 대한 調査報告］）

なお、原文画像も公開されており、そのミハイルロップの名前が出る部分を掲載する。

李相卨は、ハルピン暗殺事件の直前の時期、ハバロフスクにあるロシア極東総督府に出入りし、安重根も寄稿したことのある、ウラジオストックの韓国語新聞、「大東共報」のロシア人経営者、元憲兵隊大佐の「ミハイルロップ」が始めた「遠東林野会社」の事業を行っているという。これは、沿海州内に韓国人の移住を促すための会社である。

もちろん、ロシア極東総督府の認可がなければ、できるような事業ではない。しかも、「林野会社」を反日運動家中の雄である李相卨が主導して経営するという報告を目にした瞬間、曽祢荒助統監は、これは重大事だ、危ないと驚愕したと私は思う。曽祢荒助は、日露戦争の直前には大蔵大臣であり、戦争準備の財政の責任者であった。当然ながら、日露開戦時、開戦を日本側に決意させたのが、龍南浦事件であり、その龍南浦をロシア軍が占領したことは、韓国皇帝より韓国領内の林業利権を獲得したことを、その根拠としていたことを熟知していた。曽祢は報告を見て、この「林野会社」の危うさを瞬時に悟ったに違いない。

ロシア極東総督府が許可を出した、元憲兵大佐のミハイルロップ（今日、安重根を記述する日本語の著作では、「ミハイロフ」と記述される）と韓国人反日運動の頭目の李相卨が手を組んで、「遠東林野会社」を経営する。白頭山は、その頂上を中国と朝鮮の国境としている。白頭山山麓地帯は、鴨緑江上流地帯と並んで、朝鮮における林産の最も豊かな地帯である。しかも、それは、ロシア領、中国領、韓国領が、錯綜している地帯、後に金日成が反日ゲリラを展開した場所だ。

余り国境がはっきりしない地域で、韓国義兵が活動し、日本軍がそれを討伐して、ロシア領側に入ったらどうなる。一気に日露再戦ではないか。ミハイロフは、元憲兵隊大佐で、韓国語新聞の経営者だ。軍人で韓国語ができたのなら、彼は情報将校だったに違いない（当報告では、ミハイロフは韓国人を利用しているというから、当然、韓国語は話せたに違いない）。大佐は、情報将校で、第一線で活躍する人間としては最高位である。

日露戦争時の謀略に活躍した明石元二郎は、この時、韓国憲兵隊司令官で少将であり、それは日露戦争時の謀略工作の成果による昇進だ。巨額の機密費を動かして、レーニンなど革命派に工作を仕掛けていた時の明石は、大佐なのだ。だから、憲兵隊大佐というのは、情報将校としては大物。予備役大佐と言っていても、それは、新聞経営をしながら、沿海州の韓国人を利用するために、民間人になっていたわけで、実際は、極東総督府と深くつながっていたと見なければならない。

曽祢統監は、だから、大東共報を経営している「ミハイルロップ」を李相卨と並ぶ、ハルピン暗殺事件の黒幕とほぼ断定している、この事件捜査記録の核心部分は、桂太郎首相に知らせてはならないと判断し、もとの報告は、目立たない形で隠匿するように命じたか、あるいは曽祢は正式の電文を作成したのち、もとの報告は破棄するように命じたが、部下（警務部長松井茂）が、それが隠滅されるのはよくないと考えて、目立たないように、別の安重根関係の報告の中に入れさせたか、のどちらかだろう。

明石元二郎自身はどう考えていたか。この時の参謀本部次長が福島安正であり、明石は福島の指揮を直接受けていたはずである。福島は、日露再戦をやりたかったのではないか。明石と親しい玄洋社の幹部は、もちろん日露再戦となれば、いろいろと大陸浪人の出番のあることで、伊藤暗殺を機に、その黒幕がロシア極東総督府であるなら、伊藤の弔い合戦をロシアと、と盛り上がるところであろう。

伊藤博文が、ロシアとの再戦を恐れていたことをよく知っていた元大蔵大臣の曽祢統監が、もちろん、財政窮乏のいま、日露が戦うなどとんでもない、再戦の名分になる、ロシア極東総督府黒幕説を、桂首相に公式に伝えてはならぬという判断をしたと私は推定する。桂太郎には、もちろん、明石元二郎から福島安正経由、極東総督府黒幕説は、伝わったはず。軍人出身の桂だが、いまは総理大臣で、財政にも責任を負わねばならない立場だ、もちろん、日露再戦に繫がる情報など、絶対に民間に流してはならないし、ロシア陸軍の恐ろしさは、十分に承知だ。

桂は外務大臣小村寿太郎と相談の上、この事件の黒幕、ロシア極東総督府と繫がるミハイロフと李相卨の事件関与を徹底的に隠蔽する方針を決定する。それが小村寿太郎外相の安重根を「極刑」に処せという通達の本意である（一九〇九年十二月二日、小村外務大臣より在旅順倉知政務局長宛電報、『日本外交文書』明治四十二年、伊藤公凶変に関する件、一八二）。

何故、安重根を死刑にしなければならないか。もしも私が推定するように、今回の暗殺計画は、李相卨とミハイロフが共同してたて、安重根を狙撃者としてハルピンに送り込んだとすれば、安重根はヒットマンであり、決死隊であり、命令によって暗殺を実行したのだから、死刑にはならない。

事件の真相を明らかにするならば、死刑になるべきなのは、李相卨であり、ミハイロフである。特に、ミハイロフを首謀者として断定して、日本政府がロシアにミハイロフの逮捕、日本への引き渡しを要求すれば、まずいまは戦争したくない、ロシア皇帝も、当然、拒否するだろう。そうすれば、日本の世論は沸いて、桂太郎首相も、ロシアに宣戦布告せざるを得なくなる。

李相卨と安重根

このようにして考えていくと、李相卨と安重根が四年前から深い関係があったと見るべきところ、そうして李相卨こそが安重根をして伊藤博文を狙撃させた張本人という説を、旅順法廷は、徹底的に隠蔽して、安重根単独犯として死刑を宣告したことがわかる。隠蔽の必要性は、曽祢韓国統監、桂太郎首相、小村寿太郎外務大臣同腹、である。

李相卨と安重根の関係を伺わせる記録は、韓国側にあるかと言えば、それは、ハルピン暗殺時、一九〇九年九月にロシア沿海州孟嶺にいた、この時の義兵の形式上の精神的な総指揮官であった柳麟錫の伝記、『毅庵柳先生略史』である。息子の柳海東（十五歳前後の少年で、孟嶺で柳麟錫に付き従っていた）の解放後、すなわち大韓民国独立後に書かれている。これは本人自筆の本しか存在しなかったのが、その内容が韓国のネット上に出るようになってきている。

それによると、一九〇九年九月、まず李相卨が柳麟錫のもとを訪れた。ついで、安重根が孟嶺を訪れ、伊藤をハルピンで討つと柳麟錫に語った。この時、柳麟錫のところにいた義兵将の李鎮龍《イ・チニョン》の拳銃を見て、安重根は、自分の拳銃と取り換えてくれないかとねだる。結局、李鎮龍は、安重根に自分の拳銃を与えるが、いや、始皇帝を殺そうとした燕の刺客、荆軻は、あなたの首が必要だと、人の首を求めたが、君は、拳銃程度かと戯言を発したという（柳海東『毅庵柳先生略史』「安重根が孟嶺に柳麟錫を訪ねる項」https://www.kado.net/news/articleView.html?idxno=708252 二〇二四年十二月十三日閲覧）。

もちろん柳麟錫は安重根を大いに励まし、安重根の暗殺が成功すると、ウラジオストックに赴き、大宴会を開かせたという。

この柳麟錫がウラジオストックで、自分が主宰して祝宴を開かせたという話は、大野芳が書いている、ウラジオストック新韓会の会長、金秉学が、伊藤暗殺の成功を祝って三日三晩の宴会を開いたという話と符合している。ところで、ウラジオストックの祝宴の話は、ロシア側の情報に基づいており、大野芳は、ロシア文学者木村浩が、ソ連赤軍情報将校から、スパイ小説のベストセラー作家となったロマン・キム、金呂万を紹介する文章を情報源としている（木村浩「ソ連の推理作家ロマン・キムの謎」『文芸春秋』一九八四年一月号）。

伊藤博文の横死を祝う宴会を、『毅庵柳先生略史』は、筆者自身の父が行ったこととして記述しているが、この一九〇九年九月から十月の『略史』の記述の信頼性を物語る事実と言える。

李相卨と安重根は前後して、九月孟嶺の柳麟錫を訪れた。その後の李相卨は、「警秘」番号なしの統監府文書によれば、「本月二十一日浦塩ヲ發シ同月二十五日京城ニ着シタル忠清北道清州人鄭某ノ言ニ依レハ李相卨ハ十月十七日「ハバロフスク」ニ向ケ出發シ安應七ハ二十日許リ前煙秋ニ向ケ出發セリト」。

『毅庵柳先生略史』の記述に従えば、李相卨は九月には孟嶺を訪ね、『略史』には記さないが、伊藤博文ハルピン来訪のニュースを伝え、すでにミハイロフらと相談している暗殺計画の承認を義兵総大将たる柳麟錫から受ける。そうして、十月十七日にはハバロフスクに向かったと、日本側密偵の忠清道清州人、鄭某は、二十五日ソウルに到着して、統監府警務局に通報したということになる。まさしくハルピン暗殺の前日である。日付に疑問はあるが、曽祢統監は、李相卨が十月十七日ハバロフスクに向かったという情報を、十一月七日の桂首相宛機密電報を送る前に入手していたことになる。ハバロフスクに向かったというのは、策源地たるウラジオストックを離れて、自分は首謀者ではないというアリバイ作りの意味とともに、既に矢の放たれた暗殺計画が成功しても、失敗しても、それに対してロシア極東総督府がどう動くべきか、話し合いに出かけたと見るべきだ。ハバロフスクが極東総督府、日露開戦の元凶となった総督府の所在地であることに、曽祢統監は、報告を一読、すぐ気づき、これはいかんと危機感を持ったはずだ。

室田義文の証言

伊藤博文の首席随行員で、伊藤が狙撃された時、隣にいた室田義文（貴族院議員）は、検視に立ち会い、伊藤の体内から摘出された弾丸が、安重根の発射したものではないことを知る。ところが、検視を行った小山医師は、銃弾は遺体を傷つけないよう、体内に残したと新聞で語っている。銃弾が、安重根のものでないとすれば、真犯人は、ライフル銃で人目につかないところから発射し、伊藤に致命傷を与えて、気づかれぬように逃走したことになる。

そうなると、日本側としては、正体不明の犯人を捜さねばいけないことになる。しかし、ロシアが司法権を持つハルピンのことである。ロシア側に犯人の捜査を依頼せねばならない。ロシアが、捜査を真剣にやったとしても、犯人がロシア人、憲兵隊元大佐、弁護士の資格を持つミハイロフであれば、とても逮捕できるものではない。ハバロフスクの極東総督府も、総督以下、高官は、日露再戦を避ける立場であるから、ロシア人が真犯人だという捜査結果を日本側に漏らすわけがない。

室田義文

室田はともかくいろいろな所に、犯人は別にいたと言いたてた。既に政府方針は、安重根を真犯人として、伊藤の体内の銃弾の話はなかったことにした。旅順法廷に提出された証拠の銃弾は、一発だけである（満州日日新聞社『安重根公判速記録』）。それは現在、憲政記念館に所蔵されており、伊藤に同行していた満鉄理事田中清次郎の靴の中に残っていたものであるという。

もしも、伊藤博文の体内に残された三発の銃弾が、確かに安重根のブローニングの拳銃のものであるなら、それを法廷で物証として提出すればよいではないか。これこそが、室田義文の犯人が別にいたという証言を否定する最大の証拠だからだ。つまり、旅順の検察も裁判官も、韓国統監府も、桂太郎首相も、室田の証言を否定しつづけたのである。しかし、証拠になるはずの銃弾は法廷で示さなかった。

『室田義文翁譚』では、犯人は別にいたという話を山本権兵衛にまで言いに行ったところ、「ロシアとの国交に差し障る恐れがある」と、真犯人別人説をこれ以上言いたてないよう言われて、やんだという。

室田が、政府筋からは、真犯人別人説について、口止めを固くされたはずなのに、言いつづけることができたのは、どうしてか。室田義文は、伊藤博文に引き立てられて外交官になった人物で、釜山領事を二回勤めている朝鮮通の外交官だった。メキシコ公使になった時、義和団事変後の、台湾総督児玉源太郎が引き起こした「福州事件」を押さえるために働いている。時の山県有朋首相から特に頼まれてしたことだ。児玉源太郎を説得して、児玉と後藤新平が仕組んだ、福州占領事件を押さえた経歴は、特に重要だ。

私は、室田義文の話を聞くために、『暗殺・伊藤博文』を書くために、小田原のお宅に室田の孫娘、福田綾氏を訪ねた。その時のお話で最も興味深かったのは、山県有朋の別荘が小田原にあって、近くであり、いろいろお付き合いがあったという話だった。

伊藤博文と山県有朋は、政見は相当異なっていたが、同じ長州の倒幕運動以来の旧友である。日露戦争必至となった時は、伊藤と抱き合って泣いたという話も伝わっている。

その山県有朋は、首相の時の福州事件を、特に頼んで収めてもらったという恩が、室田義文にはある。そうして、親友の伊藤博文と親しかった室田義文とは、別荘のご近所さんということで、付き合いが続いていたのだ。

これでは、陸軍少将の明石元二郎から、例えば小山医師やその他ハルピンの現場に居合わせた人たちを、銃弾問題を絶対表に出してならんと、口止めされれば、おとなしくそれに従うだろうが、室田義文はそうはいかなかった。

伊藤博文が暗殺されることを期待していた杉山茂丸は、伊藤暗殺の直後に山県有朋を訪れると、山県有朋は、ハンケチを目に当てて泣いている。手には、伊藤暗殺を告げる外務省電報の写しを持っている。

杉山茂丸が、「それでは矢張り、伊藤さんはタウタウやられてしまいましたか」というと、山県有朋は表情が変わり（目をむいて）、大音声で、「君は知っておられたのか、そういうことは決して口に出してはならぬ」（と杉山を決めつけた。筆者補）（杉山其日庵『山県元帥』博文館　一九二五年　四九九頁）。

ホラ丸と呼ばれた杉山茂丸の回想を、どこまで信ずるか、しかし、伊藤の死を告げる電報を手にして、ハラハラと泣いていたという伊藤の死を心底悲しむ山県の心情は、私は、杉山が正しく伝えていると思う。

その伊藤の死を悲しむ山県有朋と、室田義文は親しいのである。山県にも、室田は安重根以外の犯人の件を伝えたに違いない。これでは、首相桂太郎も、郷里長州の大先輩、元老の山県に室田が話しているとあっては、室田の緘口を命令できるわけがない。陸軍少将の明石元二郎程度のものが、口止めを画策したって、聞く耳もつような老人ではないのだ。

山県は、もとより対露慎重派であるから、桂に真相を明らかにするような働きかけをするはずはない。それで室田は、最後は山本権兵衛海軍大臣に訴えたが、山本からは日露の国交を危うくするから、これ以上言って回るなと止められる（最後に山本に訴えたというのは、室田の孫娘、福田綾氏が語っている。筆者聴き取り）。『室田義文翁譚』は、次のように記す。

しかし、安重根が真犯人ではないとすると、他の真犯人を見るまでは、事件は永遠に片づかぬ。

ひいては、日露国交上に支障をきたすやうにもならうようやも知れぬ。そんなことから、山本権兵衛がそれを明らかにすることに反対した。そして結局我が官憲で、口を閉ざしめた。（田谷広吉、山野辺義智共編『室田義文翁譚』常陽明治記念会東京支部、一九三八年）

室田義文がうるさく訴えるにも関わらず、銃弾の問題は、徹底的に隠匿された。その張本人は、明石元二郎韓国憲兵隊司令官であると私は推定する。

十一月七日の曽祢統監の桂太郎宛機密電報は、「兇行擔任者ハ安重根ノ成功ト共ニ逃亡シタルモノナラン」としているが、室田義文が、銃弾が違うと言い出したのは、十月二十八日くらいから大連でと考えられ、当地関東州の検察官、あるいは、随行していた憲兵隊員に、言い立てたはず。何故この線で「逃亡」した犯人を探さないかと。

銃弾の問題を出せば、安重根が真の狙撃者でないことは明白になる。旅順に急行した明石元二郎は、参謀本部次長、福島安正と連絡をとり、福島から桂首相にお伺いをたて、銃弾の問題は隠蔽することを決定する。軍関係の秘密電では、銃弾の問題につき、曽祢統監に知らせたが、ここで銃弾の問題を表に出せば、「日露の国交」に重大な影響があるため、この部分は、隠匿しておくべきだとしたのだ。「真犯人の逃亡」を確信したので、桂首相へ機密電でも、曽祢統監は、銃弾の問題を知りながら、伏せたのだと私は考える。

明石は、中央政府の方針に基き、摘出されたフランス騎兵銃の銃弾を、小山医師に伊藤博文の体内に戻すように指示、遺骸は、国葬後、火葬に付されるので、これで疑惑の銃弾は永遠に隠滅される。

証拠の弾丸、ただ一発

旅順法廷に、証拠の銃弾として提出されたのは、ただ一発である。『安重根事件公判速記録』には、一九一〇年二月九日、その銃弾のことが語られるが、速記録を見れば、銃弾は法廷で提示されていない。拳銃については、安重根に示し、安重根は、それが自分のものであると認めているが、銃弾はそこで示されていない。第三回公判、「拳銃取り調べ」は、次のように言う。

○（拳銃を示し）安応七に尋ねるがハルピンの停車場で使用した銃はこれか△さうであります○ここには停車場で拾った弾丸の売（莢、の間違いだろう、と再刊本は註を付している）が七つまた人に当たった弾丸が一つそれから又其外にその方が持って居った弾丸があるが、別に示す程の必要はあるまいと思ふから、それだけのことを申して置く（此間園木通訳生通訳す）

弾丸は、法廷で、示されもしなかったのである。そうして、押収したのはただ一つの弾丸とここでは言われている。ブローニング拳銃は安重根に示したのに、弾丸は一つだけ押収したというのは、伊藤博文を殺した案件では、おかしいだろう。伊藤に命中した弾丸は三発で、それは体内に残されていた。それを法廷に提出しないのは、安重根の発射した弾丸とは違うからとしか説明できない。提出したら「日露の国交」が危うくなるからだ、戦争になりかねないからだ。

この時、旅順法廷で押収した一発だけあると検察が語ったその一発はどうしても、今日憲政記念館に保管されている、ブローニング拳銃の銃弾一発であり（口絵）、それは満鉄理事田中清次郎に当たって、靴の中に残っていたとされる弾丸なのだ。ともあれ、まともな弁護士がいれば、売＝薬莢を七つ証拠として保管しているのに、肝心の弾丸は一個しかないのは、まるでおかしなことで、薬莢が七つ、弾丸一つの矛盾をすぐ指摘したはずだ。速記録を見れば、証拠提示についで、弁護人反論は、全然できない進行になっている。しかも、実物は提示されず、安重根には、これが自分の銃弾だと認めさせることもしていない。「別に示す程の必要はあるまいと思ふから、それだけのことを申して置く」『公判速記録』はそう記す。

この事件の弁護に、名乗りを上げた外国人は二人いる。英国人ダグラスと、ロシア人ミハイロフである。そのロシア人ミハイロフとは、大東共報社長の、あのミハイロフである。ミハイロフについては、また後に詳述する。

ハルピンでロシア側に逮捕された安重根は、日本領事館に引き渡され、旅順に護送されて、そこの法廷で裁かれることになった。韓国人の安重根に対する司法権を日本が施行するといういわゆる領事裁判、治外法権の適用を受けたのだが、ロシア側は日本政府からの引き渡し要求に簡単に応じた。これは、ハルピンでロシアの司法機関が、安重根を裁けば、その結果によっては、日本との国交が危うくなるという判断がロシア側にあったと考えられる。安重根の暗殺は証拠の出しようによっては、証拠不十分、無罪の可能性もあった。それでは、ロシアが黒幕に違いない、ロシアを討て、伊藤公の弔い合戦をせよという日本の世論が盛り上がりかねない。

さて、安重根が極刑には処せられない証拠を握る室田義文である。十一月五日、ハルピンに出張して調査をしていた関東都督府法院溝淵孝雄検事から東京地方裁判所に対し、日本国内で室田義文に聴取を行う要請が行われている（室田義文聴取書回報の件、『安重根と日韓関係史』三六一頁）。

聴取事項を溝淵は列挙しているが、最も重要なのは、その十一、「公爵負傷に関する実見事項」である。

室田義文には赤間が関（下関）と東京で検察官が二回聴取を行い、その取調書は、当然ながら検察官が作成する。最初の検事調書は、室田の居住地下関の検察官が作成している（十一月二十日）。

聴取が提議された十一月五日という日付は、既に室田義文は銃弾の問題を言い出している。それを受けて、聴取の方針が出された。最も重要な証人となるべき人物に旅順法廷への召喚ではなく、日本国内における調書の作成ですませようというのが、そもそも問題である。

今日残されている調書では、貫通した銃弾の弾道の見取り図が載せられている（『安重根と日韓関係史』三六七頁）が、銃弾の問題につき、それがフランス騎馬銃のものだったと、室田義文が主張したはずなのに、調書にはそれは記述されていない。『室田義文翁譚』にいう、「官憲が口を閉ざしめ」る工作は、既に始まっていたのである。

しかし、室田は口止め工作などものともせず、自分は確かに銃弾を実見したのだ、フランス騎馬銃の弾だったと、赤間が関の検事、田村光栄に語ったと私は考える。調書は、検事田村が作成したはずだが、今日残る記録には銃弾の件が入っていない。田村検事は、上からの命令があって、銃弾の問題は調書に入れなかったか、あるいは銃弾記述入りの調書を上層部が書き換えたかである。しかし、伊藤被弾弾道実見図は残された（『安重根と日韓関係史』三六七頁）。

それでも、室田は、安重根が発射した弾丸は六発だったのに、伊藤は三つ、自分は弾痕五つ受けており、他に満鉄理事田中清次郎、川上ハルピン総領事、漢詩人で随行員だった森泰次郎（槐南）などが負傷しており、発射された弾丸は七発以上であり、別の狙撃者がいたと主張し、それは調書に載せられている。伊藤、三、田中、川上、森が各一発としても、これで六発であり、室田は弾痕五つ、一つの弾丸で二つ弾痕ができたとしても、三発は被弾している。合計、少なくとも九発の弾丸が発射されていて、六発撃った安重根以外の狙撃者を考えねばならない。

調書には「此点ヨリ推察ヲ下セバ公爵ヲ狙撃セシモノハ此写真ニアル狙撃者（安重根、筆者註）デナク他ノ者ナラント思ハレル」という室田の主張は取り入れられているが、肝心の銃弾がフランス騎馬銃だったことは抜けている。銃弾の数からだけ推定したようになるので、説得力がない。

旅順法廷検察官溝淵孝雄が、室田義文からの聴取の依頼を出したのは、一九〇九年十一月五日であり、ハルピン領事館に出張中であった。

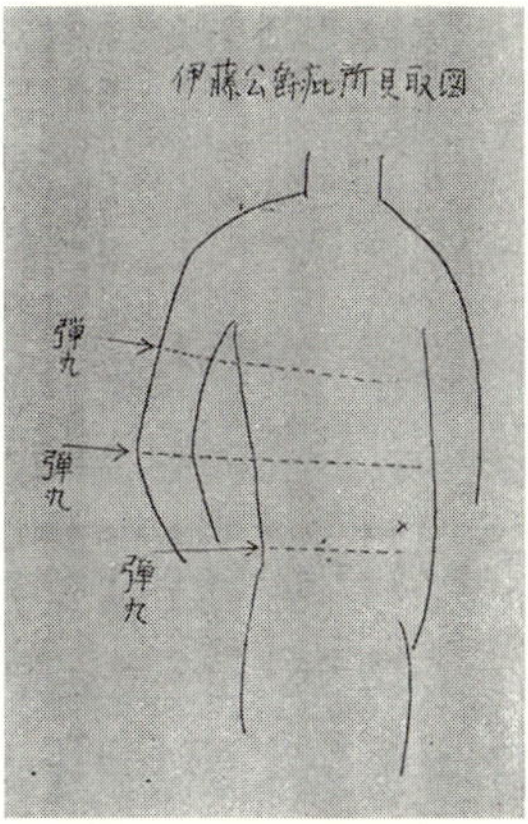

伊藤公爵疵所見取図

ともあれ、銃弾の問題が供述書に入らないことに気づいた室田は、さらに銃弾の問題をいろいろな所で言い立てたと私は考える。これでは、新聞も騒ぎ立てることにもなりかねない。そうしてついに、海軍大臣山本権兵衛から、「日露の国交」の不安を持ち出されて、改めて東京で検事の聴取を受けることを渋々承諾する（この部分は、大野芳『伊藤博文暗殺事件』で推定していることだが、私はそれで良いと思う）。

一九〇九年十二月六日、室田は東京で検事の聴取を受ける。そこでは銃弾の問題は、検事は一切持ち出さず、室田はそれ以外をあいまいに答えた供述書が改めて作られた。こちらが正式の調書とされて、旅順法廷では銃弾の問題は一切出されずに、審理が進められることとなった。何故二度目の聴取をしたかと言えば、十一月二十日の真の狙撃者は「別の者ならんと思われる」が調書にあっては、最重要証人の室田の言とあっては、法廷としてはその説を問題にしないわけにいかないからだ。安重根の量刑に関わるから、避けて通ることはできない。

ともかく、このように、室田の銃弾発言を隠蔽するために「官憲」は躍起となっていたのだ。旅順の裁判は、最初から日本政府に都合の良いように、仕組まれた暗黒裁判である。しかし、安重根が伊藤を仕留めたという話は、ロシア、中国領内の在外韓国人の間では、「壮挙」「義挙」として、もてはやされていたから、伊藤の暗殺に快哉を叫ぶ人たちにとっても、安重根を真犯人とする旅順法廷の死刑判決は、都合がよかったのだ。安重根の弾は致命傷を与えておらず、真犯人は逃亡では、安重根を英雄として称えることができないではないか。弾丸の問題は日本政府にとって不都合だが、伊藤暗殺を喜ぶ韓国人にも不都合だったのだ。

ミハイロフの旅順行き、安重根との面会

さて、ウラジオストック大東共報社長のミハイロフは弁護士の資格を持っており、安重根を救うべく、上海に行き、英国人弁護士「ドグラス」(統監府文書)と共に旅順に来て、旅順監獄の安重根と面会した。

私は、ミハイロフは情報将校で、韓国語が話せたのではないかと先に書いたが、統監府文書によるミハイロフの経歴調査は、それを裏書きしている。統監府文書、隆熙二年(一九一〇年)、一月八日付、

内部警務局長松井茂発、統監府總務長官事務取扱石塚英藏宛の機密文書は、次のように記す。

浦汐在留韓人ノ經營ニ係ル大東共報社長露國人「ミハイルロップ」ハ韓國ニ於テ露國教師タリシトノ說アルモ調查スルニ左ノ如シト云フ

「ミハイルロップ」ハ明治三十七年日露戰爭當初憲兵隊司令官トシテ浦汐ニ來リ專ラ日本軍ノ情況偵察ニ任シタルモノニシテ尹煜事尹一炳ハ此際露都留學中ナリシカ「ミハイルロップ」ニ從ヒ共ニ浦汐ニ來リ軍事偵察ニ從事シ露軍城津ニ現ハレタルトキハ其先鋒ニ屬シタリシト

戰爭講和後「ミハイルロップ」ハ情況偵察ノ爲メ直ニ日本ニ至リ更ニ韓國ニ轉シ京城・平壤ニ永ク滯在シ陽德ヨリ元山ヲ經テ北韓ニ移リ偵察ヲ爲シ任務終了退職後辯護士ヲ開業シ自ラ韓國人保護ヲ以テ任シ一面露國高等探偵ヲ爲シ同國官憲ノ意ヲ承ケテ韓人操縱ヲ爲シツヽアリトノ評アリ

すでに十一月七日の曽祢統監の機密電報にも、暗殺事件に関わりあったかと指摘されていたミハイロフは、日露戦争直前、一九〇四年に憲兵隊司令官としてウラジオストックに来て「軍事偵察ニ従事シ」即ち情報将校団の長として、軍事情報の偵察にあたっていた。

さらに日露戦争が始まると、韓国領で最もロシア領に近い「城津」にロシア軍の先鋒として、戦闘に加わった。その後、日露講和がなると、まず日本に来て、「情報偵察」を行い、ついで韓国に渡って、ソウル、平壌、本山、北韓で長期間、偵察活動を行った。まさにスパイ活動をしていたのだ。

ウラジオストックの憲兵隊司令官、日露講和後の日本、韓国で偵察を行った、「露探」そのものではないか。元憲兵隊司令官のミハイロフが韓国で偵察をしていたことを、韓国憲兵隊司令官の明石元二郎が知らないはずはない。ミハイロフのスパイ行為も、うっかり摘発はできないので、手を出さずにおいていたと見るべきだ。

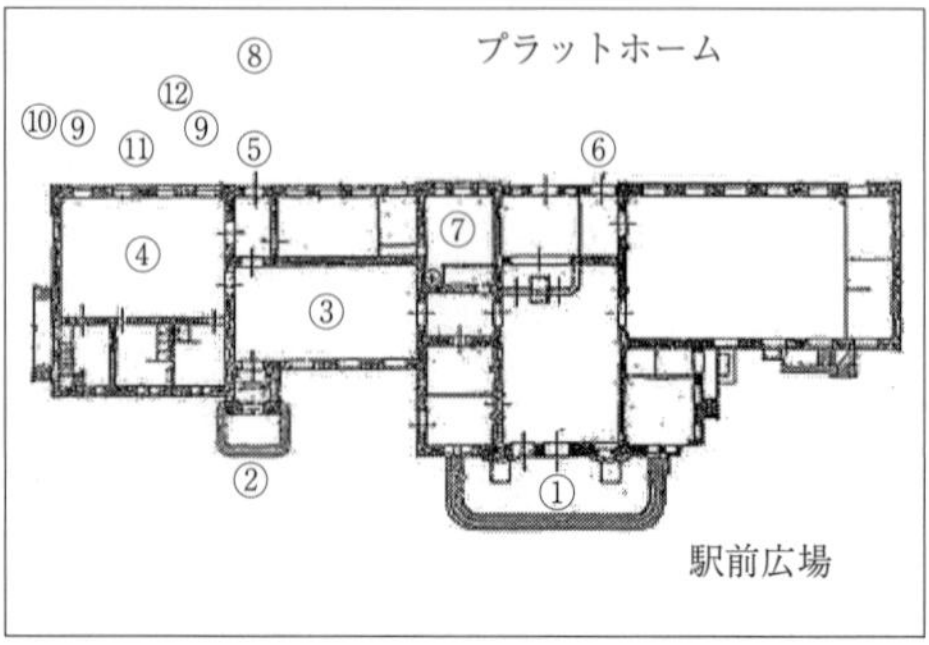

ハルビン停車場平面図と伊藤博文公遭難の地点

伊藤博文公は列車から下車して儀仗兵を閲兵した後に各国領事代表者と挨拶を交わすと，そこから再び儀仗兵の方へ数歩引返した所で撃たれた。その地点は1・2等用食堂の右から第二と第三の窓との中間の前方に当る。

①停車場の正面入口…上の表示はXAPБИНではなく三等入口とあった。

②1・2等待合室入口…内外の歓迎者たちは，ここから待合室に入場した。

③1・2等乗客待合室…歓迎者たちが午前8時頃から続々と集合した。

④1・2等乗客用食堂…安重根がホーム側の窓際で伊藤博文公の到着を待つ。

⑤1・2等乗客出入口…自由に入る日本人たちに紛れて安重根も入場した。

⑥3等乗客の出入口…阿部タカと稲田ハルはこの場所で銃声を聞いた。

⑦1・2階連絡電信室…ホーム側に2階があるのは電信室だけだった。

⑧伊藤博文公の下車地点…貴賓車は1・2等ホームの出入口に相対していた。

⑨ロシアの儀仗兵隊…二列横隊だったが兵の間隔がかなり開いていた。

⑩各国領事代表者たち…安重根がこの中に混じって状況を伺っていた。

⑪安重根の待機地点…安重根が儀仗兵の後方で伊藤博文公を狙った地点。

⑫伊藤博文公の遭難地点…食堂の第二の窓と第三の窓との中間の柱の前方。

（上掲の番号を哈爾賓停車場の平面図上に印すと，上記の通りとなる）

（出所）『満洲建築雑誌』16巻4号

しかも、平壌にもいたということは、平壌で国債報償運動をしていた（一九〇七年）安重根とも会っていた可能性が浮上してくる。安重根が一九〇六年、間島に行って、瑞甸書塾に入門したということも、ミハイロフが介在していた可能性が浮上してくる。

さて、ハルピン暗殺が、安重根の単独犯でなく、組織的、計画的だったとすると、その一方の首謀者は李相卨であるが、もう一方の首謀者はどうしても、ミハイロフでなければならない。先に書いた「遠東林野会社」を二人が共同で経営していたとすれば、頻繁にミハイロフと李相卨は、会っていたことになる。林野会社は隠れ蓑で、実態は、ロシア領、清国領、韓国国内での謀略活動が、主たる事業であったとも考えられる。

要するに、極東地域のロシア情報網の、韓国担当の責任者と見なければならない、このミハイロフに、韓国憲兵隊司令官の明石元二郎が、注目しないはずがない。大東共報に密偵（情報提供者）を送り込んで、ミハイロフの動きを探っていたと見なければならない。

ミハイロフは、その情報網からして、伊藤博文のハルピン訪問とその詳細を知りうる人物である。

李相卨は、計画の実行部隊の韓国人（ロシア人なら即戦争の危険がある）の統括役、ミハイロフはハルピンのロシア警察、軍の情報を収集して、警備体制に即した狙撃計画を具体的に立案する、実行部隊の司令官である。軍の情報機関は、謀略工作を行う。反体制派を援助して敵国かく乱を計る、明石元二郎はこれを行った。暗殺だってもちろん役目の内に入る。であるから、暗殺自体に限って言えば、文官出身の李相卨よりも、情報将校出身のミハイロフの方が、首謀者として最も適格なのだ。

明石は、ミハイロフが首謀者だと瞬時にハルピン暗殺の報が入った時に了解したはず。というより、山県有朋が、杉山茂丸に「君は前々より知っていたのか」と言っているぐらいだから、(杉山とも親しかった) 明石元二郎は、前々からウラジオストックで伊藤暗殺計画のあることを探知していたと考えるべきだ。明石は、ハルピンの暗殺を防ごうと思えば、警護についていった憲兵隊員に、万全の警備体制をとるよう厳命していなければいけない。しかし、警護員は、長春で降りてしまって、ハルピンにいかない。

ハルピン駅プラットホームでの狙撃

日本側の警備の手抜きは、ホームにハルピン在住の日本人を歓迎に入らせるよう、ロシア側に要請したことに現れている。安重根は、日本人と同じく、断髪、洋装であったので、日本人と思われて駅の中に入ることができたのである。身分証の提示は求められなかった。

もう一つ、伊藤博文とロシア大蔵大臣ココーツェフの会見は、特別列車内で行われるようになっていた。ところが、ロシア側から予定になかったロシア儀仗兵の閲兵が要請されて、伊藤はホームに降り立ち、閲兵を終えて引き返そうとした所を安重根から狙撃された。ところで、この時伊藤博文が着ていた肌着が残されており、山口大学医学部で鑑定を行った論文が残されている。

それによると、右腕に命中した二発は、室田義文の見取り図、小山医師の検視と一致するが、腹部に命中したとされる一弾は、肌着の弾痕とは違っている。背中に命中して体内で方向を変えて、腹部に達したと山口大学論文は指摘している。

武士は後ろ傷を嫌うという観念で、背後から撃たれたことを隠したというのが山口大学論文の推論である。そうかもしれないが、いずれにしても、ここで弾痕の隠蔽が起きていることになる。

それから、室田義文翁譚では、室田は右肩から下向きに弾道があるので、駅の二階食堂からライフル銃による狙撃が行われたと考えたのだが、むしろ、室田の見取り図では、弾丸は水平に入っている。このあたりのことを詳細に考証した『伊藤博文公の最期』（黒崎裕康著、地久館、二〇一六年）では、二階食堂からというのは、あとから室田がそう思うようになったと書いており、別の狙撃者の存在も否定しているが、銃弾の問題をあとからの想像で、フランス騎兵銃のものと言い出したとは考えにくい。

旅順法廷は、懸命にそれを隠蔽しようとしたことから見て、実見した事実を言っていると考えるべきだ。そうして、命中精度の高い、非常に射程距離も長い、騎馬銃＝ライフル銃で撃たれた弾丸は、右上腕部に命中した二つの弾丸であろう。

背中を撃たれた弾丸は、列車車室に戻ろうとしたところを安重根が撃った可能性は高い。背中の一発、最初に命中した弾丸は、安重根のブローニング拳銃のものだったと私は考える。

どちらにもせよ、安重根の狙撃に引き続いて、放たれた二発の銃弾、背後を撃ってすぐ右腕に正確に二発命中させるとは、いかに安重根が射撃の名手だったとしても、きわめて困難と思われる。

伊藤の右上腕部に、水平に右横から飛来した弾丸は、二階でなく、プラットホームに面していた喫茶室の窓から狙撃されたと私は考える。安重根は、この喫茶室で、列車の到着を待っていたと「安応七歴史」で書いている。仲間の狙撃者も、そこにいたと見ればいい。

もしも、ロシア憲兵隊の将校だったミハイロフが企画したとすれば、ロシア軍の軍服を着せて、目立つライフル銃を、当然ながら、肩にかけて、堂々と警備のためだと駅に入り込ませるのは簡単だ。本物のロシア軍人であった可能性もあり得る。安重根のいる喫茶室には、ロシア軍服姿の何人かがすでに待機していて、他の民間人などを立ち入れないようにしていたと考えるべきだ。伊藤博文がプラットホームに降り立つロシア儀仗兵の閲兵を企画したのも、ミハイロフの謀略だった可能性もあると私は思う。これがなければ、伊藤博文の暗殺はあり得なかったのだ。

安重根の発砲を合図に、射撃の名手の放ったライフル銃弾が、二発伊藤博文の右上腕に命中、弾丸は肺に達し、多量の出血をもたらして、死に至らしめた。軍服姿の射撃者は、薬莢を拾い集めて、悠々と立ち去る。慌てて逃走する必要さえないのだ。

旅順裁判の誤算

旅順監獄の境警視の安重根に対する聴き取りでは、一九〇九年、十月十日、ミハイロフは、大東共報社で伊藤博文の暗殺計画があるが、ハルピンはロシアが警察司法を握る地であるから、たとえ暗殺に成功しても、逮捕されて裁判にかけられても、死刑になる心配はない、誰かやるものはいないかと言ったところ、安重根が声に応じて、自分がやると言ったというが、という問いかけに対して、安重根は自分がその場にいたことはないと答えている。しかし、安重根とともにハルピンで暗殺を企てた禹徳淳がこの場にいたというのは事実かもしれない。

問題は、ミハイロフが、ハルピンでやるなら、死刑になる心配はないと言っていたという、境警視が持っていた情報を安重根に示していることである（統監府文書第七巻（三四三）主犯安応七の二月二日より六日までの陳述概要　国史編纂委員会データベース）。

「ミハイロフ」ハ之レヲ壮トシ兇行ヲ遂行セム必ス官憲ニ逮捕セラルヘシ然レトモ哈爾賓ハ露國ノ租借地ナルヲ以テ裁判権ハ露國ニ在リ誓テ無罪タラシム可シト確言セリト云フ

ミハイロフは、イギリス人弁護士を上海で依頼、共に旅順に来て、安重根と面会した。日本側からは、伊藤暗殺の首謀者と目されている中での旅順行きで、大胆不敵ともいうべき行動だ。しかし、日英同盟のイギリス弁護士と同道なら、日本側から逮捕されたり、あるいは暗殺にあったり、ということにはなるまいという考えだろう。

ミハイロフは、ウラジオストックで、韓国人の保護者をもって任じていたと韓国統監府の調査は語る。ましてや、暗殺をやっても、ハルピンでの裁判なら無罪もあり得るし、極刑になる心配もないと言って暗殺を使嗾していたのなら、当然、犯人安重根を死刑から救わねばならない。日本政府、外相小村寿太郎は、安重根の極刑を関東都督法院に対して要求していたのだから、安重根を死刑から救うのは、日本政府との戦いなのだ。どうしても、死刑から救わねばならない、それが、ミハイロフの旅順行きの最大の動機だ。

韓国でも弁護士の安秉鑽《アン・ビョンチャン》が旅順に駆けつけ、弁護に加わろうとしていた。これで、イギリス人、ロシア人の弁護士が弁護に加わったらどうなる。安重根の極刑は、難しくならないか。そもそも、私が想定したようにミハイロフが暗殺を企画したのなら、安重根以外の狙撃者がいたことを知っている、わけで、彼が、旅順法廷に現れて、それでは、伊藤公に致命傷を負わせたという銃弾を、法廷に証拠として提出してくださいとやれば、旅順暗黒裁判は一発で崩れる。

旅順の法院では、それでは形式の整った裁判にならないことは承知で、官選弁護人（日本人）以外の弁護士の法廷への参加を禁ずる。当然、日本の中央政府からの指示によるものだ。

こうしてようやく安重根を死刑にすることができる。安重根は、伊藤を殺した銃弾は自分の発射したものだと最後まで信じていたと思われる。だから、彼は殺人を犯した、死刑もやむをえないと覚悟していたと考えられる。安重根は死刑判決に控訴をせず、ただ死刑執行は現在執筆中の「東洋平和論」の完成まで執行を待ってほしいとだけ願うが、安重根は、一九一〇年、三月二十六日、旅順監獄で絞首刑に処せられた。遺骸は遺族に渡されず、どこに埋葬されたかも不明である。葬礼は、儒教社会では何よりも重んぜられるから、遺骸を遺族に渡さないとは、きわめて残酷な措置である。

安重根は、旅順監獄での審問に、何故伊藤博文が韓国で行ったことが、死に値する罪悪であるか、堂々と論じている。しかし、その雄弁が外の世界に伝わったのは、旅順法廷の傍聴人のいる中での陳述、私が紹介した「憤慨の理由」など、極く一部であった。安重根の論は、「安応七歴史」を含めて、一九四五年、日本の敗戦、韓国の「解放」以前、一部の韓国人を除いて知られなかった。日本官憲による徹底的な言論隠蔽の典型とも言える。

ほぼ唯一の例外は、韓国の次に日本の侵略にあうというより、満州において日本の侵略に直面している、中国の特に知識人、若者たちであった。

「東洋平和論」も、日清韓同盟論であり、日本を同盟の相手と最後まで見ていた。その東洋三国の同盟を、伊藤は韓国に過酷の処置を行うことで、韓国人に日本を徹底的に恨ませ、三国が対等の立場で同盟することを不可能にしてしまった。つまり、東洋の平和とは、日清韓の同盟にあり、それをぶち壊しにした伊藤博文は、東洋平和の破壊者なのである。

各国新聞の論調

伊藤博文が行ったことは、イギリスが保護国にしたエジプトに対して行ったこと、あるいは、フランスが保護国にしたベトナムに対して行ったことと同じであって、今日の反植民地主義の視点からは、まぎれもない悪であるが、一九〇九年当時、伊藤の韓国での行為を悪と言える「文明国」政府は一つもなかった。自分たちも同じ行為を犯していたからだ。伊藤の死に際して、列強の新聞で、安重根に同情的な論説を掲げたものはなかった。伊藤がやったことが悪であるなら、その悪を犯していない国は、安重根が基地にしたロシアを含めて、また世界で最も進歩的な国であるはずのアメリカも含めて、どこもなかったのである。

例外は、中国である。特に中国の若い世代である。日本は日露協約で、満州の南半分を勢力範囲と取り決めていた。中国人から見れば、他人の領土を勝手に分割する汚い帝国主義的侵略である。安重根の行為を賞賛した中国人には、孫文、梁啓超、当時の進歩派の大物が名を連ねている（『中国人心目中の安重根』黒竜江教育出版社、二〇一六年）。

中国の若い世代にとっては、安重根は、抗日、反帝国主義の偶像であった。当時、天津女子師範に在学中の鄧穎超（後の中華人民共和国政治協商会議主席）は、演劇「安重根」で主役を演ずるが、その演技指導をしたのが、天津南海大学に在学中の、後の中華人民共和国総理、周恩来であった。演劇「安重根」が、中国共産党中の鴛鴦夫婦として知られた周恩来と鄧穎超の恋愛のきっかけであったという話は、中国の安重根人気を語るうえで、見落とせない逸話だろう。

日本では、安重根について今日知る人ぞ知るであろう。

しかし、今日我々は安重根の心情をその自叙伝、「安応七歴史」によって知ることができる。ハルピンで、伊藤に向けて拳銃を発射したその時の気持ちを安重根は、こう書いている。安重根は、伊藤の乗った特別列車が入ってくるハルピン駅のプラットホームに面した喫茶店で、その到着を待っていた。

時は午前七時ころであった。停車場には大勢のロシアの将官、軍人が伊藤を迎える用意を整えていた。売店に座り、茶を二、三杯飲んで待っていると、九時ごろになって伊藤を乗せた特別列車が到着した。人は山のごとく、あるいは海のごとく集まった。私は茶店に座ってその動静をうかがいながら、いつ狙撃をしたものかと思案していた。まだ十分に決心がつかないうちに、しばらくして伊藤が下車し、各軍隊は敬礼し、軍楽が空に鳴り響いた。この時になって、急に怒りがこみ上げ、業火が脳裏に立ち昇った。どうして、世間はかくも不公平なのか。隣国を強奪して人命を損なっているのに、このように欣喜雀躍し、少しも憚るところがない男がいる一方で、仁弱の人種はかえって何のいわれもなくかかる困難に陥るのかと。（『図録・評伝　安重根』一四七頁）

そうして、伊藤と思われる「白い髭で背の低い老人」に向けて、拳銃弾を発射した。安重根は、伊藤の右側に四発発射したと書いている。

確かに当たったかどうかは、わからない。しかし、安重根が、拳銃を発射した時の憤怒のこみ上げてきた気持ちは、よくわかる。「安応七歴史」を最初から最後まで読み通せば、もっとよくわかる。

旅順法廷が、伊藤博文に命中した銃弾の問題を隠蔽しようとしていたのは、あまりにも明らかではないか。検察は、安重根の殺人を証明するには、小山医師を法廷に召喚し、伊藤博文の体内から摘出した弾丸三発を証拠として提示し、確かにこれが伊藤の体内から摘出されたものか、問わねばならない。

拳銃は安重根に示し、自分のものだと認めさせているのに、問題の弾丸は、安重根に、法廷の人々に、提示もしていないし、これは、お前の撃った弾丸かと安重根に問うてもいない。

いかにも珍妙なのは、提示もしない証拠の弾丸一発を「人に当たった」と言っており、伊藤公に命中したと言っていないことだ。田中清次郎に当たったと言えば、それじゃ、伊藤博文の当たった弾はここにないのかと反問されるに違いない。これは傍聴人のいる公開の法廷なのだから。

まともな法廷で、まともな弁護人がついているのなら、この裁判、安重根が確かに伊藤博文を撃って死に至らしめたことについては、証拠不十分、致命傷を与えたとする銃弾が提出されていない、で、簡単に終わりである。暗殺を企図していたのは、本人も認めているから、暗殺未遂で、いいところ禁固五年ぐらいか。

小村寿太郎外相の極刑方針とは、雲泥の差だ。このほとんどジョークに近い証拠提示は、旅順の治外法権裁判、関東州法院という、特殊な地での裁判だから可能なことであり、安重根の死刑判決は、政治裁判の典型と言わねばならない。

そもそも、伊藤博文の主席随行員だった貴族院議員室田義文が、この旅順法廷に証人として呼ばれていないのは、まるでおかしい。彼が証言を正直にすれば、安重根の死刑は、簡単に覆ってしまうからだ。ロシア領内の「正体不明」の狙撃者をあらためて探さねばならなくなるからだ。

残念ながら、安重根の懐いていた反帝国主義の思想は、当時の国際社会に知られずに終わってしまった。しかし、日本の侵略に直面している、韓国と同じ境遇にあると思っていた中国の若者たちには、安重根の反日、反帝国主義の決死の行為は、大きな共感を呼んだ。安重根の行為が、即時、反響を呼んだのは、中国だった。黒竜江教育出版社による『中国人心目中的安重根』には、様々な中国人による安重根賛美の文が集められている。それには、孫文、梁啓超という当時の進歩派の大物たちの安重根賛美が含まれている。

安重根の中国青年層における人気ぶりを知る一例として、当時天津女子師範に在学中だった鄧穎超が演劇「安重根」の主役をつとめ、その演技指導をしたのが、後の中華人民共和国総理、周恩来（当時、天津の南海大学で演劇をしていた）で、これが両人が恋愛に陥るきっかけだったという逸話を紹介して、安重根の人生の意味を考える本稿の結びにしたいと思う。

参考文献

「安応七歴史」国会図書館、七条清美関係文書七九-一、一九一〇（明治四十三）年
原文（漢文）は、国会図書館デジタルコレクションで閲覧することができる。日本語翻訳は、本書では『図録・評伝　安重根』日本評論社、二〇一一年、に収められたものを使用した。私見では、誤訳と思われるものは発見できなかった。
石田泰志編『戦略論体系⑨　佐藤鐵太郎』芙蓉書房出版、二〇〇六年
石光眞清『石光真清の手記』（全四巻）龍星閣、一九五八―五九年
李洙仁・重本直利編『共同研究　安重根と東洋平和』明石書店、二〇一七年
市川正明『安重根と日韓関係史』原書房、一九七九年
旅順監獄での尋問記録の筆写が原資料である。尋問時の記録（速記）は残されておらず、後日の筆写に際して、当局（関東都督府、朝鮮統監府憲兵隊等）の都合の良いように改ざんが行われた可能性があり、使用には注意を要する。
一又正雄編『山座円次郎伝』原書房、一九七四年
伊藤博文編『秘書類纂　朝鮮交渉資料』下巻、秘書類纂刊行会、一九三六年
井上馨侯伝記編纂会『世外井上公伝』第四巻、内外書籍、一九三四年
井上勝生「東学農民戦争、抗日蜂起と殲滅作戦の史実を探究して」『人文学報』第一一一号、京都大学人文科学研究所、二〇一八年

井上晴樹『旅順虐殺事件』筑摩書房、一九九五年
ミシェル・ヴィノック 大嶋厚訳『クレマンソー』作品社、二〇二三年
宇田友猪、和田三郎共編『自由党史』五車楼、一九一〇年
海野福寿『伊藤博文と韓国併合』青木書店、二〇〇四年
太田阿山編『福島将軍遺績』東亜協会、一九四一年
大野芳『伊藤博文暗殺事件』新潮社、二〇〇三年
岡本隆司『属国と自主のあいだ』名古屋大学出版会、二〇〇四年
岡本隆司『李鴻章 東アジアの近代』岩波書店（岩波新書）、二〇一一年
小川原宏幸『伊藤博文と韓国併合構想』岩波書店、二〇一〇年
外務省編『日本外交文書』第十七巻「清仏葛藤一件」一八八四年
外務省編『日本外交文書』「伊藤公凶変に関する件」一九〇九（明治四十二）年
　この史料も、外務省（小村寿太郎外務大臣）に送られる前に、現地（旅順）の外務省政務局長倉知政吉、明石統監府憲兵隊長が前もって検閲、情報改ざん、隠蔽を行った可能性が高く、同時代史料としての信頼性は、私見では、韓国の国史編纂委員会『統監府文書』の、特に原文書の画像を伴うものにかなり劣る。
勝海舟『海舟語録』講談社（講談社学術文庫）、二〇〇四年
勝海舟『氷川清話』講談社（講談社学術文庫）、二〇〇〇年
加藤寿『清仏戦記』岡島支店、一八八四年
金子健太郎他著『伊藤公を語る』興文社、一九三九年
上垣外憲一『日本留学と革命運動』東京大学出版会、一九八二年
上垣外憲一『暗殺・伊藤博文』筑摩書房（ちくま新書）、二〇〇〇年
上垣外憲一『勝海舟と幕末外交――イギリス・ロシアの脅威に抗して』中央公論新社（中公新書）、二〇一四年

姜在彦『朝鮮近代史』平凡社（平凡社選書）、一九八六年
姜昌萬監修、統一日報編『図録・評伝　安重根』日本評論社、二〇一一年
韓国、国史編纂委員会データベース、統監府文書、(22)［伊藤公 暗殺犯 安應七（重根）에 대한 調査報告］
　安重根関係の史料で、同時代資料として最も信頼できるものである。統監府の密偵の報告が多く、密偵がでっち上げた情報も含まれるとしてもである。
韓国精神文化研究院『韓国民族文化大百科事典』（オンライン版）
ドナルド・キーン　角地幸男訳『明治天皇』上・下巻、新潮社、二〇〇一年
君塚直隆「伊藤博文のロシア訪問と日英同盟」『神奈川県立外語短期大学紀要』総合編二十三巻、二〇〇〇年
金玉均　趙一文訳註『甲申日録』建国大学校出版部、一九七七年
金九　梶村秀樹訳注『白凡逸志《ペクポムイルジ》——金九自叙伝』平凡社（東洋文庫）、一九四七年初版
金泰勲「旧韓末における民族主義教育」
　https://www.jstage.jst.go.jp/article/nihondaigakukyouikugakkai/25/0/25_KJ00009738966/_pdf
金学俊　金容権訳『西洋人の見た朝鮮』山川出版社、二〇一四年
金文子『日露戦争と大韓帝国』高文研、二〇一四年
木村毅『布引丸』春陽堂、一九四四年
木村浩「ソ連の推理作家ロマン・キムの謎」『文藝春秋』一九八四年一月号、文藝春秋
琴秉洞『金玉均と日本　滞日の軌跡』緑蔭書房、一九九一年
礫川全次『安重根事件公判速記録』復刻版、批評社、二〇一四年（『安重根事件公判速記録』満州日日新聞社、一九一〇年三月二十八日）
古筠記念会編『金玉均伝』上巻、慶応出版社、一九四四年
国史編纂委員会データベース『統監府文書』第七巻「主犯安応七の二月二日より六日までの陳述概要」

イ・ヤ・コロストウェッツ　島野三郎訳『ポーツマス講和会議日誌』石書房、一九四三年
レナト・コンスタンチーノ　鶴見良行ほか訳『フィリピン民衆の歴史』Ⅱ、勁草書房、一九七八年
近藤吉雄編『井上角五郎先生伝』井上角五郎先生傳記編纂會、一九四三年
サー・ヒュー・コータッツィ　日英文化交流研究会訳『歴代の駐日英国大使』文真堂、二〇〇七年
西郷従宏『元帥西郷従道伝――祖父へ捧げる鎮魂譜』芙蓉書房、一九八一年
アーネスト・サトウ　長岡祥三ほか訳『アーネスト・サトウ公使日記』Ⅰ・Ⅱ、新人物往来社、一九八九年
佐藤鉄太郎『帝国国防史論』東京印刷株式会社、一九一〇年
篠原昌人『福島安正と情報戦略』芙蓉書房出版、二〇〇二年
春畝公追悼会編『伊藤博文伝』下巻、春畝公追頌会、一九四〇年
申国柱『近代朝鮮外交史研究』有信堂、一九六六年
杉山茂丸『山県元帥』書肆心水、二〇二〇年
杉山其日庵『山県元帥』博文館、一九二五年
政教社編『観樹将軍回顧録』政教社、一九二五年
関誠『日清開戦前夜における日本のインテリジェンス』ミネルヴァ書房、二〇一六年
徐正敏『韓国カトリック史概論』かんよう出版、二〇一五年
徐明勛『中国人心目中的安重根』黒竜江教育出版社、二〇〇九年
高橋強、水上弘子、周恩来、鄧穎超研究会編『人民の母　鄧穎超』白帝社、二〇〇四年
滝井一博『伊藤博文演説集』講談社（講談社学術文庫）、二〇一一年
田谷広吉、山野辺義智共編『室田義文翁譚』常陽明治記念会東京支部、一九三八年
『朝鮮王朝実録』（朝鮮朝廷の公式記録）
朝鮮王朝実録　Online 版 https://sillok.history.go.kr/main/main.do

『東京新報』一八九一年十一月六日
徳富蘇峰『公爵桂太郎伝』乾巻、故桂公爵記念事業会、一九一七年
徳富蘇峰『陸軍大将川上操六』東京第一公論社、一九四二年
長田彰文『セオドア・ルーズベルトと韓国――韓国保護国化と米国』未来社、一九九二年
シリル・パール　山田侑平、青木玲訳『北京のモリソン――激動の近代中国を駆け抜けたジャーナリスト』白水社、二〇一三年
朴殷植『安重根伝』出版社名不明、一九一四 or 一九一五年
朴宗根『日清戦争と朝鮮』青木書店、一九八二年
原敬『原敬日記3　内相時代篇（一）』乾元社、一九五一年
日名子健二「日清戦争下における公州牛禁峙の戦い」http://www9.plala.or.jp/chietaku/gyuukinji.pdf
平塚篤編『伊藤博文秘録』春秋社、一九二九年
黄玹　朴尚得訳『梅泉野録』国書刊行会、一九九〇年
黄遵憲　趙一文譯註『朝鮮策略』建國放送事業團、一九八二年
宮島博史、吉野誠、趙景達編『原典朝鮮近代思想史』一―六、岩波書店、二〇二一―二〇二二年
文一平　張君三訳『韓米外交史』科学情報社、一九七七年
森万佑子『朝鮮外交の近代』名古屋大学出版会、二〇一七年
陸軍省編『明治軍事史』上・下巻、原書房、一九六六年
渡辺惣樹『日米対立の萌芽』草思社文庫、二〇一八年
정우택『柳麟錫과 安重根의 독립운동』図書出版ハングル、二〇一六年

あとがき

十日前、私はソウルにいた。二〇二四年十二月十三日、大統領弾劾の国会議決の日だった。私は調べ物を終えて、ソウル大学にほど近い住宅地の公園に散歩に行って、地下鉄に乗ろうとしたら、満員である。二台目も満員で乗れず、ようやく三台目に乗って、ポラメ駅で降りようとしたら、今度は降り口に行けないほどの混雑である。乗る人が多いのだ。駅の外まで人があふれていた。

遅い昼食を取ろうと入った食堂のテレビを見ていると、まさに国会で弾劾採決が行われる直前であることに気づいた。地下鉄の客たちは皆普段着のダウンジャケットが多く、デモに行くようには見えなかったが、実は江南のこの地域の人たちが、国会前の集会に参加するためにいっせいに地下鉄に乗ろうとして発生した大混雑だった。

私の日本の携帯にも、「緊急災害通知」がハングルで入ってきていて、国会議事堂の地下鉄駅の乗降が停止されて、国会駅には停車しないという。

四十年前の一九八四年、私はソウルで一年暮らした。ソウル大学の研究所の研究員として、自由な外国生活を満喫したが、ソウル大学の学生たちは、集会やデモで大忙しだった。大学正門を挟んで、戦闘警察（機動隊）が催涙弾を打ち、学生は構内から石を投げて門を挟んで激しく戦っていた。

日本では全斗煥軍事独裁政権と悪評高かったが、韓国の機動隊は大学構内には、立ち入らなかった。最高学府としてのソウル大学の権威は高く、私が教育学部の夜間の大学院に出席していると、隣の建物に軍の高官（少将、中将クラス）が、運転手付きの黒塗りの車でやって来て、行政大学院の夜間の講義を受けていた。

学生たちはその当時できたばかりの地下鉄二号線を利用して、デモに行っていた。しかし、大集会に参集するのは、学生、反体制派だけではない。この年の五月、ローマ教皇が史上初めて韓国を訪問。韓国では少数派であるカトリック教徒が、教皇を歓迎して百万人も集まった。ローマ教皇も、あまりの歓迎に涙を流していた。

右も左も、老いも若きも、大事なことが起きると大集会に参集するのだ。

こんなことを書いたのは、四十年前の全斗煥政権自体が、軍事クーデターによって、成立した政権だったから。韓国では今日の「大統領のクーデター」に、四十数年前の全斗煥のクーデターを重ねてみるのだ。

ソウル大学の学生が、皆反体制だったのではない。学内にはＲＯＴＣ（学徒護国団）があって、ベレー帽に迷彩服の「御用」学生が学内を闊歩していた。要するに、体制・反体制、権力、反権力の闘争が熾烈な国なのだ。

絶対に堅固に見えたような朴正熙体制時代も、反体制派の闘争は熾烈だった。アメリカの外交官だったか、韓国は小さい国なのに、どうして政治闘争、権力闘争がこんなに激しいのか、と言っていたのを思い出した。

この「伝統」は朝鮮朝時代の「党争」の悪しき遺風なのではないかとも思う。朱子学の理の解釈をめぐって学派が争い、それが権力闘争と連動するようになる。

韓国の野党の主張も日本からは過激に見えるが、これも朝鮮朝の「党争」以来の伝統と見れば、理解できるようにも思う。その党争が、朝鮮朝末から大韓帝国時代には、宮廷における権力闘争の形を取り、イデオロギー的には西洋近代思想＝開化派と、儒学固守の保守派との争いになっていく。

安重根の生きた時代で言えば、宮廷クーデターが繰り返されることが、安重根の生涯に大きな影響を与えるが、直近の大韓民国でも、学生革命、朴正熙軍事クーデター、朴大統領暗殺、全斗煥戒厳司令官の権力掌握と民主的な方法に依らない権力交替が続いた。その後四十年間の民主化の流れを、一挙に逆転しようとした大統領の側からのクーデターは、形は茶番で終わりそうだが、「党争の深刻さ」の伝統の結果とも言える。

こうしたクーデターの連鎖に対するに、独立協会の集会、三・一運動の大集会、軍事独裁の後の民主化への流れという平和的な大衆運動の伝統も韓国は持っている。ロシア領での義兵闘争に身を投ずる前、安重根は、平和的手段による独立運動に邁進していたことも、見てあげなければいけない。

要人を暗殺したという点で、安重根をテロリストと呼ぶのは、必ずしも間違いではないが、では、韓国で「義士」と呼ばれていること、それは間違いなのだろうか。

昔、東京大学の教養学科時代に習った香港の張世彬先生（音楽学、後ハーヴァード大学客員教授）は、「部分的なものをもって全体と見なす、これが偏見である」とおっしゃっていたが、その通りだと思う。安重根という人間をテロリストと呼ぶのは、安重根という人物の小さな一部（暴力性）をもって、その人物の全人格を定義するものであって、まさしく「偏見」に外ならないのである。
私は、安重根という人物の全人格を描きたいと思って、本書を書いた。

令和六年十二月

上垣外憲一

安重根年譜

西暦年	齢	安重根事績	日韓関係史	世界史
一八六四			大院君執政	
一八七三			大院君引退　閔氏政権成立	
一八七六			江華島条約	
一八七九	1	安泰勲の長男として、黄海道海州で誕生		
一八八二	4		壬午軍乱	
一八八四	6	父、安泰勲に従って、黄海道信川郡清渓洞に移る	甲申政変	清仏戦争（〜八五）
一八八九	11			大日本帝国憲法発布
一八九二	14	祖父、安仁寿死去		
一八九四	16	東学党討伐義軍として活動 金亜麗と結婚	東学党の乱、日清戦争（〜九五）	
一八九五	17		閔妃暗殺事件	
一八九六	18	カトリックに入信	露館播遷	
一八九七	19		朝鮮から、大韓帝国に国号変更	

一八九八	20	この頃自由民権等の進歩思想を知る。	独立協会活動を始める	
一九〇〇	22	海西教案事件（〜〇三）で逼塞		中国、義和団事変
一九〇二	24			日英同盟
一九〇三	25		ロシア、龍安浦占領	
一九〇四	26		第一次日韓協約	日露戦争（〜五）
一九〇五	27	日本の侵略を世界に訴えようと上海に行く 父、安泰勲死去		ポーツマス講和条約
一九〇六	28	鎮南浦で、三興学校と敦義学校を経営	第二次日韓協約 伊藤博文韓国統監就任	
一九〇七	29	国債報償運動に尽力 北間島を経てウラジオストックに着く ロシア領内での義兵を組織	ハーグ密使事件 韓国皇帝退位、義兵闘争全国に起こる	ハーグ万国平和会議
一九〇八	30	義兵を率いて咸鏡北道に進軍、敗退する	韓国外交顧問スチーブンス暗殺	
一九〇九	31	ロシア領内で断指同盟結成 ハルピン駅頭で伊藤博文を暗殺（十月二十六日） 獄中で「東洋平和論」を執筆（〜一〇）		

一九一〇	32	旅順法廷で死刑判決（二月十四日） 死刑執行（三月二十六日）

※年齢は数え年

人名索引

あ 行

青木周蔵　81
明石元二郎　134, 184, 200, 204, 206, 207, 218, 223-225, 232, 233
アレクセーエフ　194
安仁寿（アン・インス）　1, 2
安昌浩（アン・チャンホ）　178, 202
安泰勲（アン・テフン）　1-7, 12, 52, 60, 62, 100, 109-111, 113-115, 117, 122, 146, 150, 167
安秉鑽（アン・ビョンチャン）　237
李麟栄（イ・イニョン）　188
李瑋鐘（イ・ウィジョン）　173, 193
李景周（イ・ギョンジュ）　123, 124, 127
李相卨（イ・サンソル）　173, 193, 205, 209-221, 233
李埈鎔（イ・ジュニョン）　153
李儁（イ・ジュン）　173, 193
李鎭龍（イ・チニョン）　219
李秉武（イ・ビョンム）　176
李範允（イ・ボミュン）　142, 185, 186, 188, 190, 191, 193
李範晋（イ・ボムジン）　105, 173
李完用（イ・ワニョン）　163, 176
イズヴォフスキー　174
板垣退助　26, 27
伊藤博文　24, 29, 35, 36, 39, 41, 47, 48, 53, 54, 64-68, 70, 72-74, 77-83, 85-87, 91-95, 97, 98, 101, 103, 104, 107, 129, 133, 135, 138-141, 150-157, 163, 164, 173, 175-177, 179, 180, 197-200, 203, 212, 218, 220, 222, 232
井上馨　18, 24, 28, 33-39, 41, 45-47, 98, 123
井上角五郎　27, 35
禹徳淳（ウ・ドクスン）　209
ウィッテ　178
ウィレム神父（洪錫九）　110, 111, 113-116, 119, 149, 154, 158
ウェーベル神父　111, 113-115
元容日（ウォン・ヨンギル）　55, 59
榎本武揚　33, 34, 45
袁世凱　48, 67, 79
魚允中（オ・ユンジュン）　99, 100, 106, 109
大鳥圭介　8, 54, 66, 67, 75, 76, 84, 100
大野芳　203
大山巖　25, 48, 65, 68, 69, 72, 73, 90, 91
岡本柳之助　101, 102, 105

か 行

勝海舟　72, 78, 88-90
桂太郎　133, 139, 140, 204, 218, 219, 225
金子堅太郎　70, 95
川上操六　54, 65-67, 69, 72-74, 76, 79, 80, 83, 85, 101-108, 129
姜在彦（カン・ジェオン）　188, 190
金玉均（キム・オッキュン）　26-30, 36, 39, 40, 46, 47, 206
金九（キム・グ）　3-5, 7, 9, 50-53, 63, 64, 122, 145
金宗漢（キム・ジョンハン）　2, 8, 99, 100, 110
金斗星（キム・ドスン）　→柳麟錫（ユ・インソク）

さ　行

た・な　行

は　行

ま　行

や・ら　行

事項索引

た　行

な　行

は・ま　行

や・ら　行

《著者紹介》

上垣外憲一（かみがいと・けんいち）

中国華東師範大学碩学教授，岡崎信用金庫顧問。

東京大学教養学部教養学科卒業，東京大学人文科学大学院比較文学比較文化課程満期退学。博士（学術，東京大学）。

国際日本文化研究センター教授，帝塚山学院大学教授・副学長・国際理解研究所所長，大手前大学教授・交流文化研究所所長，大妻女子大学教授を経て現職。この間，ソウル大学韓国文化研究所客員研究員，北京外国語大学日本研究センター客員教授，カナダ・アルバータ大学客員教授を務める。

『ある明治人の朝鮮観――半井桃水と日朝関係』（筑摩書房，1996年），『雨森芳洲』（中公新書，1989年，サントリー学芸賞受賞），『暗殺・伊藤博文』（ちくま新書，2000年）など多数の著書がある。

ミネルヴァ日本評伝選

安《あん》重《じゅう》根《こん》

――東風寒しといえど，壮士の義は熱し――

2025年２月10日　初版第１刷発行　〈検印省略〉

定価はカバーに
表示しています

著　者　上垣外　憲　一
発行者　杉　田　啓　三
印刷者　江　戸　孝　典

発行所　株式会社　ミネルヴァ書房

607-8494　京都市山科区日ノ岡堤谷町１
電話代表（075）581-5191
振替口座　01020-0-8076

共同印刷工業・新生製本

ISBN978-4-623-09869-9

Printed in Japan

刊行のことば

歴史を動かすものは人間であり、興趣に富んだ人間の動きを通じて、世の移り変わりを考えるのは、歴史に接する醍醐味である。

しかし過去の歴史学を顧みるとき、人間不在という批判さえ見られたように、歴史における人間のすがたが、必ずしも十分に描かれてきたとはいえない。二十一世紀を迎えた今、歴史の中の人物像を蘇生させようとの要請はいよいよ強く、またそのための条件もしだいに熟してきている。

この「ミネルヴァ日本評伝選」は、正確な史実に基づいて書かれるのはいうまでもないが、単に経歴の羅列にとどまらず、歴史を動かしてきたすぐれた個性をいきいきとよみがえらせたいと考える。そのためには、対象とした人物とじっくりと対話し、ときにはきびしく対決していくことも必要になるだろう。

今日の歴史学が直面している困難の一つに、研究の過度の細分化、瑣末化が挙げられる。それは緻密さを求めるが故に陥った弊害といえるが、その結果として、歴史の大きな見通しが失われ、歴史学を通しての社会への働きかけの途が閉ざされ、人々の歴史への関心を弱める危険性がある。今こそ歴史が何のためにあるのかという、基本的な課題に応える必要があろう。評伝という興味ある方法を通じて、解決の手がかりを見出せないだろうかというのも、この企画の一つのねらいである。

狭義の歴史学の研究者だけでなく、多くの分野ですぐれた業績をあげている著者たちを迎えて、従来見られなかった規模の大きな人物史の叢書として、「ミネルヴァ日本評伝選」の刊行を開始したい。

平成十五年（二〇〇三）九月

ミネルヴァ書房

ミネルヴァ日本評伝選

上代

- ＊卑弥呼　古田武彦
- 日本武尊　西宮秀紀
- ＊仁徳天皇　若井敏明
- 雄略天皇　吉村武彦
- 継体天皇　若井敏明
- ＊蘇我氏四代　遠山美都男
- ＊推古天皇　義江明子
- 聖徳太子　仁藤敦史
- 斉明天皇　武田佐知子
- ＊小野妹子・毛人・毛野　大橋信弥
- ＊額田王　梶川信行
- 弘文天皇　遠山美都男
- 持統天皇　丸山裕美子
- 阿倍比羅夫　熊田亮介
- ＊藤原四子　木本好信
- 役小角　脊古真哉
- ＊柿本人麿　古橋信孝
- ＊元明天皇・元正天皇　渡部育子
- 聖武天皇　本郷真紹
- 光明皇后　寺崎保広
- ＊孝謙・称徳天皇　勝浦令子
- 藤原不比等　荒木敏夫
- 橘諸兄・奈良麻呂　遠山美都男
- 吉備真備　今津勝紀
- ＊藤原仲麻呂　木本好信
- ＊藤原種継　木本好信
- ＊行基　吉田靖雄

平安

- ＊桓武天皇　井上満郎
- 嵯峨天皇　西別府元日
- 宇多天皇　古藤真平
- 醍醐天皇　石上英一
- 村上天皇　京樂真帆子
- 花山天皇　上島享
- ＊三条天皇　倉本一宏
- 藤原薬子　中野渡俊治
- ＊藤原良房・基経　瀧浪貞子
- ＊紀貫之　神田龍身
- ＊安倍晴明　斎藤英喜
- ＊藤原道長　朧谷寿
- ＊藤原伊周・隆家　倉本一宏
- 藤原定子　山本淳子
- ＊藤原彰子　朧谷寿
- 藤原頼通　末松剛
- 藤原師通　中島和歌子
- 紫式部　高木和子
- 清少納言　三田村雅子
- 和泉式部　ツベタナ・クリステワ
- 大江匡房　小峯和明
- ＊阿弖流為　樋口知志
- ＊源満仲・頼光　元木泰雄
- 平将門　西山良平
- ＊藤原純友　寺内浩
- 源義家　大津雄一
- 最澄　吉田一彦
- 空海　武内孝善
- 円珍　岡野浩二
- ＊空也　石井義長
- 奝然　上川通夫
- ＊源信　小原仁
- 慶滋保胤　吉原浩人
- 安倍貞任　野中哲照
- ＊後白河天皇　美川圭
- ＊式子内親王　奥野陽子
- 建礼門院　生形貴重
- ＊藤原頼長・師長　樋口健太郎
- ＊藤原秀衡　入間田宣夫
- 平維盛　根井浄
- 木曾義仲　樋口州男
- 守覚法親王　阿部泰郎
- 藤原隆信・信実　山本陽子

鎌倉

- ＊源頼朝　川合康
- ＊源義経　近藤好和
- 源実朝　神田龍身
- ＊九条兼実　加納重文
- 九条道家　上横手雅敬
- ＊北条時政　野口実
- ＊熊谷直実　佐伯真一
- ＊北条政子　関幸彦
- ＊北条義時　岡田清一
- 曾我十郎・五郎　杉橋隆夫
- 後鳥羽天皇　兵藤裕己
- ＊北条時頼　山本隆志
- 北条時宗　近藤成一
- 平頼綱　細川重男
- 竹崎季長　堀本一繁
- 西行　西澤美仁
- 鴨長明　浅見和彦
- 藤原定家　赤瀬信吾
- ＊京極為兼　今谷明
- ＊兼好　島内裕子
- 重源　横内裕人
- ＊運慶　根立研介
- 快慶　井上一稔
- 法然　今堀太逸
- ＊栄西　中尾良信
- 明恵　西山厚
- ＊親鸞　末木文美士
- 恵信尼・覚信尼　西口順子
- 覚如　今井雅晴
- ＊道元　船岡誠
- 叡尊　細川涼一
- ＊忍性　松尾剛次
- ＊日蓮　佐藤弘夫
- 一遍　蒲池勢至
- 夢窓疎石　原田正俊
- ＊宗峰妙超　竹貫元勝

南北朝・室町

- 後醍醐天皇　上横手雅敬
- ＊護良親王　新井孝重
- ＊懐良親王　森茂暁
- ＊赤松氏五代　渡邊大門
- ＊北畠親房　岡野友彦
- 楠正成　兵藤裕己

*楠木正行・正儀　生駒孝臣
*新田義貞　山本隆志
*光厳天皇　深津睦夫
足利尊氏　市沢　哲
*足利直義　亀田俊和
佐々木道誉　下坂　守
細川頼之　亀田俊和
円観・文観　田中貴子
足利義詮　早島大祐
*足利義持　吉田賢司
足利義教　秦野裕介
足利持氏　植田真平
足利義政　木下昌規
三条西実隆　前田雅之
*日野富子　田端泰子
*大内義弘　平瀬直樹
伏見宮貞成親王　松薗　斉
*山名宗全　山本隆志
細川勝元・政元　古野　貢
畠山義就　呉座勇一
足利成氏　阿部能久
*世阿弥　西野春雄
雪舟等楊　河合正朝
宗祇　鶴崎裕雄
一条兼良　田村　航
*満済　森　茂暁
一休宗純　原田正俊
蓮如　岡村喜史

戦国・織豊

北条早雲　家永遵嗣
*北条氏綱　黒田基樹
*北条氏政　黒田基樹
大内政弘　山田貴司
*大内義隆　藤井　崇
*斎藤氏四代　木下　聡
*毛利元就　岸田裕之
*毛利輝元　光成準治
*小早川隆景・秀秋　光成準治
*六角定頼　村井祐樹
*今川義元　小和田哲男
*武田信玄　笹本正治
*武田勝頼　笹本正治
*真田氏三代　笹本正治
*三好長慶　天野忠幸
松永久秀　天野忠幸
*宇喜多直家・秀家　渡邊大門
*上杉謙信　矢田俊文
*大友義鎮　鹿毛敏夫
龍造寺隆信　中村知裕
島津義久・義弘　福島金治
村上武吉・元吉　藤田達生
細川幽斎　鈴木　元
*長宗我部元親・盛親　平井上総
*最上氏三代　松尾剛次
浅井長政　長谷川裕子
蠣崎・松前氏五代　新藤　透
吉田兼倶　西山　克
山科言継　松薗　斉
正親町天皇・後陽成天皇　神田裕理
*雪村周継　赤澤英二
*足利義輝・義昭　山田康弘
織田信長　三鬼清一郎
織田長益　八尾嘉男
織田信雄　柴　裕之
*明智光秀・秀満　小和田哲男
豊臣秀吉　藤井讓治
豊臣秀次　矢部健太郎
*北政所おね　田端泰子
*淀殿　福田千鶴
筒井氏三代　片山正彦
蜂須賀正勝・家政　三宅正浩
前田利家　東四柳史明
*山内一豊・忠義　長屋隆幸
*黒田如水　小和田哲男
*蒲生氏郷　藤田達生
大谷吉継　石畑匡基
石田三成　堀越祐一
*細川ガラシャ　田端泰子
*支倉常長　田中英道
千利休　熊倉功夫
*長谷川等伯　宮島新一
*顕如　神田千里
教如　安藤　弥

江戸

*徳川家康　笠谷和比古
板倉勝重　谷　徹也
本多忠勝　柴　裕之
本多正純　小川　雄
柳生宗矩　福田千鶴
*徳川家光　野村　玄
柳沢吉保　福留真紀
徳川吉宗　横田冬彦
*後水尾天皇　久保貴子
*光格天皇　藤田　覚
*春日局　福田千鶴
宮本武蔵　渡邊大門
上杉鷹山　小関悠一郎
*池田光政　倉地克直
保科正之　八木清治
シャクシャイン　岩崎奈緒子
天草四郎　菊池庸介
*田沼意次　藤田　覚
細川重賢　安高啓明
松平治郷　小林准士
*二宮尊徳　小林惟司
末次平蔵　岡美穂子
*高田屋嘉兵衛　生田美智子
沢庵宗彭　芳澤　元
*林羅山　鈴木健一
吉野太夫　渡辺憲司
*熊沢蕃山　川口　浩
*山崎闇斎　澤井啓一
山鹿素行　前田　勉
*北村季吟　島内景二
*伊藤仁斎　澤井啓一
貝原益軒　辻本雅史
関孝和　佐藤賢一
*ケンペル　B・M・ボダルト＝ベイリー
新井白石　大川　真
*雨森芳洲　上田正昭
*石田梅岩　高野秀晴
賀茂真淵　盛田帝子
白隠慧鶴　芳澤勝弘
前野良沢　松田　清
平賀源内　石上　敏
*本居宣長　田尻祐一郎
杉田玄白　吉田　忠
木村蒹葭堂　有坂道子
*大田南畝　沓掛良彦
菅江真澄　赤坂憲雄
*鶴屋南北　諏訪春雄
*山東京伝　佐藤至子
*滝沢馬琴　高田　衛
平田篤胤　山下久夫
国友一貫斎　太田浩司
シーボルト　宮坂正英
本阿弥光悦　岡　佳子
*狩野探幽・山雪　山下善也
尾形光琳　仲町啓子
尾形乾山　河野元昭
*二代目市川團十郎　田口章子
伊藤若冲　狩野博幸
*浦上玉堂　高橋博巳
*佐竹曙山　成瀬不二雄
葛飾北斎　岸　文和
酒井抱一　玉蟲敏子
孝明天皇　青山忠正
*和宮　辻ミチ子
徳川慶喜　大庭邦彦
島津斉彬　原口　泉
鍋島直正　伊藤昭弘
*横井小楠　沖田行司

＊古賀謹一郎　小野寺龍太
＊永井尚志　高村直助
＊岩瀬忠震　小野寺龍太
＊栗本鋤雲　小野寺龍太
＊大村益次郎　竹本知行
岩倉具視　斎藤紅葉
河井継之助　小川和也
松平春嶽　大石　学
＊西郷隆盛　家近良樹
＊由利公正　角鹿尚計
＊橋本左内　角鹿尚計
＊塚本明毅　塚本　学
松平容保　白石　烈
＊山岡鉄舟・高橋泥舟　岩下哲典
三条実美　奈良勝司
毛利敬親　三宅紹宣
＊月性　海原　徹
＊吉田松陰　海原　徹
＊高杉晋作　海原　徹
＊久坂玄瑞　一坂太郎
ペリー　遠藤泰生
ハリス　福岡万里子
オールコック　佐野真由子
アーネスト・サトウ　奈良岡聰智

近代

＊明治天皇　伊藤之雄
＊大正天皇　F・R・ディキンソン
＊昭憲皇太后・貞明皇后　小田部雄次

大久保利通　三谷太一郎
木戸孝允　落合弘樹
井上　馨　伊藤之雄
＊松方正義　室山義正
榎本武揚　醍醐龍馬
北垣国道　小林丈広
板垣退助　小川原正道
長与専斎　笠原英彦
大隈重信　五百旗頭薫
伊藤博文　坂本一登
＊井上　毅　大石　眞
＊井上　勝　老川慶喜
三浦梧楼　大澤博明
＊桂　太郎　小林道彦
東郷平八郎　金澤裕之
＊渡邉洪基　瀧井一博
＊乃木希典　佐々木英昭
星　亨　小林道彦
林　董　奈良岡聰智
＊児玉源太郎　小林道彦
＊高宗・閔妃　木村　幹
山本権兵衛　室山義正
＊金子堅太郎　松村正義
＊高橋是清　鈴木俊夫
小村寿太郎　簑原俊洋
＊犬養　毅　小林惟司
原　敬　季武嘉也
＊加藤高明　櫻井良樹
牧野伸顕　小宮一夫
田中義一　黒沢文貴
内田康哉　高橋勝浩
平沼騏一郎　堀田慎一郎

＊鈴木貫太郎　小堀桂一郎
宇垣一成　北岡伸一
＊宮崎滔天　榎本泰子
＊浜口雄幸　川田　稔
幣原喜重郎　西田敏宏
関　一　玉井金五
水野広徳　片山慶隆
＊広田弘毅　井上寿一
＊安重根　上垣外憲一
＊グルー　廣部　泉
＊永田鉄山　森　靖夫
東條英機　牛村　圭
今村　均　前田雅之
蔣介石　劉　岸偉
近衛文麿　庄司潤一郎
＊岩崎弥太郎　武田晴人
伊藤忠兵衛　末永國紀
＊五代友厚　田付茉莉子
大倉喜八郎　村上勝彦
＊安田善次郎　由井常彦
＊渋沢栄一　武田晴人
中野武営　佐賀香織
山辺丈夫　宮本又郎
＊大川平三郎　四方田雅史
武藤山治　阿部武司・桑原哲也
池田成彬　松浦正孝
西原亀三　森川正則
小林一三　橋爪紳也
大倉恒吉　石川健次郎
大原孫三郎　猪木武徳
＊河竹黙阿弥　今尾哲也

イザベラ・バード　加納孝代
＊林　忠正　木々康子
＊森　鷗外　小堀桂一郎
＊二葉亭四迷　ヨコタ村上孝之
＊正岡子規　井上泰至
＊夏目漱石　佐々木英昭
＊徳冨蘆花　半藤英明
巖谷小波　千葉信胤
樋口一葉　佐伯順子
＊島崎藤村　十川信介
上田　敏　小林　茂
＊有島武郎　亀井俊介
志賀直哉　小林幸夫
北原白秋　平石典子
菊池　寛　山本芳明
＊芥川龍之介　高橋龍夫
＊宮沢賢治　千葉一幹
＊高浜虚子　坪内稔典
与謝野晶子　佐伯順子
＊種田山頭火　村上　護
＊斎藤茂吉　品田悦一
＊高村光太郎　湯原かの子
石川啄木　先崎彰容
萩原朔太郎　坪井秀人
＊原阿佐緒　秋山佐和子
＊狩野芳崖・高橋由一　古田　亮
川村清雄　落合則子
＊小堀鞆音　小堀桂一郎
竹内栖鳳　北澤憲昭
中村不折　石川九楊
＊橋本関雪　西原大輔

土田麦僊　天野一夫
岸田劉生　北澤憲昭
濱田庄司　濱田琢司
＊山田耕筰　後藤暢子
松旭斎天勝　川添　裕
中山みき　鎌田東二
佐田介石　谷川　穣
＊ニコライ　中村健之介
＊出口なお・王仁三郎　川村邦光
＊新島　襄　太田雄三
新島八重　佐伯順子
木下広次　冨岡　勝
山川健次郎　小宮京・中澤俊輔
嘉納治五郎　クリストファー・スピルマン
＊柏木義円　片野真佐子
津田梅子　田中智子
＊澤柳政太郎　新田義之
＊河口慧海　高山龍三
＊山室軍平　室田保夫
大谷光瑞　白須淨眞
＊久米邦武　髙田誠二
フェノロサ　伊藤　豊
井上哲次郎　井ノ口哲也
三宅雪嶺　長妻三佐雄
＊岡倉天心　木下長宏
志賀重昂　中野目徹
徳富蘇峰　杉原志啓
＊竹越与三郎　西田　毅
＊廣池千九郎　橋本富太郎
岩村　透　今橋映子

＊西田幾多郎　大橋良介
＊金沢庄三郎　石川遼子
＊柳田国男　鶴見太郎
厨川白村　張競
＊村岡典嗣　水野雄司
大川周明　山内昌之
西田直二郎　林淳
＊折口信夫　斎藤英喜
九鬼周造　古川雄嗣
シュタイン　瀧井一博
＊西周　清水多吉
＊福澤諭吉　平山洋
加藤弘之　田中由香里
成島柳北　山田俊治
＊福地桜痴　山田俊治
＊村山龍平　早房長治
＊島田三郎　武藤秀太郎
田口卯吉　鈴木栄樹
＊陸羯南　松田宏一郎
有賀長雄　森田吉彦
＊黒岩涙香　奥武則
幸徳秋水　馬渕浩二
長谷川如是閑　織田健志
＊上杉慎吉　今野元
＊吉野作造　田澤晴子
＊山川均　米原謙
＊岩波茂雄　十重田裕一
＊北一輝　岡本幸治
＊穂積重遠　大村敦志
中野正剛　吉田則昭
＊荒畑寒村　川村邦光
＊満川亀太郎　福家崇洋
＊エドモンド・モレル　林田治男

＊北里柴三郎　福田眞人
高峰譲吉　木村昌人
田辺朔郎　秋元せき
＊南方熊楠　飯倉照平
＊辰野金吾　河上眞理・清水重敦
＊七代目小川治兵衛　尼崎博正
本多静六　岡本貴久子
＊ブルーノ・タウト　北村昌史
＊ウィリアム・メレル・ヴォーリズ　山形政昭・吉田与志也

現代

昭和天皇　御厨貴
高松宮宣仁親王　後藤致人
＊李方子　小田部雄次
芦田均　矢嶋光
吉田茂　中西寛
マッカーサー　柴山太
鳩山一郎　楠綾子
＊石橋湛山　増田弘
重光葵　武田知己
＊市川房枝　村井良太
＊池田勇人　藤井信幸
高野実　篠田徹
和田博雄　庄司俊作
ライシャワー　廣部泉
朴正熙　木村幹
＊全斗煥　木村幹

＊田中角栄　新川敏光
宮沢喜一　村上友章
竹下登　真渕勝
＊松永安左エ門　橘川武郎
鮎川義介　井口治夫
＊出光佐三　橘川武郎
＊松下幸之助　米倉誠一郎
渋沢敬三　井上潤
＊本田宗一郎　伊丹敬之
＊井深大　武田徹
＊佐治敬三　小玉武
幸田家の人々　金井景子
＊正宗白鳥　大嶋仁
＊大佛次郎　福島行一
＊井伏鱒二　滝口明祥
＊川端康成　大久保喬樹
＊薩摩治郎八　小林茂
坂口安吾　千葉一幹
太宰治　安藤宏
松本清張　杉原志啓
司馬遼太郎　山本幸正
＊安部公房　鳥羽耕史
＊三島由紀夫　島内景二
井上ひさし　成田龍一
R・H・ブライス　菅原克也
柳宗悦　熊倉功夫
バーナード・リーチ　鈴木禎宏
＊熊谷守一　古川秀昭
川端龍子　岡部昌幸
藤田嗣治　林洋子

＊井上有一　海上雅臣
＊手塚治虫　竹内オサム
古賀政男　藍川由美
＊吉田正　金子勇
武満徹　船山隆
小津安二郎　宮本明子・松浦完二
＊八代目坂東三津五郎　田口章子
＊力道山　岡村正史
＊西田天香　宮田昌明
安倍能成　中根隆行
サンソム夫妻　平川祐弘・牧野陽子
＊天野貞祐　貝塚茂樹
和辻哲郎　田中久文
＊矢代幸雄　稲賀繁美
石田幹之助　岡本さえ
＊平泉澄　若井敏明
＊早川孝太郎　須藤功
安岡正篤　片山杜秀
＊青山二郎　田野勲
＊島田謹二　小林信行
田中美知太郎　川久保剛
西脇順三郎　加藤孝男
前嶋信次　杉田英明
＊唐木順三　澤村修治
＊亀井勝一郎　山本直人
＊宮本常一　須藤功
知里真志保　モコットゥナシ
竹内好　田澤晴子
＊保田與重郎　谷崎昭男
＊石母田正　磯前順一

＊福田恆存　川久保剛
井筒俊彦　安藤礼二
＊吉田満　貝塚茂樹
＊佐々木惣一　伊藤孝夫
高田保馬　金子勇
小泉信三　都倉武之
＊瀧川幸辰　伊藤孝夫
式場隆三郎　服部正
大宅壮一　有馬学
＊清水幾太郎　庄司武史
＊山本健吉　井上泰至
丸山眞男　河野有理
鶴見俊輔　冨山一郎
＊フランク・ロイド・ライト　大久保美春
＊中谷宇吉郎　杉山滋郎
今西錦司　山極寿一

＊は既刊
二〇二五年二月現在